2014
Yearbook of China's Forestry Intellectual Property

中国林业知识产权年度报告

国家林业局科技发展中心
国家林业局知识产权研究中心 编

中国林业出版社

图书在版编目(CIP)数据

2014中国林业知识产权年度报告 / 国家林业局科技发展中心, 国家林业知识产权研究中心编.
-- 北京：中国林业出版社, 2015.4
ISBN 978-7-5038-7942-5

Ⅰ. ①2… Ⅱ. ①国… ②国… Ⅲ. ①林业－知识产权－研究报告－中国－2014 Ⅳ. ①D923.404

中国版本图书馆CIP数据核字(2015)第064880号

中国林业出版社·生态保护图书出版中心
策划编辑：刘家玲
责任编辑：刘家玲　肖　静

出　版　中国林业出版社（100009 北京西城区德内大街刘海胡同 7 号）
网　址　http://lycb.forestry.gov.cn
电　话　(010) 83143519　83143577
发　行　中国林业出版社
印　刷　中国农业出版社印刷厂
版　次　2015 年 4 月第 1 版
印　次　2015 年 4 月第 1 次
开　本　889mm × 1194mm　1/16
印　张　11.5
字　数　340 千字
定　价　68.00 元

前 言

2014 年，国家林业局全力推进林业知识产权工作，提升自主创新能力，加快林业发展方式转变，提高林业核心竞争力，取得了显著成效。这一年，国家林业局发布了《林业植物新品种保护行政执法办法》，编制了《中国林业遗传资源保护与可持续利用行动计划（2014～2025 年）》，研究制定了《林业植物新品种权申请审查规则》、《林业植物新品种测试管理规定》，组织实施了《2014 年林业知识产权战略实施推进计划》，举办了海峡两岸第三次植物新品种保护工作组会议暨测试技术研讨会，召开了林业植物新品种保护及行政执法座谈会，开展了 2014 年全国林业知识产权宣传周系列活动，完成了油茶遗传资源调查编目，启动了全国核桃遗传资源调查编目工作，完成了第二批 27 家全国林业知识产权试点单位的验收，建成了木地板专利联盟，实施了 4 项林业专利技术产业化推进项目，开展了‘松韵’和‘华桉 1 号’2 个授权新品种转化应用试点，举办了林业植物新品种保护管理培训班，组织开展了打击侵犯植物新品种权专项行动，加强了林业植物新品种权行政执法工作。2014 年，国家林业局植物新品种保护办公室共受理国内外植物新品种权申请 254 件，授予植物新品种权 169 件，国家知识产权局中国专利数据库公开的林业相关专利共计 31 512 件，其中林业科研院所的专利公开量为 749 件，林业高等院校的专利公开量为 2 364 件。3 项林业专利获第 16 届中国专利优秀奖。

为实施国家知识产权战略，全面推进林业知识产权工作，在认真回顾 2014 年度林业知识产权工作的基础上，组织编撰了《2014 中国林业知识产权年度报告》，旨在通过对一年来林业知识产权工作主要进展和成果展示，让更多的人了解、关心和支持林业知识产权工作，共同促进林业知识产权的创造、运用、保护和管理，为推动现代林业科学发展提供有力的支撑。

本报告资料系统、内容翔实，具有较强的科学性、可读性和实用性，可供林业行政管理部门和企事业单位的广大干部、科研和教学人员参考。

国家林业局科技发展中心

2015 年 3 月

目　录

执法保护

宣传培训

能力建设

国际合作

各地动态

统计分析

附表

摘　要

2014年，国家林业局以实施知识产权战略为重点，全面落实《国家林业局关于贯彻实施〈国家知识产权战略纲要〉的指导意见》和《全国林业知识产权事业发展规划（2013～2020年）》，以组织实施《2014年林业知识产权战略实施推进计划》为抓手，全力推进林业知识产权工作，有力提升了林业知识产权创造、运用、保护及管理水平，取得了显著成效，加快了林业发展方式转变，增强了林业核心竞争力。

1. 完善林业知识产权管理制度与政策

国家林业局印发《林业植物新品种保护行政执法办法》，对各级林业行政主管部门的执法范围和权限、侵犯林业植物新品种权行为及处罚标准做出了明确规定，健全了行政执法行为规范，增强了林业植物新品种保护执法的严肃性和权威性。制订和实施了《2014年林业知识产权战略实施推进计划》，完成了《中华人民共和国植物新品种保护条例实施细则（林业部分）》修订稿，研究制订了《林业植物新品种权申请审查规则》，编制了《林业植物新品种测试管理规定》。与相关部委联合印发了《关于加强对外合作与交流中生物遗传资源利用与惠益分享管理的通知》。

2. 加快林业植物新品种权受理和审查工作

以加快品种权受理、审查为突破口，林业授权植物新品种数量快速增加。2014 年，国家林业局植物新品种保护办公室共受理国内外植物新品种权申请 254 件，授予植物新品种权 169 件。全年共完成 4 批 168 个新品种权申请的初步审查，组织对 115 个申请品种进行了特异性、一致性和稳定性（DUS）专家现场审查，并对 97 个申请文件进行了补正；转田间测试 16 个品种，收到 32 个田间测试报告。参与承办“海峡两岸第三次植物新品种保护工作组会议暨测试技术研讨会”，加强了两岸品种权保护机构间的技术交流与合作。截至 2014 年底，已受理国内外植物新品种申请 1 515 件，授予植物新品种权 827 件。

3. 推进林业生物遗传资源调查编目工作

组织编制《中国林业遗传资源保护与可持续利用行动计划(2014 ~ 2025 年)》。完成了油茶遗传资源调查编目工作，基本查明了我国油茶遗传资源的分布状况，发现了一大批具有保护和潜在利用价值的优良遗传资源。启动了全国核桃遗传资源调查编目工作，目标是：在全国范围内开展全面系统的核桃遗传资源调查，查清我国核桃遗传资源的分布、数量及利用状况等，建立全国核桃遗传资源信息数据库，编制完成《中国核桃遗传资源状况报告》和《中国核桃遗传资源目录》。召开了核桃遗传资源调查编目工作暨技术培训会议，印发了《核桃遗传资源调查编目技术规程》和《泡核桃遗传资源调查编目技术规程》。

4. 加强林业知识产权试点工作

开展第三批林业知识产权试点工作，在南京和长沙召开第二批全国林业知识产权试点单位验收会，对 27 家全国林业知识产权试点单位进行了考核验收。国家林业局办公室发文公布了 53 家全国林业知识产权试点工作合格单位名单。推动林业知识产权联盟建设，建成了“木地板专利联盟”。实施了“竹林专用钢渣肥加工及应用示范”、“新型竹地板专利技术产业化推进项目”等 4 项林业专利技术产业化推进项目，开展了‘松韵’和‘华桉 1 号’2 个授权新品种转化应用试点工作。在贵州省黔东南苗族侗族自治州实施林业生物遗传资源获取与惠益分享试点项目。

5. 开展林业植物新品种权行政执法工作

按照国务院的统一部署，6 ～ 11 月组织开展了打击侵犯林业植物新品种权专项行动，制定了《2014 年国家林业局打击侵犯植物新品种权专项行动方案》，召开了启动部署会，设立了举报电话，强化宣传，加大了植物新品种保护执法力度，有效遏制了侵权、假冒植物新品种违法行为，规范植物新品种交易市场，保护了品种权人合法权益，激励创新，促进植物新品种培育，推动了植物新品种保护事业健康发展。在北京召开了林业植物新品种保护及行政执法工作座谈会，各地代表交流了林业植物新品种保护及行政执法工作情况和经验。在陕西、河北、山东开展了林业植物新品种权行政执法试点工作，构建了月季和牡丹 DNA（脱氧核糖核酸）图谱数据库，旨在为植物新品种权的行政执法取证提供技术支撑。

6. 完善林业植物新品种测试体系

加强了 1 个植物新品种测试中心、3 个分中心、2 个分子测定实验室和 5 个专业测试站的条件能力建设。召开了植物新品种测试工作会议。组织专家开展了 12 项林业植物新品种测试指南的编制，发布了栾树属、桦木属等 6 项林业植物新品种 DUS 测试指南行业标准。按照品种权审查进度，即时下达品种测试任务，组织并指导测试机构开展测试工作。2014 年完成测试并提交了近 40 份品种测试报告。截至 2014 年底，开展了 83 项林业植物新品种测试指南的编制工作，完成了杏、槐属、蔷薇属、桉属、枸杞属等 33 项测试指南的编制，分别以国家标准或行业标准发布，提高了授权质量和审查测试能力。

7. 跟踪国际林业知识产权动态与专利分析研究

跟踪世界各国林业知识产权动态，开展知识产权相关法律法规、各国专利、植物新品种保护、林产品地理标志和生物遗传资源保护等相关问题研究，为国际履约和谈判提供技术支撑。2014 年完成了欧盟以及日本、加拿大和南非 4 个林产品地理标志研究报告，德国、加拿大和挪威 3 个国家的林业生物遗传资源研究报告，完成了《国际植物新品种保护公约》履约战略研究和中国林业应对UPOV91文本的对策研究。编印《林业知识产权动态》6期。针对林业行业容易遭到国外专利壁垒的重点林产品领域进行动态跟踪和调查分析，做好专利数据统计和预警分析研究，完成了木/竹重组材、木地板锁扣技术、采暖木地板、核桃、杨树、木质素胶黏剂、人造板连续压机等一系列专利分析报告。

8. 建设林业知识产权基础数据库和共享平台

2014年"中国林业知识产权网"全新改版，完善了数据库全文检索系统，制作了"林业知识产权展示平台"、"林业知识产权试点示范"、"国家林业局知识产权研究中心"频道页面，用户可在线发布知识产权成果项目，以促进知识产权成果的推广、交流与合作。维护和管理"中国林业知识产权网"和"中国林业植物新品种保护网"，建立了网上林业专利动态决策分析系统。完善和建设了林业专利、植物新品种权、林产品地理标志、林业知识产权动态等15个林业知识产权基础数据库，新增植物新品种测试指南全文库和国外植物新品种法规全文库，入库数据记录累计55万条，网站提供全年不间断、安全稳定的在线检索服务，提高了林业知识产权信息资源的利用效率和服务水平。

9. 开展国际履约和合作交流

认真履行《国际植物新品种保护公约（UPOV)》，参加了UPOV技术委员会第50次会议、理事会第31次特别会议、顾问委员会第87次会议、行政和法律委员会第69次会议、行政和法律委员会第70次会议、顾问委员会第88次会议、理事会第48次常规会议、行政和法律委员会咨询组第9次会议，会前精心准备对案，积极提出意见和建议，履行了成员国责任。参加了在摩洛哥举办的UPOV果树技术工作组第45届会议，在肯尼亚举办的UPOV林木和观赏植物技术工作组第47届会议。赴韩国平昌参加《名古屋议定书》政府间委员会第3次会议，赴意大利罗马参加森林遗传资源委员会政府间技术工作组第3次会议。完成了UPOV丁香属测试指南编制，承担UPOV核桃属测试指南编制任务。

10. 加强林业知识产权宣传培训

组织开展了2014年全国林业知识产权宣传周系列活动，开通了“2014林业知识产权宣传周”网站，采取多种形式宣传林业知识产权知识以及林业植物新品种保护成效，进一步扩大了林业知识产权的影响。在中国政府网、人民网、国家林业局网、国家知识产权网、中国林业知识产权网、中国林业信息网、中国林业植物新品种保护网等主要网站登载或转载有关林业知识产权的报道320多篇。在《中国绿色时报》、《中国花卉报》和《中国知识产权报》上发表林业知识产权重点报道90篇。编印《竹类专利技术汇编（100项）》，出版了《2013中国林业知识产权年度报告》、《中国林业植物授权新品种（2013）》和《木/竹重组材技术专利分析报告》，举办了林业植物新品种保护管理培训班。

11. 林业知识产权数量稳步增长，质量明显提升

随着林业自主创新能力的不断增强，林业植物新品种权和林业专利、商标、林产品地理标志、版权数量稳步增长，质量明显提升，知识产权对现代林业发展的支撑作用日益凸显。

截至2014年底：

- 林业植物新品种申请量1 515件，授权量827件；
- 林业相关专利公开量185 707件，其中发明专利93 328件；
- 林业科研院所专利公开量3 376件，其中发明专利2 564件；
- 林业高等院校专利公开量9 608件，其中发明专利6 367件；
- 林产品地理标志673件；
- 林业软件著作权3 462项。

国家林业局关于印发《林业植物新品种保护行政执法办法》的通知

林技发〔2014〕114号

各省、自治区、直辖市林业厅（局），内蒙古、吉林、龙江、大兴安岭森工（林业）集团公司，新疆生产建设兵团林业局，国家林业局各司（局）、各直属单位：

为加强林业植物新品种保护行政执法，促进林业植物新品种保护事业发展，根据《中华人民共和国植物新品种保护条例》、《中华人民共和国植物新品种保护条例实施细则（林业部分）》和国务院关于打击侵犯知识产权和制售假冒伪劣商品工作部署，我局制定了《林业植物新品种保护行政执法办法》，现印发给你们，请认真贯彻执行。执行中有何问题和意见，请及时反馈我局科技发展中心（植物新品种保护办公室）。

国家林业局

2014年8月1日

附：林业植物新品种保护行政执法办法

附：林业植物新品种保护行政执法办法

第一条 为规范林业植物新品种保护行政执法行为，根据《中华人民共和国行政处罚法》、《中华人民共和国植物新品种保护条例》、《中华人民共和国植物新品种保护条例实施细则（林业部分）》和《林业行政处罚程序规定》等相关法律法规规章，制定本办法。

第二条 林业行政主管部门查处案件时，应当以事实为依据、以法律为准绳，遵循公开、公平、公正的原则。

第三条 林业行政主管部门对以下侵犯林业植物新品种权行为实施行政执法时，适用本办法：

（一）未经品种权人许可，以商业目的生产或者销售授权品种的繁殖材料的；

（二）假冒授权品种的；

（三）销售授权品种未使用其注册登记的名称的。

第四条 本办法第三条第二项所称假冒授权品种的行为是指：

（一）使用伪造的品种权证书、品种权号；

（二）使用已经被终止或者被宣告无效品种权的品种权证书、品种权号；

（三）以非授权品种冒充授权品种；

（四）以此种授权品种冒充他种授权品种；

（五）其他足以使他人将非授权品种误认为授权品种。

第五条 省级以上人民政府林业行政主管部门管辖本办法第三条第一项所指案件，县级以上人民政府林业行政主管部门管辖本办法第三条第二、三项所指案件。

林业植物新品种保护行政执法由主要违法行为地的林业行政主管部门管辖。

国家林业局科技发展中心（植物新品种保护办公室）负责林业植物新品种保护行政执法管理工作。

第六条 林业行政主管部门应当按照《中华人民共和国政府信息公开条例》等的要求，主动公开林业植物新品种保护行政处罚案件信息，接受社会监督。

第七条 林业植物新品种保护行政执法人员应当熟练掌握植物新品种保护的相关法律、法规和规章制度，以及相应的执法程序，并持《林业行政执法证》上岗；在林业植物新品种保护行政执法过程中，应当向当事人或者有关人员出示其《林业行政执法证》。

第八条 请求省级以上人民政府林业行政主管部门查处本办法第三条第一项所指案件时，应当符合下列条件：

（一）请求人是品种权人或者利害关系人；

（二）有明确的侵权人和侵权证据；

（三）有明确的请求事项和理由；

（四）侵权案件发生地属于该行政管辖范围内。

前款所称利害关系人，包括植物新品种实施许可合同的被许可人和品种权财产权利的合法继承人等。

独占实施许可合同的被许可人可以单独提出请求；排他实施许可合同的被许可人可以和品种权人共同提出请求，也可以在品种权人不请求时，自行提出请求；普通实施许可合同的被许可人经品种权人明确授权，可以提出请求。

第九条 向省级以上人民政府林业行政主管部门请求查处第三条第一项所指案件时，应当提交请求书以及涉案品种权的《植物新品种权证书》复印件。请求书应当包括以下内容：

（一）请求人的姓名或者名称、居住或注册地址、有效联系方式，法定代表人或者主要负责人的姓名和职务；有委托代理的，代理人的姓名和代理机构的名称、注册地址；

（二）侵权人相关信息及侵权证据；

（三）请求查处的事项和理由等。

第十条 请求人应当以纸质或法定电子文件的形式提交请求书，有关证据和证明材料可以以请求书附件的形式提交。请求书应当由请求人签名或盖章，并注明请求日期。

第十一条 省级以上人民政府林业行政主管部门在收到请求书后进行审查，对符合本办法第八条、第九条和第十条规定的，应当在7日内予以立案，并以书面形式告知请求人，同时指定两名或者两名以上案件承办人处理该案件；对不符合本办法第八条、第九条和第十条规定的，应当在7日内以书面形式告知请求人不予立案，并说明理由。

第十二条 林业行政主管部门依据职权查处本办法第三条所指案件时，立案应当符合下列条件：

（一）有违法行为发生；

（二）违法行为是应受处罚的行为；

（三）涉及品种是授权品种；

（四）除本办法第三条第三项所指案件外，涉及品种的品种权应当是有效的；

（五）违法行为发生地属于该行政管辖范围内。

第十三条 林业行政主管部门应当在发现或接受举报后进行审查，对符合本办法第十二条规定的，在7日内予以立案，同时指定两名或两名以上案件承办人负责调查和处理。

第十四条 案件承办人在现场取证时，可以根据请求人或举报人提供的涉案品种所在地点和生长状况等信息，及时取证并鉴定。

第十五条 案件承办人可以采取抽样方法取证；在证据可能灭失或者以后难以取得的情况下，经行政机关负责人批准，可以先行登记保存，填写《林业行政处罚登记保存通知单》，并在7日内做出处理决定；在此期间，当事人或者有关人员不得销毁或者转移证据。

第十六条 对于案件涉及的植物品种，可以采用田间观察检测、基因指纹图谱检测等方法进行鉴定。

第十七条 林业行政主管部门查处本办法第三条第一、二项案件，依法做出较大数额罚款的，应当告知当事人有要求举行听证的权利。当事人要求听证的，林业行政主管部门应当按《林业行政处罚听证规则》相关规定组织听证。

第十八条 省级以上人民政府林业行政主管部门查处本办法第三条第一项案件时，为维护社会公共利益，可以采取下列措施。

（一）责令侵权人立即停止对侵权品种繁殖材料的销售行为，并且不得销售尚未售出的采用侵权品种生产的繁殖材料。

（二）责令侵权人立即停止对侵权品种的生产行为，对涉及侵权的植物材料消灭活性使其不能再被用做繁殖材料。

（三）对正处于生长期或者销毁侵权植物材料将导致重大不利后果的，可以没收植物品种繁殖材料。

（四）没收违法所得。

（五）涉案货值金额5万元以上的，依据情节轻重处以货值金额1倍以上5倍以下的罚款。情节轻微者，处以1至2倍罚款；情节一般者，处以3至4倍罚款；情节较重者，处以5倍罚款。

没有货值金额或者货值金额5万元以下的，根据情节轻重，可处25万元以下的罚款。情节轻微者，处以5万元以下罚款；情节一般者，处以5万元至15万元以下罚款；情节较重者，处以15万元至25万元以下罚款。

（六）以上规定情节轻微者是指：侵权行为是第一次发生且侵权数量或者数额较小的。

情节一般者是指：明知或已被告知侵权的；数次侵权的；侵权数量或者数额较大的。

情节较重者是指：数次侵权且侵权数量或者数额巨大的；为逃避处罚提供伪证的。

第十九条 林业行政主管部门查处本办法第三条第二项案件时，应当采取下列处罚措施：

（一）责令侵权人立即停止伪造行为，销毁伪造的品种权证书或品种权号。

（二）责令侵权人立即停止侵权标注行为，消除尚未售出的产品或者其包装上的品种权标识；品种权标识难以消除的，销毁该产品或者包装。

（三）责令侵权人立即停止发放载有虚假、未经许可和误导公众品种权信息的说明书或广告等载体，销毁尚未发出的载体，并通过公告或广告等形式消除社会影响。

（四）责令侵权人立即停止销售假冒授权品种的繁殖材料，对涉及假冒授权品种的植物材料消灭活性使其不能再被用作繁殖材料。

（五）没收违法所得和植物繁殖材料。

（六）涉案货值金额5万元以上的，依据情节轻重处以货值金额1倍以上5倍以下的罚款。情节轻微者，处以1至2倍罚款；情节一般者，处以3至4倍罚款；情节较重者，处以5倍罚款。

没有货值金额或者货值金额5万元以下的，根据情节轻重，可处25万元以下的罚款。情节轻微者，处以5万元以下罚款；情节一般者，处以5万元至15万元以下处罚；情节较重者，处以15万元至25万元以下罚款。

（七）以上规定情节轻微者是指：假冒行为是第一次发生且数量或者数额较小的。

情节一般者是指：数次假冒的；假冒数量或数额较大的；假冒涉及地域较广的。

情节较重者是指：假冒数量或数额巨大的；假冒涉及地域广大的；为逃避处罚提供伪证的。

第二十条 林业行政主管部门查处本办法第三条第二项案件时，对涉嫌犯罪的案件，应当依法移送司法机关。

第二十一条 林业行政主管部门查处本办法第三条第三项案件时，应当采取下列处罚措施：

责令限期改正，可以并处罚款。情节轻微者，处以300元以下罚款；情节一般者，处以300元至600元以下罚款；情节较重者，处以600元至1000元以下罚款。

前款所称情节轻微者是指：侵权行为是第一次发生且影响范围较小的。情节一般者是指：数次发生，影响范围较大的。情节较重者是指：影响范围很大，后果较重的。

第二十二条 林业行政主管部门依据职权在查处本办法第三条第一、二项案件时，根据需要，可以封存或者扣押与案件有关的植物品种的繁殖材料，查阅、复制或者封存与案件有关的合同、账册及有关文件。

封存或者扣押时，案件承办人应当履行《行政强制法》第十八条规定的程序，并按《行政强制法》第二十四条规定制作并当场交付查封、扣押决定书和清单。查封、扣押清单一式二份，由当事人和行政机关分别保存。

第二十三条 林业行政主管部门做出行政处罚决定时，应当制作林业行政处罚决定书，并在15日以内予以公告。

第二十四条 林业行政主管部门应当自立案之日起一个月内结案；经行政负责人批准可以延长，但不得超过3个月。案情特别复杂3个月内仍不能结案的，经报上级林业行政主管部门批准，可以延长。

第二十五条 省级以上人民政府林业行政主管部门依据职权，根据当事人自愿的原则，对侵权所造成的损害赔偿可以进行调解。调解达成协议的，当事人应当履行；调解未达成协议的，品种权人或者利害关系人可以依照民事诉讼程序向人民法院提起诉讼。

上述调解过程可以邀请有关单位或者个人协助，被邀请的单位或者个人自愿协助进行调解。

第二十六条 林业行政主管部门在处理林业植物新品种权行政处罚案件过程中遇有涉及民事案件纠纷的，案件承办人应当向当事人告知其法律救济途径。

第二十七条 林业行政主管部门在结案时，将全部案件文书整理归档。地方各级林业行政主管部门应当建立林业植物新品种行政执法报告制度。

第二十八条 本办法所称以上、以下、以内，包括本数。

第二十九条 本办法由国家林业局负责解释。

第三十条 本办法自2014年9月1日起施行，有效期至2019年8月31日。

关于加强对外合作与交流中生物遗传资源利用与惠益分享管理的通知

环发〔2014〕156号

各省、自治区、直辖市环境保护厅（局）、教育厅（教委）、科技厅（委、局）、农业（农村、农村经济）、畜牧、渔业厅（委、局、办）、林业厅（局），教育部、农业部、林业局各直属单位及各共建高等学校，中国科学院院属各单位，新疆生产建设兵团环境保护局、教育局、科技局、农业局、林业局，各有关单位：

近年来，我国与生物遗传资源相关的对外合作与交流日趋活跃，成果丰硕。但同时，由于法规制度不健全和保护意识不强，对外合作与交流中出现的生物遗传资源流失问题还很突出，致使国家利益遭受损害。为加强对外合作与交流中生物遗传资源管理，促进惠益分享，现就有关问题通知如下。

一、充分认识加强生物遗传资源保护和管理的重要性

生物遗传资源是指具有实际或潜在价值的动植物和微生物种以及种以下的分类单位及其含有生物遗传功能的材料、衍生物及其产生的信息资料（不包括人类遗传资源）。生物遗传资源是经济社会可持续发展的战略资源，也是现代生物产业发展的基础，具有巨大的科研价值和商业开发价值，已经成为各国研究机构和商业公司争夺的重要资

源。我国生物遗传资源虽然丰富，但流失现象严重。由于缺乏保护意识，我国一些科研机构、高等学校的科研人员在对外合作与交流中，将我国重要生物遗传资源作为实验材料提供给境外机构、境外机构在我国境内的分支机构或个人，造成我国特有和具有重要科研和经济价值的生物遗传资源大量流失，而我国并未公平地从中分享相关惠益，不利于我国生物技术和生物产业健康、持续、快速发展。各单位要充分认识生物遗传资源作为国家战略资源的重要性及其保护的迫切性，采取有力措施，制定和完善生物遗传资源身份登记和利用管理制度，规范生物遗传资源的采集、利用和对外输出行为，保障我国在生物遗传资源对外合作与交流中的正当权益；要通过宣传教育，加强单位和个人的遵章守法意识和保护生物遗传资源的责任感，并定期开展自查。环境保护部、教育部、科技部、农业部、林业局和中国科学院将开展联合检查，以典型案例深入开展警示教育。

二、加强对外合作与交流项目的立项管理

对外提供生物遗传资源的，应在项目合同中披露生物遗传资源的来源、研究目的、应用前景等信息，强化知识产权共有、技术转让以及其他体现国家利益的惠益分享安排，明确向第三方转让的限制条件及惠益分享要求，确保生物遗传资源的提供方和合作开发方之间能够公平公正地分享研发成果。各高等学校和科研单位要加强对外合作与交流项目的管理，指定专门机构或人员负责生物遗传资源的获取与惠益分享事宜，定期向上一级生物遗传资源主管部门报告，生物遗传资源主管部门应将有关资料抄送环境保护主管部门。涉及我国列入保护名录的、可能是新物种和新变种的或具有重要价值的生物遗传资源对外合作与交流项目，要严格按照有关法律法规的规定，取得相关主管部门的批准，相关主管部门应将有关资料抄送环境保护主管部门备案。

三、强化对外合作与交流项目实施的监督管理

各单位要加强项目实施期间的监督和管理，涉及我国生物遗传资源的对外合作与交流应有我方相关单位和科研人员的充分参与，原则上要在我国境内从事研究工作；确需在境外开展研究的，要与境外合作方签订生物遗传资源输出与惠益分享协议，报上一级生物遗传资源主管部门批准，生物遗传资源主管部门应将相关资料抄送环境保护主管部门。各单位要规范生物遗传资源原生境获取活动，严格禁止境外机构和个人在原生境采集或收购生物遗传资源；境外机构和个人在生物遗传资源原生境开展野外考察的，需获得有关主管部门的批准。各单位要加强对各类生物遗传资源收集保存设施（如植物园、动物园、树木园、种质资源库、标本馆等）的管理，建立严格制度，规范境外机构和个人的获取行为，定期向上一级生物遗传资源主管部门报告，生物遗传资源主管部门应将有关资料抄送环境保护主管部门。对外提供原生境获取的非活体标本、流行性疾病样本以及用于展览等科学普及目的的生物遗传资源，在遵守国家相关法律法规前提下，可研究采取简化程序和措施。

四、加强对外合作与交流项目成果的跟踪监测和管理

各单位要完善项目成果登记查验制度，跟踪监测涉及我国生物遗传资源研究成果的知识产权情况和后续研发情况，确保获取和惠益分享安排得到切实履行。依赖我国

生物遗传资源完成的发明创造在申请知识产权保护时，应披露生物遗传资源的直接来源和原始来源，并强化知识产权共享和技术转让。鼓励优先申请国内知识产权保护，申请国外知识产权保护时，应当依法请求国务院相关主管部门进行保密审查。科研成果的发表也应披露所涉及我国生物遗传资源的直接来源和原始来源。

五、规范对外合作与交流中生物遗传资源的输出行为

携带和寄递珍稀、濒危、特有、可能是新物种和新变种的或具有重要价值的生物遗传资源出境，应符合国家有关法律要求，获得相关主管部门批准，相关主管部门应定期将有关资料抄送环境保护主管部门。各单位要建立对外提供生物遗传资源的登记和查验制度，详细记录出境生物遗传资源相关重要数据、资料和信息，包括来源、种类、数量、用途、提供者、接受者、目的地、惠益分享安排等，以备上一级生物遗传资源主管部门核查。各生物遗传资源主管部门要采取积极有效的事后监管措施，建立生物遗传资源违规输出行为的曝光、披露以及责任追究机制，对违规输出行为要及时查处，公开曝光，从严追究相关责任人及单位的责任，并向社会披露查处情况；建立生物遗传资源利用的信用评级机制，拟定违规输出行为责任人黑名单，制定奖惩措施。

六、加强部门协调和基础能力建设

建立和完善工作机制，加强相关部门之间的沟通和配合。加大资金投入力度，保障生物遗传资源保护与管理工作的开展。各部门和单位要采取积极措施，切实加强专业和管理人才队伍建设。加大生物遗传资源保护与管理支撑技术的研究和开发力度，加快研制生物遗传资源出境快速、远程查验技术；逐步建立生物遗传资源科学鉴定制度；建立生物遗传资源利用和惠益分享数据库及信息平台，实现信息共享，提高科学管理水平。加强宣传和培训，提高公众意识。

环境保护部　　教　育　部
科学技术部　　农　业　部
国家林业局　　中国科学院

2014 年 10 月 28 日

完善林业知识产权管理制度与政策

2014，年国家林业局印发了《林业植物新品种保护行政执法办法》，研究制定了《林业植物新品种权申请审查规则》和《林业植物新品种测试管理规定》，与相关部委联合印发了《关于加强对外合作与交流中生物遗传资源利用与惠益分享管理的通知》。

1. 印发《林业植物新品种保护行政执法办法》

为加强林业植物新品种权行政执法工作，促进林业植物新品种保护事业发展，2014年8月1日国家林业局印发了《林业植物新品种保护行政执法办法》(林技法〔2014〕114号)(以下简称《行政执法办法》)，自2014年9月1日起施行，有效期至2019年8月31日。《行政执法办法》共30条。第1～7条明确了本办法的立法宗旨、依据、适用范围、管辖权以及对执法人员的要求和信息公开等内容。第8～16条明确了查处侵权案件的立案要求、请求人应具备的条件以及请求书的内容和证据要求等。第17～24条明确了侵权案件的查处程序、制止侵权要采取的措施，细化了处罚标准等。第25～30条明确了调解纠纷程序、档案管理等要求，以及本办法解释权等内容。

《行政执法办法》的施行，对各级林业行政主管部门的执法范围和权限、侵犯林业植物新品种权行为及处罚标准做出了明确规定，强化了林业植物新品种权侵权案件实际查处工作的法律性、政策性、专业性和可操作性，健全了行政执法行为规范，使案件受理更规范、执法尺度更统一、保护效果更理想，进一步增强了林业植物新品种保护执法的严肃性和权威性。(周建仁)

2. 提交《中华人民共和国植物新品种保护条例实施细则（林业部分）》修订稿

国务院关于修改《中华人民共和国植物新品种保护条例》的决定已经2013年1月16日国务院第231次常务会议通过，自2013年3月1日起施行。随着国内外植物新品种保护制度不断发展和完善，国内行政审批制度不断深化改革，植物新品种保护收费标准的调整，为更好地实施林业植物新品种保护，组织专家完成了《中华人民共和国植物新品种保护条例实施细则（林业部分）》的修订工作，提交了实施细则的修订稿和修订说明。

《中华人民共和国植物新品种保护条例实施细则（林业部分）》修订稿充分体现了与国家行政审批制度改革相关内容的衔接一致；品种权申请的各项收费标准与国家发展改革委、财政部的文件规定一致；建议品种命名采用和完善 UPOV 命名规则；明确了办理品种权转让登记的具体规定；强调了品种权形式审查的重要性，增加了新颖性判定的规定，明确了“已知品种”范围，鼓励建立电子申报系统；落实《海峡两岸知识产权保护合作协议》和《关于台湾地区申请人在大陆申请植物新品种权的暂行规定》相关内容；建议专门制定品种权复审、无效和更名管理办法。(王琦)

3. 制定《林业植物新品种权申请审查规则》

为规范林业植物新品种权审查工作，根据《中华人民共和国植物新品种保护条例》和《中华人民共和国植物新品种保护条例实施细则（林业部分）》，参照《国际植物新品种保护公约》及相关规定，制定了《林业植物新品种权申请审查规则》，并在林业植物新品种保护网站上公布。

《林业植物新品种权申请审查规则》共分 8 章 30 条，对林业植物新品种的申请及受理、初步审查、实质审查、审查专家的确定、现场审查各方职责、授权等进行了明确规定，便于社会公众及时了解和掌握林业植物新品种的申请、审批和授权的具体流程和应做的具体工作，将有助于进一步提高林业植物新品种的申请和审批质量。(王琦)

4. 制定《林业植物新品种测试管理规定》

为了规范管理林业植物新品种测试工作，根据《中华人民共和国植物新品种保护条例》和《中华人民共和国植物新品种保护条例实施细则（林业部分）》，组织专家编制了《林业植物新品种测试管理规定》以下简称《规定》，已形成报批稿。该《规定》共分 8 章 26 条，具体规定了测试机构条件、测试任务委托、繁殖材料接收、近似品种筛选、测试性状观测、测试报告撰写等内容，涵盖了植物新品种测试工作的全过程，将有助于促进林业植物新品种测试工作的顺利开展。

管理规定要求测试报告应当包括测试编号、品种权申请号、测试品种名称、测试指南名称、测试时间、测试地点、测试人员、报告完成日期、栽培环境及植株生长状况，特异性、一致性和稳定性评价、结论等，并附测试性状记录表、照片和近似品种的选择意见表。(周建仁)

5. 印发《关于加强对外合作与交流中生物遗传资源利用与惠益分享管理的通知》

近年来，我国与生物遗传资源相关的对外合作与交流日趋活跃，成果丰硕。但同时，由于法规制度不健全和保护意识不强，对外合作与交流中出现的生物遗传资源流失问题还很突出，致使国家利益遭受损害。为加强对外合作与交流中生物遗传资源管理，促进惠益分享，2014 年 10 月 28 日国家林业局与环境保护部、教育部、科学技术部、农业部和中国科学院联合印发了《关于加强对外合作与交流中生物遗传资源利用与惠益分享管理的通知》(环发〔2014〕156 号)，该通知强调了加强生物遗传资源保护和管理的重要性，强化了对外合作与交流项目的立项管理、项目实施监督和项目成果的跟踪监测管理，规范了对外合作与交流中生物遗传资源的输出行为，同时提出应建立

和完善工作机制，加强部门协调和基础能力建设。（李启岭）

6. 研究制定《林产品地理标志保护办法》

为加强对特色林产品知识产权的有效保护，保证地理标志林产品的品质和特色，提升林产品市场竞争力，根据《中华人民共和国森林法》、《中共中央 国务院关于加快林业发展的决定》、《中华人民共和国产品质量法》和《中华人民共和国标准化法》等有关规定，国家林业局拟建立林产品地理标志审核登记制度，进一步规范林产品地理标志的使用。在已起草《林产品地理标志保护办法》基础上，组织开展了林产品地理标志保护调研，与相关部门进行了协调，组织专家对《林产品地理标志保护办法》进行了修改完善，将推动实施林产品地理标志的联合认定和保护。（龙三群）

实施《2014年林业知识产权战略实施推进计划》

为深入贯彻实施《国家知识产权战略纲要》，国务院成立了由28个部委（局）组成的国家知识产权战略实施工作部际联席会议，每年制订计划，共同推进知识产权战略实施工作。按照《国家林业局关于贯彻实施〈国家知识产权战略纲要〉的指导意见》总体要求，国家林业局不断完善林业实施知识产权战略的协调议事制度。根据《全国林业知识产权发展规划（2013 ～ 2020年）》和《2014年国家知识产权战略实施推进计划》分配给国家林业局的任务，国家林业局科技发展中心会同有关单位制订了《2014年林业知识产权战略实施推进计划》，由国家林业局办公室正式印发实施。

《2014年林业知识产权战略实施推进计划》重点围绕提升林业知识产权数量和质量、促进林业知识产权转化运用、加强林业植物新品种执法保护、提升林业知识产权管理能力和服务水平、加强林业知识产权宣传培训和对外交流5个方面，提出了27项工作任务，分别由国家林业局科技司、宣传办公室、信息化管理办公室（简科信息办）、科技发展中心、中国花卉协会、中国林业科学研究院、国际竹藤中心等有关司（局）和直属单位牵头落实，明确了相关司（局）和单位的任务分工，确保战略实施工作顺利推进，以促进林业自主创新，切实提升林业知识产权创造、运用、保护和管理水平，为推进林业科技创新、加快林业发展方式转变提供坚实支撑和保障。

各单位认真落实《2014年林业实施知识产权战略推进计划》，取得了实效。

1. 国家林业局科技司

国家林业局科技司高度重视知识产权工作，在林业科研项目组织管理过程中，将知识产权保护作为重要考核指标。2014年，执行在研的林业科研项目共有156项，向财政部和科技部推荐2015年执行的林业科研专项165项，这些项目中80%以上都有知识产权的考核指标；注重科研力量的整合，组织科研院所、高等院校和企业的科技力量，分不同学科和领域搭建科技创新平台，开展林业战略性新兴产业和林业行业发展关键共性技术科研攻关，取得了较好的成效。例如，“油用牡丹新品种选育及高效利用研究与示范”行业专项重大项目就是由西北农林科技大学、东北林业大学、北京林业大学、乐山林业科学研究院、甘肃中川牡丹产业公司等8家单位组成的科研平台，截至2014年底已获得授权专利7项。这类项目有利于林业核心技术研发和专利的申请，有利于提高专利质量，能够形成林业核心技术专利群和重点领域专利池。高度重视优良植物新品种的创制，与科技部联合开展了《主要林木育种规划（2015～2025年）》的编制工作，在森林培育项目中将培育林业植物新品种作为重要的考核内容之一。2014年组织开展了“胡杨和楸树全基因组关联遗传分析”、“整合基因网络的高效林木育种技术研究与示范”等28项林业公益性行业科研专项研究，组织了27项与培育新品种相关的引进国际先进林业科学技术项目研究，为林业植物新品种培育和保护提供了有力的科技支撑；依托中央财政科技推广示范资金项目，加强成熟适用的林业新品种在生产中的推广应用，明确规定列入推广项目进行推广应用的新品种必须是通过审定、认定的，技术成熟、适用范围广，且无成果权属争议的新品种。

2. 国家林业局信息办

国家林业局信息办加强了软件知识产权保护，推进软件正版化工作。一是研究制定《国家林业局使用正版软件规范》和软件资产管理、考核评议和责任追究制度。二是落实工作责任制。将软件正版化与日常工作结合起来，逐项分解，明确责任，落实到人，实现软件正版化工作“事情有人管、工作有人做”。三是强化日常监管和监督检查工作。积极开展软件正版化检查工作，发现问题及时通报，并做到检查工作常态化、制度化。四是加强培训和宣传。多形式、多手段宣传软件正版化工作，提高干部职工对软件正版化工作重要性的认识，为网络信息安全奠定良好基础。

3. 中国林业科学研究院

中国林业科学研究院进一步完善了全院的知识产权管理制度，成立了中国林业科学研究院知识产权办公室，完成了全院知识产权统计建档工作。积极推进林业知识产权成果转移转化，对自主研发的专利技术、新品种、新技术做好宣传推广工作，建立了一批具有自主知识产权的新品种繁育及栽培示范基地，通过基地的示范带动，促进了新品种、新技术的大面积推广应用；以中国林业科学研究院林业研究所及国家林木种质资源平台为支撑，建立了贵州凯里产学研示范基地，收集杜鹃等各种观赏植物新品种近400个，集中示范，促进植物新品种的转化应用。据不完全统计，2014年中国林业科学研究院的知识产权转化收益已超千万元。

4. 国际竹藤中心

国际竹藤中心完善并印发了《国际竹藤中心知识产权管理暂行办法》，以提高知识产权创造的质量。国际竹藤中心重视知识产权成果的转化应用，通过申报林业科技成果推广和农业科技成果转化资金项目，加快了熟化认定成果和专利技术的推广应用示范。2014年实施了“竹林立地质量评价与经营技术推广示范”和“多花黄精育苗及林药复合经营高效栽培技术推广”2项林业科技成果推广项目和“竹林专用钢渣肥加工及应用示范”专利产业化推进项目，完成了2项专利产业化推进项目和2项林业科技成果推广项目的推广任务，顺利通过查定和验收。举办了林业知识产权保护与管理专题培训班，中心各职能处室和研究部门的科研与管理人员及研究生共50余人参加培训。（龙三群）

加快林业植物新品种权受理和审查工作

以加快品种权受理、审查为突破口，林业植物授权新品种数量快速增加。2014 年，国家林业局植物新品种保护办公室共受理国内外品种权申请 254 件，其中国外申请 11 件，申请总量达到 1 515 件。全年共完成 4 批 168 个新品种权申请的初步审查，组织对 115 个申请品种进行了特异性、一致性和稳定性（DUS）专家现场审查，并对 97 个申请文件进行了补正；转田间测试 16 个品种，收到 32 个田间测试报告。2014 年，国家林业局发布公告，授权植物新品种 2 批 169 件，编辑完成《植物新品种保护公报》2 期，对品种权申请、初审、授权及其他事项及时在“中国林业植物新品种保护网”及《林业植物新品种保护公报》上公告，共发布公告 11 批，包括初审公告 4 批 168 个品种，品种权转让公告 4 批，品种权人变更登记公告 1 批，授权公告 2 批，确保了林业植物新品种审批和授权的公开公正，接受社会的监督。截至 2014 年底，已受理国内外植物新品种申请 1 515 件，授予植物新品种权 827 件。（王琦）

编制《中国林业遗传资源保护与可持续利用行动计划（2014～2025年）》

2013 年 4 月，联合国粮农组织制定了《森林遗传资源养护、可持续利用和开发全球行动计划》。为促进该计划在中国的实施，基于中国林木遗传资源保护管理、监测评估和可持续利用面临的问题和挑战，国家林业局组织编制了《中国林业遗传资源保护和可持续利用行动计划（2014 ～ 2025 年）》（征求意见稿），明确了林木遗传资源保护与可持续利用的指导思想、基本原则和战略目标，确定了重点领域和具体行动，提出了保障措施，作为全国林木遗传资源保护管理和可持续利用的工作指南。

林木遗传资源保护重点领域与行动计划如下。

重点领域 1：林木遗传资源调查、监测与信息化建设。包括 4 个行动计划：开展林木遗传资源调查编目；建立完善的国家林木遗传资源监测评估体系；制订林木遗传资源标准体系；建立林木遗传资源数据库和信息系统。

重点领域 2：林木遗传资源收集与保存。包括 4 个行动计划：确定林木遗传资源保存；加强林木遗传资源原地保存；加强林木遗传资源异地保存；加强农林兼（间）作树种遗传资源保存。

重点领域 3：林木遗传资源评价与可持续利用。包括 6 个行动计划：开展林木遗传资源评价；推进树木育种、驯化和生物勘探研究；强化优良林木遗传资源利用；建立以适应气候变化为目的的林木遗传资源经营管理；加强入侵物种的防控；研究建立林木遗传资源获取与惠益分享。

重点领域 4：林木遗传资源保护与利用能力建设。包括 4 个行动计划：建立宣传机制、提高公众对林木遗传资源重要性的认识；加强林木遗传资源的教育和培训；强化林木遗传资源保护存与利用的机构建设；加强林木遗传资源的国际交流与合作。（李启岭）

推进林业生物遗传资源调查编目工作

2014 年，完成了油茶遗传资源调查编目工作，基本查明了我国油茶遗传资源的分布状况，发现了一大批具有保护和潜在利用价值的优良遗传资源。启动了全国核桃遗传资源调查编目工作，召开了核桃遗传资源调查编目工作暨技术培训会议。

1. 完成油茶遗传资源调查编目工作

2014 年是油茶遗传资源调查编目工作的攻坚年，也是收尾年。2014 年 7 月，召开了项目汇报及材料汇总会议，对完成好油茶遗传资源调查编目工作进行了部署，对油茶遗传资源调查编目工作中的问题进行了研讨并制定了解决方案。

截至 2014 年底，项目进展良好，各省（自治区、直辖市）均按实施方案开展了属地的油茶遗传资源调查，基本查明了我国油茶遗传资源的分布状况，发现了一大批具保护和潜在育种价值的优良遗传资源。经初步统计，本项目调查涉及油茶物种 50 余个，累计调查遗传资源 2 000 余份，包括古树资源 20 余份、具丰产性资源 1 200 余份（含现有审认定良种资源）、大果型资源 100 余份、抗炭疽病资源 20 余份、高出籽率资源 100 余份、高含油率资源 330 余份、高油酸资源 40 余份、早花型资源 20 余份、晚花型资源 20 余份等。同时也发现了一批树形、花性变异资源，如垂枝性树体资源、窄冠紧凑型等特异树体性状资源、重瓣花资源及花色变异资源等。

2. 启动全国核桃遗传资源调查编目工作

核桃是我国重要的木本油料植物，遗传资源十分丰富。为全面系统掌握我国核桃遗传资源的分布及利用状况，切实加强核桃遗传资源的保护管理与开发利用，促进核桃产业健康、可持续发展，国家林业局组织开展了全国核桃遗传资源调查编目工作。

调查编目工作的目标是：在全国范围内开展全面系统的核桃遗传资源调查，查清我国核桃遗传资源的分布、数量及利用状况等，建立全国核桃遗传资源信息数据库，编制完成中国核桃遗传资源状况报告和中国核桃遗传资源目录。主要任务有 3 个：全面掌握核桃遗传资源状况；建立核桃遗传资源信息数据库；编制核桃遗传资源状况报告和目录。

调查编目工作分 3 个阶段。一是前期准备阶段：2014 年 1 ～ 10 月，编制核桃遗传资源调查编目技术规程，召开全国核桃遗传资源调查编目工作启动暨技术培训会。二是调查实施阶段：2014 年 11 月至 2016 年 12 月，开展核桃遗传资源外业调查，其中 2014 年先期启动北京、山西、浙江、安徽、山东、湖北、甘肃等 7 省（直辖市）的调查工作，2015 年启动其余省（自治区、直辖市）的该项工作。三是整理汇总阶段：2017 年 1 ～ 6 月，开展资料整理、审核汇总及数据库录入，编辑出版《中国核桃遗传资源状况报告》和《中国核桃遗传资源目录》。

国家林业局要求各省级林业主管部门结合实际制订实施方案，为调查编目工作做好准备；认真组织实施，按期完成调查编目任务；加强检查指导，确保调查编目工作质量。

此外，国家林业局科技发展中心还召开了核桃遗传资源调查编目工作暨技术培训会议，印发了《核桃遗传资源调查编目技术规程》和《泡核桃遗传资源调查编目技术规程》，部署了《山核桃遗传资源调查编目技术规程》和《长山核桃遗传资源调查编目技术规程》的编制任务。（李启岭）

开展中国专利奖组织推荐工作

国家林业局科技发展中心根据国家知识产权局关于组织推荐中国专利奖的通知要求，积极组织中国专利奖林业项目的推选工作，强化知识产权保护和运用工作导向，通过积极动员、广泛征集、公平筛选，挑选出林业行业对技术创新及经济社会发展做出突出贡献的林业专利，参加中国专利奖评选。2012 ~ 2014 年共有 10 项林业专利荣获中国专利优秀奖，有效激励了林业科研创新主体和发明人，有利于促进林业科技自主创新，增强林业核心竞争力（表 1）。

表 1　中国专利优秀奖——林业项目

年份 届次	专利号	专利名称	专利权人	发明人	推荐单位 或院士
2012 第 14 届	ZL200810093764.4	竹重组型材及其制造方法	浙江大庄实业集团有限公司	张齐生、蒋身学、林　海、徐旭峰、刘红征、许　斌、何　文	国家林业局
	ZL200610200331.5	实木地板加工方法	久盛地板有限公司	张恩玖、钱新民、巫汉生	张齐生、王明庥
2013 第 15 届	ZL01108139.2	生物质内循环锥形流化床气化工艺及设备	中国林业科学研究院林产化学工业研究所	蒋剑春、张进平、应　浩、戴伟娣、刘石彩、陶渊博、金　淳	国家林业局
	ZL200910181331.9	利用杨木加工剩余物制取文化用纸配抄用漂白化机浆的方法	中国林业科学研究院林产化学工业研究所	邓拥军、房桂干、韩善明、焦　健、李红斌、李　萍	国家林业局
	ZL200910082277.2	脲醛树脂助剂及其制备方法和应用	永港伟方（北京）科技股份有限公司	雷得定、刘　波	国家林业局
	ZL00134681.4	环保型胶合板生产工艺	中国林业科学研究院木材工业研究所	王　正、郭文静	中国林产工业协会
	ZL98111153.X	一种集装箱底板及其制造方法	南京林业大学、迪勤国际发展有限公司	张齐生、陈瑞晃、孙丰文	王明庥、李坚

（续）

年份 届次	专利号	专利名称	专利权人	发明人	推荐单位 或院士
2014 第16届	ZL200710179001.7	竹材原态多方重组材料及其制造方法	国家林业局北京林业机械研究所	傅万四、周建波	国家林业局
	ZL200910089413.0	一种增强、阻燃改性人工林木材及其制备方法	中国林业科学研究院木材工业研究所	刘君良、柴宇博、刘焕荣、阳财喜、孙柏玲、王雪花	国家林业局
	ZL200910077384.6	一种大片竹束帘及其制造方法和所用的设备	中国林业科学研究院木材工业研究所	于文吉、余养伦、苏志英	国家林业局

1. 专利奖组织推荐工作

国家林业局科技发展中心每年按要求向各省、自治区、直辖市林业厅（局）和各直属单位下发《国家林业局关于开展中国专利奖组织推选工作的通知》，根据中国专利奖评选的基本条件，从全国各地的林业企事业单位广泛征集优秀林业专利项目。

采用集中评审与实地调查相结合的方式，做好优秀林业专利的筛选工作，重点放在：对于林业发展具有重大影响的核心技术专利；已经转化应用，且经济、社会、生态效益显著的林业专利；在实际侵权案件中保护效果良好的林业专利。专家组既包括林业技术专家也包括知识产权研究人员，确保筛选工作的公平、公正。

通过媒体报道、网站、书籍等多种形式，对林业专利获奖情况进行宣传，每年及时将林业专利获奖情况在国家林业局政府网、中国林业知识产权网和《中国绿色时报》上公布，并将重点内容收录《中国林业知识产权年度报告》，增强了林业企事业单位对后续中国专利奖评选的关注，提高了自主创新的积极性，提升了林业行业的知识产权保护意识。同时将中国专利奖的推选工作与林业知识产权试点示范、林业专利产业化推进、林业知识产权宣传周等各项工作相结合，扩大中国专利奖组织推选工作的影响。

2. 3项林业专利荣获第16届中国专利优秀奖

2014年，国家林业局推荐的3项林业专利荣获第16届中国专利优秀奖，分别是：中国林业科学研究院木材工业研究所的“一种大片竹束帘及其制造方法和所用的设备”和“一种增强、阻燃改性人工林木材及其制备方法”、国家林业局北京林业机械研究所的“竹材原态多方重组材料及其制造方法”。3项获奖专利创新及设计水平高，实用性强，为专利权人赢得了显著的经济效益和市场竞争力，表现出很强的创新发展优势。

“一种大片竹束帘及其制造方法和所用的设备”专利技术，发明了纤维化竹单板，解决了竹材青黄难以胶合、竹材难以单板化的传统技术瓶颈问题，为竹材大规模工业化利用提供了新的技术途径。研发的大片竹束帘胶合板、高硬度板材、重组竹、竹层积材等多种高性能竹质人造板，已广泛用于风电桨叶基材、全竹集装箱底板、室外地板、建筑梁柱、火车车厢底板等产品中，在福建、安徽、四川等7个省的8家企业成功投产，年产能达到近17万m^3，为我国进一步拓展竹质人造板的生产和应用奠定了基础。

“一种增强、阻燃改性人工林木材及其制备方法”专利技术，通过树脂型木材改性药剂的调配、浸渍、改性干燥定型等技术，改善了人工林速生杨木与杉木等树种低密度、软材质、握钉力小和尺寸稳定性差等缺陷，开发出的家具、门窗等产品，木材附加值提高 3 倍，已先后在 7 家企业推广，新增销售额近 6 亿元，新增利润超过 1 亿元，增加就业近 2 600 人。可用于建筑、户外景观、家具、实木门和实木地板等高附加值产品开发，延长产业链，推动行业进步，促进产业技术升级。

"竹材原态多方重组材料及其制造方法"在国内首次系统开发了竹材原态重组材料制造关键技术与设备，首次提出"竹材原态重组"理念，开发出竹材原态多方重组材料及设备，整竹正多边形化面铣机、整竹纵向指接机、竹材原态多方重组成型拼接机 3 台（套）关键设备，竹材弧形原态重组材料制造技术及关键设备，CGPB-65SP 多功能竹材弧形重组高频拼板机、MBHC-9 竹材定型弧铣机、弹力式竹材去内节破竹机 3 台（套）关键设备。本发明充分利用了竹材的原态物理结构特性，通过外表面正六边形竹材横向蜂窝状或弧形，纵向任意延长重组，使其材料的力学性能最大化，达到了高强度、长范围、大跨度应用的要求，已在多家竹产品制造企业和竹木材加工机械企业推广应用。

据了解，中国专利奖是我国唯一的专门对授予专利权的发明创造给予奖励的政府部门奖，得到了联合国世界知识产权组织（WIPO）的认可，在国际上有一定的影响。中国专利奖由国家知识产权局于 1989 年设立，已评选了 16 届，从 2009 年第 11 届起，中国专利奖评选周期将由两年一届改为一年一届。评奖标准不仅强调项目的专利技术水平和创新高度，也注重其在市场转化过程中的运用情况，同时还对其保护状况和管理情况提出要求。中国专利奖的公信力、权威性、代表性和影响力日益增强，目前已成为推进中国知识产权事业发展的重要平台，对于激发全社会的创新热情、提升专利质量、促进知识产权工作发挥了积极的导向和良好的示范作用。

第 16 届中国专利奖共评选出中国专利金奖获奖项目 20 项，中国外观设计金奖获奖项目 5 项，中国专利优秀奖获奖项目 408 项，中国外观设计优秀奖获奖项目 64 项。（龙三群）

加强海峡两岸植物新品种保护合作

2014 年 3 月 20 ～ 21 日，由国家林业局科技发展中心（国家林业局植物新品种保护办公室）和农业部种子管理局主办、上海市林业总站（国家林业局一品红测试站）承办的海峡两岸第三次植物新品种保护工作组会议暨测试技术研讨会在上海召开，来自国家林业局植物新品种保护办公室、港澳台办公室、中国林业科学研究院、上海市林业局、上海植物园、农业部种子管理局、有关农业和林业植物新品种保护测试机构等单位的领导和专家，以及台湾地区"农业委员会农粮署"、"农业委员会科技处"、"农业委员会种苗改良繁殖场"等代表 50 余人参加了会议。

此次会议是为了落实《海峡两岸知识产权保护合作协议》，促进海峡两岸植物新品种权的创新、应用、管理及保护，加强两岸品种权保护机构间的技术交流与合作。会上，工作组就两岸植物新品种保护测试技术合作等议题进行了广泛讨论，并达成了共识，取得预期成果。研讨会对一品红、月季、非洲菊、花毛茛、凤梨、文心兰等测试技术进行了深入讨论，进一步推动了两岸新品种测试技术的交流，提高了测试水平。会议还组织代表参观了国家林业局一品红测试站、上海植物园茶花新品种和农业部植物新品种上海测试分中心。

2014 年，国家林业局植物新品种保护办公室受理了中华种苗学会申报的"台红 1 号"红豆杉品种权申请，这是台湾地区首次在大陆提出的林业植物新品种权申请。（王琦）

推动林业知识产权联盟建设

林业知识产权联盟（简称"联盟"）是由全国林业行业具有民事主体资格的企事业单位、社会团体，根据相关法律、法规自愿组成的、互助协作的联合体。

联盟目标主要是关注知识产权、共建美丽中国，促进林业知识产权事业规范、健康和有序发展，推动林业产业转型升级，提升产业核心竞争力。

联盟的宗旨是：在平等互利的基础上，联盟成员通过资源共享、协同行动、自律互助等合作形式，建立产学研合作机制，协同攻关，权益共享，共同突破林业产业发展技术瓶颈，应对林业知识产权纠纷和风险。

联盟的主要职责是：构建林业知识产权信息共享平台，促进信息资源共享，为会员提供准确科学的知识产权信息服务；建立林业知识产权展示平台，为专利、植物新品种权提供展示推介、价值评估、质押融资等综合服务，促进会员知识产权转化运用；建立联盟知识产权协作机制，建立林业领域核心"专利池"，推动会员之间的知识产权转让、交叉许可和对外协同实施，促进知识产权向产业技术体系集聚，实现增值共赢；促进联盟会员守法自律，针对重点侵权案件提供维权救助，参与国际知识产权谈判和争议解决，共同应对知识产权纷争，维护联盟会员合法权益；定期举办知识产权培训、研修、交流活动，提升意识、增强能力；举办研讨会、展览会、论证会、交流会等相关活动，组织专题调研，就林业知识产权相关问题进行探讨，向相关部门提出政策建议；开展联盟宗旨所允许的其他活动。

联盟将有利于进一步完善产学研相结合的林业技术创新体系，有利于林业行业资源的优化配置，有利于开展国内企业专利技术的合作与推广，有利于共同应对国际知识产权纠纷，具有重要而深远的意义。

国家林业局推动设立相关专业领域的分支机构。先后成立了木地板专利联盟、中国地板产业专利联盟、南林（南方林业）竹产业知识产权联盟和木竹产业技术创新战略联盟。

"木地板专利联盟"于 2014 年 4 月 24 日在北京成立。该专利联盟由中国林业科学研究院木材工业研究所牵头，国家林业局知识产权研究中心、全国木地板专业委员会、南京林业大学、常州地板协会，以及圣象集团、德威木业等木地板行业领头企业共 14 家单位发起，起草了联盟章程和管理办法等文件，成立了联盟理事会和秘书处，建立了联盟运行机制和木地板专利联盟信息共享平台，包括"联盟介绍、新闻动态、专利介绍、专利供求、专利百科、地板知识"等版块，为联盟成员和行业提供服务。（龙三群）

跟踪国际林业知识产权动态与专利分析研究

跟踪世界各国林业知识产权动态，开展知识产权相关法律法规、各国专利、植物新品种保护、林产品地理标志和生物遗传资源保护等相关问题研究，为国际履约和谈判提供技术支撑。

1. 开展国际林业知识产权动态跟踪与履约研究

重点开展了国内外植物新品种保护、林产品地理标志和林业生物遗传资源获取与惠益分享的现状和发展趋势研究，组织专家进行信息采集、分析、翻译、编辑整理和综述，形成研究报告，提供林业知识产权信息服务。2014 年完成了欧盟、日本、加拿大和南非 4 个林产品地理标志研究报告，德国、加拿大和挪威 3 个国家的林业生物遗传资源研究报告。

完成了《国际植物新品种保护公约》履约战略研究和我国林业应对 UPOV91 文本的对策研究，旨在通过对 UPOV91 文本与 78 文本差异的深入研究，分析了我国加入 UPOV91 文本的利弊，提出我国加入 UPOV91 文本的对策，为林业植物新品种的国际履约工作提供支撑。

2014 年 6 月 27 日，国家林业局科技发展中心在北京召开了 UPOV91 文本对我国木材安全影响座谈会。北京林业大学、中国林业科学研究院、国家林业局桉树中心、国家林业局知识产权研究中心、浙江森禾种业公司、宁夏森淼种业公司、云南省花卉产业办公室、云南省农业科学院等单位的领导和专家 20 余人参加了座谈会。中国加入了国际植物新品种保护联盟（UPOV）公约 1978 年文本，UPOV 公约 1991 年文本对植物新品种的保护范围更广、保护力度更大。有关院士、专家和企业的代表对 UPOV 公约 1991 文本的主要条款进行了详细讨论，充分发表了意见，认真分析了加入 UPOV 公约 1991 文本对保障我国木材安全和促进观赏花卉产业发展的利弊，研究提出了应对措施。

组织开展了林木遗传资源监测技术指标体系与监测方法的研究、林木遗传资源编码研究等，为进一步做好《名古屋议定书》的履约工作提供了技术支撑。

2. 编印《林业知识产权动态》

为加强林业知识产权信息服务工作，跟踪国内外林业知识产权动态，实时监测和分析林业行业相关领域的专利动态变化，为国际履约和谈判提供信息支撑，2014 年编印了《林业知识产权动态》6 期，双月 18 日发行，每期 20 页，分动态信息、政策探讨、研究综述、统计分析 4 个栏目，全年共发表动态信息 43 篇，政策探讨论文 6 篇，研究综述报告 6 篇和统计分析报告 6 篇。

《林业知识产权动态》为内部刊物，双月刊，由国家林业局科技发展中心主办，国家林业局知识产权研究中心承办，旨在跟踪国内外林业知识产权动态、政策、学术前沿和研究进展。通过组织专家进行信息采集、分析、翻译和编辑整理，对世界各国的林业知识产权现状及相关政策进行深入解读，提供林业知识产权信息服务。该刊内容包括：各国林业知识产权动态、相关法律法规、国际履约相关问题研究、各国专利、植物新品种和生物遗传资源研究进展、林业重点领域专利分析研究、知识产权信息统计分析等。读者对象为知识产权相关的管理、科研、教学和企业人员。

3. 开展林业重点领域专利分析研究

专利文献的信息内容分析服务可以为科技创新寻找技术解决方案，使技术创新获得灵感，并能提高技术创新和科研的起点，同时避免重复研究、节约经费。因此，整合全球林业专利信息资源，利用科学的专利分析方法挖掘全球林业技术情报，不仅能为林业技术创新指明方向，而且还能为国家政策制定、林产品国际贸易和国际谈判提供技术支撑。

国家林业局知识产权研究中心建成了集专利检索、管理和分析功能于一体的林业专利信息预警分析系统，采用智能化的数据挖掘技术和先进的可视化技术，可自动进行几十种重要的专利分析、自动生成近百种统计图表，可实时监测和分析国内外林业行业相关领域的专利动态变化，为林业专利预警分析研究提供基础数据分析平台。

针对林业行业容易遭到国外专利壁垒的重点林产品领域进行了动态跟踪和调查分析，做好专利数据统计和分析，采用定量和定性相结合的分析方法，建立了一套科学、严谨的重点出口林产品领域的知识产权预警指标体系和应急机制，为破解林产品出口的技术贸易壁垒提供支撑。

开展木 / 竹重组材技术专利分析研究，系统收集并加工整理了 1976 ~ 2012 年世界各国公开的所有木 / 竹重组材技术专利，建立了全球木 / 竹重组材技术专利数据库，利用林业专利信息预警分析系统，采用定量与定性相结合的专利分析方法对木 / 竹重组材技术专利进行了全面分析，提出了应对策略和建议，将为我国重组材技术专利的创造、运用、保护和管理提供数据支撑和决策参考。该研究成果——《木 / 竹重组材技术专利分析报告》已正式出版。

开展木地板领域的专利预警分析研究，选取锁扣技术和采暖技术 2 个关键技术点进行深入分析，完成了《木地板锁扣技术专利分析报告（2014）》和《采暖木地板技术专利分析报告（2014）》，为我国木地板行业的技术创新和战略布局提供支撑，为“木地板专利联盟”提供专利信息服务。此外，还开展了核桃、木质素胶黏剂、杨树和人造板连续压机等专利预警分析研究。（王忠明）

加强林业知识产权试点工作

为深入贯彻落实《国家知识产权战略纲要》，推动林业自主创新，提高林业核心竞争力，全面提升林业知识产权创造、运用、保护和管理能力，国家林业局从2010年开始，分3批共选择75家林业科研院所、高等院校和重点企业作为全国林业知识产权试点单位。通过试点先行、典型引路、示范带动，全国林业知识产权试点工作水平不断提高，培育了一批综合运用知识产权、具有核心竞争力的重点林业企事业单位。

1. 第二批林业知识产权试点单位通过验收

2014年4月，国家林业局科技发展中心（植物新品种保护办公室）分别在南京和长沙组织召开了第二批全国林业知识产权试点单位验收会，共有27家第二批全国林业知识产权试点单位通过了考核验收。

第二批林业知识产权试点工作自2011年正式启动，为期2年，至2013年底试点到期。根据《第二批林业企事业单位知识产权试点工作方案》要求，为组织好试点验收工作，国家林业局科技发展中心（植物新品种保护办公室）成立了由科技管理部门、技术专家、有关省级林业科技主管人员共8人组成的验收专家组。验收专家组在听取各试点单位工作总结汇报的基础上，根据《全国林业知识产权试点单位考核评价表》，分别就知识产权管理、创造、运用、保护、信息利用、奖惩机制、宣传培训、资金投入增长率等8大类33个指标，对试点单位进行了考核评分，通过审阅材料、质询、评议和答辩，形成了各试点单位的试点工作验收意见，圆满完成了验收任务。

各试点单位以健全机构、完善制度、提高能力为重点，取得了显著成效，培育了一批知识产权管理水平高、核心竞争力强的林业企事业单位，发挥了试点单位的辐射带动作用，提高了林业行业的知识产权创造、运用、保护和管理水平。如：中国林业科学研究院林产化学工业研究所瞄准国家战略需求，围绕生物质能源、生物基材料等战略新兴产业，跟踪前沿，联合攻关，形成了引领技术发展的自主知识产权；浙江森禾种业股份有限公司以专利产品——红叶石楠、春石斛、仙客来、兜兰，植物新品种——蝴蝶兰和杜鹃花等为突破口，建立了观赏植物新品种繁育体系和育苗新技术开发应用体系，植物新品种保护成效显著；北京林业大学将知识产权纳入科技人员工作绩效评价的核心考核指标体系，实现了权、责、利的统一，奖惩分明提高了科技创新能力；浙江世友木业有限公司专利权质押融资，解决了企业的资金短缺问题，促进了专利技术的转化运用；圣象集团有限公司编制并施行了《知识产权管理工作手册》，规范管理提升了企业的核心竞争力；湖南福湘木业有限责任公司重视维权，总结和梳理了处理知识产权纠纷的成功经验，形成了科学、规范的处理流程，提高了打假维权效率。

总结验收是全国林业知识产权试点工作的重要环节，是研究探索林业知识产权工作思路的重要手段。总结验收不仅是对试点工作进行一个阶段性总结，更主要是通过总结试点工作中的典型经验，来指导和促进林业企事业单位的知识产权工作上新台阶，推动林业自主创新，提高林业核心竞争力。

2. 公布全国林业知识产权试点工作合格单位名单

根据《国家林业局关于启动第一批全国林业知识产权试点工作的通知》（林技法〔2010〕110 号）和《国家林业局关于启动第二批全国林业企事业单位知识产权试点工作的通知》（林技法〔2011〕104 号）的要求，各试点单位深入贯彻落实《国家林业局关于贯彻〈国家知识产权战略纲要〉的指导意见》，普遍制定了试点工作方案，健全了知识产权管理机构和人员，设立了专项资金，完善了知识产权申报、审批、保密、档案和奖惩等规章制度，规范知识产权管理，建立知识产权考评机制，重视专利信息资源的有效利用，加强了知识产权宣传和技术培训，试点单位的知识产权意识明显提高，使知识产权工作摆上了单位的重要议事日程，知识产权申请量和授权量也快速增加，创造能力大幅提升，有效促进了林业知识产权的转化应用，试点工作取得了明显成效。国家林业局组织专家先后对第一、二批全国林业知识产权试点单位进行了考核验收。

2014 年 6 月，国家林业局办公室发文公布了 53 家全国林业知识产权试点工作合格单位名单，包括：中国林业科学研究院林业研究所、国际竹藤中心、深圳市燕加隆实业发展有限公司等 26 家第一批全国林业知识产权试点单位和中国林业科学研究院亚热带林业研究所、北京林业大学、圣象集团有限公司等 27 家第二批全国林业知识产权试点单位。国家林业局将进一步加强对全国林业知识产权试点工作的指导，在知识产权战略制定实施、知识产权信息利用、知识产权转化、人才培养和植物新品种保护等方面加大支持力度。希望各试点合格单位进一步加强知识产权工作，不断提升知识产权创造、运用、保护和管理水平，为推动生态林业、民生林业建设做出了新的贡献（表 2）。

表 2　全国林业知识产权试点工作合格单位名单

序号	第一批试点工作合格单位	第二批试点工作合格单位
1	中国林业科学研究院林业研究所	中国林业科学研究院亚热带林业研究所
2	中国林业科学研究院木材工业研究所	中国林业科学研究院林产化学工业研究所
3	国际竹藤中心	山西省林业科学研究院
4	河北省林业科学研究院	圣象集团有限公司

（续）

序号	第一批试点工作合格单位	第二批试点工作合格单位
5	内蒙古自治区林业研究院	江苏洛基木业有限公司
6	辽宁省干旱地区造林研究所	浙江省林业科学研究院
7	吉林省林业科学研究院	浙江森禾种业股份有限公司
8	吉林省白城市林业科学研究院	浙江大庄实业集团有限公司
9	上海市林业总站	浙江世友木业有限公司
10	大亚科技集团有限公司	浙江富得利木业有限公司
11	福建省林业科学研究院	江西康替龙竹业有限公司
12	江西省林业科学院	江西铜鼓江桥竹木业有限责任公司
13	泰安市泰山林业科学研究院	山东省林业科学研究院
14	湖北省林业科学研究院	山东东营正和木业有限公司
15	湖南省林业科学院	河南省林业科学研究院
16	湖南恒盾集团有限公司	湖南康派木业有限公司
17	广东省林业科学研究院	湖南福湘木业有限责任公司
18	广西壮族自治区林业科学研究院	广东盈然木业有限公司
19	四川林合益竹业有限公司	巴洛克木业（中山）有限公司
20	甘肃省治沙研究所	广西华峰林业股份有限公司
21	青海清华博众生物技术有限公司	重庆星星套装门有限责任公司
22	宁夏林业研究所（有限公司）	贵州大自然科技有限公司
23	中国吉林森工集团有限责任公司	甘肃省林业科学研究院
24	黑龙江省带岭林业科学研究所	黑龙江省林副特产研究所
25	大兴安岭地区农业林业科学研究院	北京林业大学
26	深圳市燕加隆实业发展有限公司	南京林业大学
27		浙江农林大学

3. 开展第三批林业知识产权试点工作

根据国家林业局办公室《关于公布第三批全国林业知识产权试点单位的通知》（办技字〔2013〕151 号）精神，2013 年 12 月国家林业局公布了黑龙江省森林与环境科学研究院等 20 家林业企事业单位为第三批全国林业知识产权试点单位。试点工作自 2014 年 1 月正式启动，为期 2 年。各省级林业主管部门和局有关直属单位高度重视知识产权试点工作，督促试点单位认真开展试点工作。各试点单位按照《全国林业企事业单位知识产权试点工作要求》制定了试点工作方案和实施计划，设立试点工作专项经费，完善知识产权规章制度，精心组织，大胆探索，认真开展林业知识产权试点工作。

实施林业专利技术产业化推进项目

为深入贯彻实施国家知识产权战略，促进林业专利技术转化应用，推动林业产业转型升级，从 2011 年开始，国家林业局科技发展中心在地方林业部门和有关单位推荐

表 3　2011～2014 年林业专利技术产业化推进项目

年份	项目名称	承担单位
2011	纤维化单板重组木制造技术	中国林业科学研究院木材工业研究所
	风机叶片用竹木复合材料加长技术	国际竹藤中心
2012	木塑复合工程材料系列专利推广应用	中国林业科学研究院木材工业研究所
	竹木复合系列专利技术	国际竹藤中心
	炭化木地板系列专利技术转化	浙江世友木业有限公司
	纤维板系列专利技术转化	山东正和木业有限公司
2013	户外高耐竹材专利技术产业化推进	浙江大庄实业集团有限公司
	环保型木材防腐剂的推广和应用	广东省林业科学研究院
	平衡根系轻基质容器育苗专利技术产业化开发	山东省林业科学研究院
	林用专化性白僵菌菌剂产业化关键技术研发与示范	福建省林业科学研究院
	压力升降式育苗床产业化示范	广西壮族自治区林业科学研究院
2014	竹林专用钢渣肥加工及应用示范	国际竹藤中心
	新型竹地板专利技术产业化推进项目	安徽龙华竹业有限公司
	环保型重组竹专利技术应用与推广	江西康替龙竹业有限公司
	树皮粉酚醛树脂胶黏剂科技成果转化项目	内蒙古森工榜胶制品有限责任公司

的基础上，经过专家评审，组织实施了 15 项林业专利技术产业化推进项目（表 3）。

围绕林业重点产业发展对新技术的需求，优选林业专利技术成果，通过工艺完善及技术组装配套，进一步熟化专利技术，形成完整的技术体系和产品线，扶持符合林业发展需要和市场推广前景广阔的专利技术转化和推广运用项目，建立林业专利产业化示范基地，既要扶持开发科技含量高、特色鲜明、市场竞争优势明显的专利新产品、新技术，又要重视培育科技型林业中小企业的发展，开展林业专利转化服务，以点带面，推动林业专利成果转化。以林业龙头企业的专利转化运用为突破口，带动中小企业积极参与，形成专利产业化集群和示范基地。

1. 实施 4 项专利产业化推进项目

2014 年组织实施了“竹林专用钢渣肥加工及应用示范”、“新型竹地板专利技术产业化推进项目”、“环保型重组竹专利技术应用与推广”和“树皮粉酚醛树脂胶黏剂科技成果转化项目”4 项林业专利技术产业化推进项目。

（1）竹林专用钢渣肥加工及应用示范

一种缓释肥及其制备方法（ZL201010261779.4）和一种竹用肥料组合物（ZL201010261787.9）2 项发明专利技术产业化，在安徽文胜肥业有限公司试生产竹林专用钢渣肥 50t，在安徽黄山和浙江余姚建立竹林专用钢渣肥试用基地 20hm^2。选择毛竹等重要材用竹种，依据已有研究成果及竹林专用矿渣肥施肥模式，开展竹林示范应用，定量评估竹林专用钢渣肥即时肥效、后期效果等，推进专利技术成果转化应用。该研究成果的推广应用可实现大量钢渣的循环利用，减少钢渣堆积导致的环境污染和占用耕地现象，有利于增加林农收入和促进林区经济发展，具有显著的经济、社会和生态效益。

（2）新型竹地板专利技术产业化推进项目

一种琥珀复合板的加工方法（ZL201010601160.3）专利技术产业化，建成年产 50 万 m^2 的竹地板新产品生产基地。该技术利用植物枝、叶、皮、根本身的天然色泽及采集时产生的不规则图形，经过简单的修饰后可产生具有艺术价值的图片，再通过特殊技术复合到地板上，产生一种像瓷器彩绘一样的具有艺术价值的竹地板。该技术利用植物枝、叶、皮、根代替木材加工表面，可以有效降低木材消耗、节约资源、保护环境，且工艺简单、成本低，具有良好的推广前景。

（3）环保型重组竹专利技术应用与推广

一种环保型竹重组材料的制备方法（CN201210061194.7）发明专利技术产业化，建成年产 2 000t 的生物质液化树脂胶黏剂生产线及年产 1 万 m^3 的重组竹制品生产线。该技术使用低温等离子技术改善竹材的浸润性，有效提高了重组竹制品的尺寸稳定性，能快速、高效、无污染、无损伤地改变各类高分子材料表面性能。使用花生壳液化树脂胶黏剂制备重组竹，成本降低，游离醛含量降低，还可有效改善生产环境，减少或杜绝工人过敏现象，有利于工人的身体健康。该技术可广泛应用于室内外竹 / 木建筑材料、集装箱底板、建筑水泥板、车厢底板等市场。

（4）树皮粉酚醛树脂胶黏剂科技成果转化项目

树皮粉酚醛树脂胶黏剂及其制备方法（ZL201010194772.5）发明专利技术产业化，建成年产量可达到 2 万 t 粉状落叶松单宁酚醛树脂胶。该技术利用树皮粉这一可再生资源替代苯酚，生产木材用树皮粉酚醛树脂胶黏剂，采用的关键技术是包含亚硫酸钙在内的碱性催化体系对树皮粉进行活化处理，然后使用树皮粉活化处理得到的产物替代部分苯酚制备而成。产品具有质量好、价格便宜、生产条件要求低、催化剂腐蚀性小、并可利用现有制胶生产设备等优点。

2. 4 个专利产业化推进项目通过验收

2014 年 7 月 31 日和 8 月 18 日，国家林业局科技发展中心分别在中国林业科学研究院、国际竹藤中心主持召开了林业专利产业化推进项目总结验收会，对“纤维化单板重组木制造技术”、“木塑复合工程材料系列专利推广应用”、“风机叶片用竹木复合材料加长技术”和“竹木复合系列专利技术” 4 个专利产业化推进项目进行了验收。

（1）纤维化单板重组木制造技术

项目完成了纤维化单板展平疏解技术和酚醛树脂可控导入技术等关键技术的开发与转化应用，解决了重组木单元制备的关键技术难题，创制出了具有自主知识产权的纤维化单板重组木；在廊坊双安结构胶合板研究所完成了桉树、杨木和桦木等人工林速生材纤维化单板制备中试试验；在安徽宏宇木竹制品有限公司完成了重组木和重组木地板中试试验，产品达到了《重组木地板》行业标准。

（2）木塑复合工程材料系列专利推广应用

项目完成木纤维与麻纤维及合成纤维均匀混合与比例调控中试、生产线建设，开展热塑性树脂实木复合地板热压—冷压串联复合工艺与装备研制，开发出了符合汽车内衬用木纤维 / 麻纤维 / 合成纤维三元复合工程材料和无甲醛热塑性树脂实木复合地板，产品性能达到《实木复合地板》标准；项目专利技术分别在长春博超汽车零部件股份有限公司、江苏富祥木业股份有限公司实施技术转让，并分别建设年产 200 万平方米木 / 麻 / 合成纤维复合材料生产线和年产 50 万 m^2 无甲醛热塑性树脂实木复合地板生产线，实现了该专利技术与产业化的有效对接。通过专利产业化实施，获技术转让收益 103 万元，为企业新增利润 700 万元，经济及社会效益显著。

（3）风机叶片用竹木复合材料加长技术

项目解决了风机叶片用竹木复合材料斜磨接长、预热预压、分段冷压和高温固化等关键技术，其产品具有比模量高、环保可再生、成本低和使用寿命长等显著优点。

（4）竹木复合系列专利技术

项目研究了木框架竹筒保温墙体材料、竹木复合覆盖板、竹帘复合保温墙体材料等 3 种竹木复合材料制造技术，其产品已在 2014 年青岛世界园艺博览会国际竹藤园竹屋和江苏宜兴竹博园得到应用。

验收专家组根据项目总结验收材料，通过听取汇报、质疑答辩和评议后，认为 4 个项目的组织管理规范，经费使用合理，高质量地完成了合同任务书规定的研究任务和各项考核指标，一致同意通过验收。（龙三群）

开展林业授权植物新品种转化应用试点

授权植物新品种转化应用是展示新品种生产潜力、发挥新品种效益的重要途径。从 2013 年开始，国家林业局科技发展中心（植物新品种保护办公室）组织实施了 4 个林业授权植物新品种转化应用试点项目，涉及 6 个授权植物新品种（表 4）。

表 4　2013～2014 年林业授权植物新品种转化应用试点项目

年份	项目名称	承担单位
2013	‘朝霞’、‘赤霞’油茶授权新品种转化应用	湖南省林业科学院
	‘小粉玉’、‘玫玉’茶花授权新品种转化应用	上海植物园
2014	‘松韵’马尾松授权新品种转化应用	广西壮族自治区林业科学研究院
	‘华桉 1 号’桉树授权新品种转化应用	华南农业大学

1. 授权植物新品种转化应用试点

2014 年，组织申报授权新品种区域试验与转化项目 20 个，为授权新品种区试和转化应用提供储备，目的是鼓励林业品种创新，促进林业植物新品种推广和转化应用，提升授权新品种在林业产业中的贡献率。国家林业局科技发展中心（植物新品种保护办公室）在地方林业部门和有关单位推荐基础上，筛选部分重点林业植物新品种进行推广和转化应用，力争纳入国家林业推广体系和林业植物新品种转化应用试点单位。2014 年组织开展了‘松韵’和‘华桉 1 号’2 个授权新品种转化应用试点，旨在推动我国新品种选育—生产—应用的整体发展。同时，对上海植物园的‘玫玉’和‘小粉玉’茶花授权新品种转化应用试点项目进行了验收，项目达到了预期目的，为进一步开展区域试验和今后生产应用奠定了基础。

2. 授权植物新品种权转让

国家林业局植物新品种保护办公室发布了植物新品种权转让公告 4 批，共涉及 9 个授权植物新品种，分别是银杏新品种‘优雅’和‘甜心’，桉树新品种‘普桉1号’和‘普桉2号’，樟树新品种‘龙脑1号’，刺槐新品种‘黄金刺槐’，桃花新品种‘红伞寿星桃’和‘红宝石寿星桃’，紫薇新品种‘红云紫薇’，这表明授权新品种的市场潜力越来越大。

3. 授权植物新品种转化应用政策研究

为了深入了解制约我国林业授权植物新品种转化应用的主要因素，并从政策机制上促进林业授权植物新品种的转化应用，2014年完成了林业授权植物新品种转化应用政策研究，提出了授权植物新品种转化应用的政策建议，为促进植物新品种转化应用提供政策支持。（王琦）

开展林业植物新品种权行政执法试点

为探索建立行政执法长效机制，推动试点地区建立品种权行政执法信息平台，促进新品种权行政执法与刑事司法的衔接，实现数据共享和协调配合。在陕西、河北、山东开展了林业植物新品种权行政执法试点工作。各试点地区的林业行政部门根据国家林业局的要求健全了植物新品种权的行政执法体系，加强了植物新品种权行政执法能力建设和宣传培训工作，加大了植物新品种保护执法力度，形成打击侵犯植物新品种权的强大态势，有效保护了育种者的合法权益，增强了全社会植物新品种保护意识，共同营造了有利于植物新品种保护的法治环境。（周建仁）

推进林业生物遗传资源获取与惠益分享试点

世界上绝大多数遗传资源都分布于发展中国家境内，而拥有经济和技术实力对遗传资源进行开发的生物技术公司却多来自发达国家。发达国家无偿地从发展中国家获取遗传资源，对其进行商业性开发利用，由此获得巨额经济利益。但是，提供了遗传资源的发展中国家没有公平合理地分享由此而产生的各种惠益。因此，发展中国家将其行为称为“生物剽窃”。经过多年协商和谈判，2010年10月30日，《生物多样性公约》第10次缔约国大会在会议闭幕之际表决通过了旨在规定遗传资源利益分配的《获取与惠益分享名古屋议定书》（以下简称《名古屋议定书》），于2014年10月12日正式生效。

为进一步加强对林业遗传资源的管理，探索林业遗传资源的获取与惠益分享管理经验，为中国履行《名古屋议定书》提出对策建议，国家林业局科技发展中心确定在贵州省黔东南苗族侗族自治州实施林业生物遗传资源获取与惠益分享试点项目。2014年4月，针对《名古屋议定书》的实施和遗传资源获取和惠益分享的贵州试点工作，国家林业局办公室发文对试点工作进行了批复，并对项目实施单位和项目指导单位提出要求，确保试点能出成效。为加强林业遗传资源及相关传统知识管理经验探索，2014年11月，由国家林业局科技发展中心组织专家对贵州实施林业生物遗传资源获取与惠益分享试点项目进行现场指导、培训和调研。（李启岭）

开展打击侵犯植物新品种权专项行动

为贯彻落实国务院关于打击侵犯知识产权和制售假冒伪劣商品的部署，有效保护植物新品种权人的合法权益，根据《国务院办公厅关于印发〈2014年全国打击侵犯知识产权和制售假冒伪劣商品工作要点〉的通知》（国办发〔2014〕13号）要求，国家林业局决定于2014年6～11月在全国开展打击侵犯林业植物新品种权专项行动，制定并印发了《2014年国家林业局打击侵犯植物新品种权专项行动方案》（林技发〔2014〕80号）。

专项行动的目标任务是：有效遏制侵权、假冒植物新品种违法行为，规范植物新品种交易市场，保护品种权人合法权益，激励创新，促进植物新品种培育，推动植物新品种保护事业健康发展。

专项行动主要打击未经品种权人许可，以商业目的生产或者销售授权品种的繁殖材料、假冒授权品种的行为，以及销售授权品种时未使用其注册登记名称的行为。重点打击侵犯、假冒观赏植物和经济林植物新品种权的违法行为。

专项行动具体安排是：2014年6月进行工作部署、调查摸底，各省（自治区、直辖市）林业行政主管部门制定本地区实施方案，动员部署，开展宣传培训，结合实际开展调查摸底，形成调查报告；6～8月征集线索、重点检查，各级林业主管部门应公布专项行动举报电话、电子邮箱或其他举报方式，并明确专人负责，及时收集、汇总侵权假冒行为线索，重点检查授权品种的繁殖、生产、销售环节，包括苗圃、繁殖场、种苗（花卉）交易市场、经营门店等场所；6～10月立案查处、信息公开，根据违法线索，及时调查取证，对符合立案条件的，及时立案查处，并按照相关文件要求主动公开案件相关信息；11月开展工作总结，各省（自治区、直辖市）林业行政主管部门于11月30日前将总结材料及《林业植物新品种侵权假冒案件统计表》报送国家林业局。

国家林业局要求各级林业行政主管部门要加强组织领导和宣传引导，扎实开展好此项行动，确保取得成效。各级林业行政主管部门要根据各地打击侵犯知识产权和制售假冒伪劣商品工作领导小组的统一安排，做好行政执法与刑事司法的衔接，及时将行政执法中查办的涉嫌构成犯罪的案件移送司法机关处理，防止以罚代刑。各省（自治区、直辖市）林业行政主管部门要督促检查本地区专项行动的开展，及时报送专项行动开展有关材料。国家林业局将不定期进行抽查，并通报专项行动开展情况。

截至2014年底，全国30个省（自治区、直辖市）林业厅（局）、新疆生产建设兵团林业局以及4个林业森工集团均报来专项行动总结，其中29个地区设立了举报电话、电子邮箱或其他举报方式。各地区通过印发宣传材料、利用媒体宣传等形式广泛宣传，形成打击植物新品种违法行为的高压态势，保护了育种者的合法权益，激励了育种者培育新品种的积极性。‘中红杨’和‘美人榆’品种权人经权威部门指导开展维权活动，已有22家单位签署了合法使用‘美人榆’新品种协议，这是2014年全国打击植物新品种侵权假冒专项行动取得的成果。（周建仁）

举办林业植物新品种保护及行政执法座谈会

2014年4月25日，值全国知识产权宣传周之际，国家林业局科技发展中心（植物新品种保护办公室）在北京召开了林业植物新品种保护及行政执法工作座谈会，来自北京、河北等14个省（自治区、直辖市）林业厅（局）的主管人员和国家林业局知识产权研究中心、植物新品种分子测定实验室、华林测试分中心等单位的专家共30多人参加了座谈会。

与会代表座谈交流了林业植物新品种保护工作及行政执法工作情况和经验，大部分省（自治区、直辖市）都建立健全了林业植物新品种执法体系，按照国务院关于开展“双打”的统一部署和国家林业局的要求，成立了打击侵犯林业植物新品种权领导小组和办公室，明确了执法主体，开展了林业植物新品种执法行动；利用林业科技信息平台广泛宣传林业植物新品种保护等林业知识产权知识，提高了行业知识产权保护和守法意识；加强了培训，提高了林业植物新品种保护执法人员的业务水平；对林业植物新品种情况进行摸底，利用法律手段打击侵权行为；与大型的林业企业进行沟通交流，强化林业植物新品种的产业化途径；强化行政许可，规范林业植物新品种经营活动。

国家林业局科技发展中心胡章翠主任部署了2014年打击林业植物新品种侵权假冒行为专项行动工作，同时提出了工作要求，强调各级林业主管部门要加强组织领导、有效组织，将打击植物新品种侵权假冒行为专项行动落到实处；要加强监督检查和指导，加强宣传，营造良好的社会氛围；要打防结合，形成打击林业植物新品种侵权假冒行为的高压态势；要加强援助服务，降低林业植物新品种的维权成本；要及时沟通情况，按时总结汇报。（周建仁）

宣传培训

开展2014年全国林业知识产权宣传周活动

2014 年 4 月 21 ～ 27 日是全国知识产权宣传周，主题为“保护•运用•发展”，4 月 26 日是世界知识产权宣传日。根据全国知识产权宣传周活动组委会的统一部署，国家林业局于 4 月 21 日正式启动了全国林业知识产权宣传周活动。宣传周期间，国家林业局科技发展中心（植物新品种保护办公室）与有关司（局）和单位配合，通过媒体集中报道、出版科技图书、举办培训和座谈会等活动，向公众普及和宣传林业知识产权知识，展示林业实施知识产权战略取得的新进展、新成就。

国家林业局科技发展中心以中国林业网（国家林业局政府网）、中国林业知识产权网、《中国绿色时报》等媒体为载体，开通了《2014 林业知识产权宣传周》网站，采取多种形式宣传林业知识产权知识，突出了《国家林业局贯彻实施〈国家知识产权战略纲要〉的指导意见》、《全国林业知识产权事业发展规划（2013 ～ 2020 年）》和《2014 年林业实施知识产权战略推进计划》；宣传了国家知识产权法律法规和基本知识，我国在提升知识产权质量方面的政策和举措，突出了林业发明专利、植物新品种等高质量的知识产权在推进生态文明建设中的显著成效。

国家林业局科技发展中心汇编出版了《中国林业植物授权新品种（2013）》、《2013 中国林业知识产权年度报告》、《世界林业专利技术现状与发展趋势》；召开了林业植物新品种保护和行政执法工作座谈会，部署了 2014 年林业植物新品种保护行政执法工作；启动了“木地板专利联盟”建设。为引导全行业尊重知识、崇尚创新、诚信守法，从关注林业知识产权的数量向注重知识产权的质量、价值和效益的转变起到了积极作用。

按照国家林业局的部署，中国林业科学研究院、国际竹藤中心等单位也结合自身特点和需求，开展了系列宣传周活动。中国林业科学研究院开展了“推进知识产权工作，支撑现代林业发展——世界知识产权日宣传专题”活动，对中国林业科学研究院的知识产权工作，特别是林业研究所、木材工业研究所、林产化学加工研究所、亚热带林业研究所分别对在第一、二批全国林业知识产权试点工作中取得的丰硕成果进行了展示和宣传，提升了全院科技人员的知识产权意识。(龙三群)

出版《2013中国林业知识产权年度报告》

为实施国家知识产权战略，推进林业知识产权工作，全面总结 2013 年林业知识产权工作的主要进展和成果，2014 年 4 月 23 日由国家林业局科技发展中心、国家林业局知识产权研究中心编著的《2013 中国林业知识产权年度报告》正式出版。

该报告指出，2013 年国家林业局全力推进林业知识产权工作，提升自主创新能力，加快林业发展方式转变，提高林业核心竞争力，取得了显著成效。这一年，国家林业局发布了《中华人民共和国植物新品种保护名录（林业部分）（第五批）》和《全国林业知识产权事业发展规划（2013 ~ 2020 年）》，组织实施了《2013 年林业知识产权战略实施推进计划》，举办了 UPOV 测试及分子技术会议，开展了 2013 年全国林业知识产权宣传周系列活动，全面推进油茶遗传资源调查编目工作，启动了第三批 20 家全国林业知识产权试点单位，实施 5 项林业专利技术产业化推进项目，开展了林业授权植物新品种转化应用试点和林业生物遗传资源获取与惠益分享试点，举办了林业知识产权和植物新品种保护管理培训班，加强了林业植物新品种权行政执法工作。2013 年国家林业局植物新品种保护办公室共受理国内外植物新品种权申请 177 件，授予植物新品种权 158 件。国家知识产权局专利数据库公开的林业相关专利共计 25 940 件，其中林业科研院所的专利公开量为 562 件，林业高等院校的专利公开量为 1 915 件，5 项林业专利获得第 15 届中国专利优秀奖。

随着林业自主创新能力的不断增强，林业植物新品种权和林业专利、林产品地理标志、版权数量稳步增长，质量明显提升，知识产权对现代林业发展的支撑作用日益凸显。

截至 2013 年底：林业植物新品种申请量 1 261 件，授权量 658 件；林业相关专利公开量 154 315 件，其中发明专利 73 531 件；林业科研院所专利公开量 2 627 件，其中发明专利 1 970 件；林业高等院校专利公开量 7 244 件，其中发明专利 4 943 件；林产品地理标志 560 件；林业软件著作权 2 181 项。

报告全面总结了 2013 年林业知识产权工作的主要进展和成果，旨在通过对一年来林业知识产权工作主要进展和成果展示，让更多的人了解、关心和支持林业知识产权工作，共同推进林业知识产权的创造、运用、保护和管理，为推动现代林业科学发展提供支撑。(王忠明)

出版《中国林业植物授权新品种（2013）》

植物新品种保护制度的实施大幅提升了社会对植物品种权的保护意识，同时带来了林业植物新品种的大量涌现，这些新品种已在中国林业生产建设中发挥了重要作用。

截至 2013 年底，国家林业局共受理国内外林业植物新品种申请 1 261 件，授予植物新品种权 658 件，其中 2013 年共受理国内外林业植物新品种申请 177 件，授权 158 件。这充分表明，林业植物新品种权的申请和授权数量在大幅增加，林业植物新品种保护事业已进入快速发展时期。

为了方便生产单位和广大林农获取信息，更好地为发展生态林业、民生林业和建设美丽中国服务，国家林业局植物新品种保护办公室将 2013 年授权的 158 个林业植物新品种进行整理，编辑出版了《中国林业植物授权新品种（2013)》一书。该书的出版，能在生产单位、林农和品种权人之间架起沟通的桥梁，使生产者能够获得所需的新品种，在推广和应用中取得更大的经济效益；同时，品种权人的合法权益能得到有效的保护，获得相应的经济回报，使林业植物新品种在发展现代林业、建设生态文明、推动科学发展中发挥更大的作用。(张慕博)

出版《木/竹重组材技术专利分析报告》

2014 年 4 月，国家林业局知识产权研究中心编著的《木 / 竹重组材技术专利分析报告》由中国林业出版社出版发行。

木 / 竹重组材理念最早起源于澳大利亚，它是以木 / 竹束单元为主体，经碾压疏解等工艺处理后形成的一种新型材料，重组木柱材的强度和刚性及工程木材关键性能均表现突出。我国早在 20 世纪 80 年代即开展了木 / 竹重组材研究，确定了重组木工艺的主要参数，并结合我国竹类资源特点，以竹材为原料研制成重组竹材，提高了竹材利用效率，充分发挥了竹材本身的物理学性能，拓展了竹材人造板的应用领域。

为应对我国木 / 竹重组材行业涉外专利纠纷，受国家林业局科技发展中心委托，国家林业局知识产权研究中心组织开展了木 / 竹重组材技术专利分析研究，采用欧洲专利局世界范围专利数据库和德温特世界专利索引数据库（DWPI）作为数据源，系统收集并加工整理了 1976 ～ 2012 年世界各国公开的所有木 / 竹重组材技术专利（基本专利 137 件，包含同族专利 445 件），建立了全球木 / 竹重组材技术专利数据库，利用林业专利信息预警分析系统和 Thomson Innovation（TI）专利分析平台，采用定量与定性相结合的专利分析方法（包括发展趋势分析、技术生命周期分析、申请人分析、地域分析、技术分类分析、引证分析、同族分析、关键词解读、法律状态分析、文本聚类分析和专利地图等）对木 / 竹重组材技术专利进行了全面分析。

全书共分 8 章，分别是背景、概述、木 / 竹重组材技术专利总体趋势分析、木 / 竹重组材技术分类分析、木 / 竹重组材重点国家专利分析、木 / 竹重组材主要专利权人专利分析、木 / 竹重组材技术核心专利分析、总结与建议。该书概述了木 / 竹重组材技术专利的总体情况和竞争环境，研究分析了木 / 竹重组材技术的总体发展趋势、国家分布、主要竞争对手、核心技术和关键技术点、技术演变、国内外技术对比等，提出了应对策略和建议，对我国木 / 竹重组材技术研发具有重要参考价值，主要目的是使我国木 / 竹重组材行业的相关企业对木 / 竹重组材技术的竞争环境有一个较为全面和客观的认识，为我国木 / 竹重组材技术专利的创造、运用、保护和管理提供必要的数据支撑和决策参考。该书资料系统、内容翔实，具有较强的科学性、可读性和实用性，可供林业企事业单位的研发人员和管理人员参考。（范圣明）

编印《竹类专利技术汇编（100项）》

为促进专利信息交流，展示优秀的专利技术成果，从已授权的竹类发明专利中精选 100 件专利进行整理和汇编，以促进竹类专利技术的推广应用。《竹类专利技术汇编(100 项)》资料在 2014 年 11 月 17 ～ 19 日安徽省黄山市举办的第八届中国竹文化节上发放，获得广泛好评，受到了大会主席的高度评价和表扬，提高了我国竹产业知识产权意识，有利于中国竹类专利技术的创造、运用与保护。

从国家知识产权局中国专利数据库中检索到截至 2014 年 7 月 16 日公开的竹类相关专利共 14 737 件，其中，发明 4 558 件 (31%)，实用新型 5 343 件 (36%)，外观设计 4 836 件 (33%)。从竹类相关专利的年度公开量来看，1986 ~ 2004 年竹子专利量较少，发展缓慢；2005 至今，竹子专利量快速增长，2012 年专利公开量首次突破了 2 000 件，2012 年和 2013 年分别达到 2 539 件和 2 425 件。竹类授权发明专利共 724 件。专利权维持年限最长的是 1994 年张仲安申请的专利“竹汁液的制取方法”。全国 23 个省（市）拥有竹类授权发明专利，专利量最多的浙江省，共 189 件，占全国竹类授权发明专利量的 26.77% ；其次是北京 (84 件)、四川 (76 件)、江苏 (75 件)、湖南 (44 件)、福建 (39 件)。竹类授权发明专利量在 10 件以上的单位共 7 家，其中大学 4 家、科研院所 2 家、企业 1 家，这表明国内竹类重要专利技术主要掌握在大学和科研机构手中。排名前 7 位的专利权人分别是南京林业大学、浙江林学院、宜宾丝丽雅股份有限公司、中国林业科学研究院木材工业研究所、浙江大学、中南林业科技大学和国际竹藤网络中心。通过 IPC 分类分析表明，竹类授权发明专利的主要技术领域包括：竹材加工、医用及化妆品的配制、人造纤维制造、竹材的化学和物理处理、竹相关食品的制备和处理、竹材人造板、造纸和竹类培育等。

第八届中国竹文化节由国家林业局、安徽省政府、国际竹藤组织主办，中国竹产业协会、安徽省林业厅、黄山市人民政府承办，国际竹藤中心、中国林学会竹藤资源利用分会协办，主题为“弘扬竹文化，发展竹产业，建设美好乡村”。联合国教科文组织驻华代表、国际竹藤组织董事会董事和成员国驻华使节、代表等，国家林业局，竹业科研单位的学者专家，8 个产竹省份的林业部门负责人、“中国竹子之乡”和“中国特色竹乡”代表等 400 余人参会。（马文君）

举办林业植物新品种保护管理培训班

为提高林业植物新品种保护意识，鼓励植物品种权申请，促进授权新品种转化应用，国家林业局科技发展中心于 2014 年 10 月 29 ～ 31 日在湖南省长沙举办了“林业植物新品种保护管理培训班”，来自各林业厅（局）科技处、林科院及有关高校、科研院所等相关管理人员101人参加了培训。培训班的主要内容包括：我国林业植物新品种保护现状与转化应用、林业植物新品种申报审批规程、品种权受理与申请文件填写要求、林业行政处罚程序规定和林业植物新品种行政执法。本次培训班内容丰富、紧贴实际，学员学习热情高、收获大，达到了预期目的。（王琦）

加强林业知识产权宣传和媒体报道

2014年充分利用报刊、电视和网络等媒体以及科普平台，结合世界知识产权日、知识产权保护宣传周等，多渠道、多层次扩大林业知识产权动态、政策法规、创新成果和典型案例的宣传面和普及率，积极培育尊重知识、崇尚创新、诚信守法的知识产权文化，营造有利于林业知识产权创造、保护和运用的良好氛围，提高了林业行业的知识产权保护意识，形成了全社会关注和支持林业知识产权工作的文化环境。全年在中国政府网、人民网、国家林业局网、国家知识产权网、中国林业知识产权网、中国林业信息网、中国林业植物新品种保护网等主要网站登载或转载有关林业知识产权的报道320多篇；在《中国绿色时报》、《中国花卉报》和《中国知识产权报》上发表林业知识产权重点报道90篇（表5），重点报道包括：《中国知识产权报》1月23日刊发的《我国林业知识产权试点更加注重质量和效益》、2月12日刊发的《我国林业发展将更加注重知识产权》、9月11日刊发的《我国着力加强林业植物新品种行政保护》；《中国花卉报》4月8日刊发的《昆明缤纷举办新品种展示会》、10月15日刊发的《北京植物新品种保护渐入正轨》；《中国绿色时报》2月7日刊发的《让创新有的放矢　将知识变成力量》、2月10日刊发的《林业知识产权规划为现代林业发展聚力》、4月25日刊发的《林业知识产权　为美丽中国注入新鲜血液》、8月29日刊发的《侵犯林业植物新品种权将受严厉惩处》、9月30日刊发的《全面规范执法行为 激励新品种创新发展》、12月1日刊发的《我国画出林木种质资源保护利用路线图》、12月30日刊发的《我国林业授权植物新品种达827种》等。（王忠明）

表5　林业知识产权主要媒体报道

序号	标　题	报道日期	载　体
1	首批国家级知识产权示范和优势企业选定	20140102	中国绿色时报
2	华泰高度重视知识产权工作	20140102	中国绿色时报
3	三纸企成为首批国家知识产权优势企业	20140103	中国绿色时报
4	岑巩林业企业申报林产品专利37件	20140110	中国绿色时报
5	74个植物新品种获国家林业局授权	20140115	中国绿色时报
6	北林大①森林信息化调查平台获技术发明奖	20140116	中国绿色时报
7	福建127个林产品商标入选省著名商标	20140120	中国绿色时报
8	我国林业知识产权试点更加注重质量和效益	20140123	中国知识产权报

（续）

序号	标　题	报道日期	载　体
9	让创新有的放矢　将知识变成力量	20140207	中国绿色时报
10	“枫桥香榧”成为诸暨首个地理标志商标	20140207	中国绿色时报
11	林业知识产权规划为现代林业发展聚力	20140210	中国绿色时报
12	河北林科院[②]金叶榆造型获两项专利	20140211	中国绿色时报
13	我国林业发展将更加注重知识产权	20140212	中国知识产权报
14	5 项林产业发明获 2013 年度湖南专利奖	20140220	中国绿色时报
15	滨州实施品牌战略攻占林果市场	20140220	中国绿色时报
16	武功山成功培育高世代家系杉木	20140304	中国绿色时报
17	林化所[③]开发出环保型节能保温材料	20140306	中国绿色时报
18	湘西特色林产品商标添“新丁”	20140312	中国绿色时报
19	南林大[④]专利获第十五届中国专利优秀奖	20140313	中国绿色时报
20	云南花卉新品种数居全国之首	20140318	中国绿色时报
21	“延平百合”地理标志证明商标注册成功	20140324	中国花卉报
22	河北林科院[②]金叶榆新品种获省级嘉奖	20140326	中国绿色时报
23	五峰红花玉兰新品种通过专家审查	20140408	中国绿色时报
24	昆明缤纷举办新品种展示会	20140408	中国花卉报
25	滇获授权花卉新品种 107 个	20140414	中国花卉报
26	含笑新品‘花好月圆’通过审查	20140415	中国绿色时报
27	‘安福陈山’荣获江西省著名商标	20140415	中国绿色时报
28	我国已受理林业植物新品种申请 1261 件	20140421	中国绿色时报
29	品种创新是产业健康发展的根本	20140422	中国绿色时报
30	观赏植物新品种‘御黄’和‘金钰’通过审查	20140422	中国绿色时报
31	国家林业局启动林业知识产权宣传周活动	20140424	中国绿色时报
32	金海浆纸 5 项制浆技术获国家专利	20140424	中国绿色时报
33	福建林业再添五件中国驰名商标	20140424	中国绿色时报
34	林业知识产权　为美丽中国注入新鲜血液	20140425	中国绿色时报
35	聚焦•全国林业知识产权宣传周特别报道	20140425	中国绿色时报
36	规范管理　圣象集团倾力提升核心竞争力	20140425	中国绿色时报
37	创新驱动　中国林科院林化所[③]跟踪前沿攻关克难	20140425	中国绿色时报
38	奖惩分明　北林大[①]创新能力强成果落地实	20140425	中国绿色时报
39	品种创制　森禾种业植物新品种保护亮点凸显	20140425	中国绿色时报
40	质押融资　世友木业专利产业化成效显著	20140425	中国绿色时报
41	积极维权　福湘木业为绿色环保产品而战	20140425	中国绿色时报
42	国家局[⑥]打击林业植物新品种侵权假冒行为	20140430	中国绿色时报
43	南林大[④]选育出 4 个不飘絮的杨树品种	20140504	中国绿色时报

（续）

序号	标　题	报道日期	载　体
44	木地板专利联盟在京成立	20140504	中国绿色时报
45	我国年获林业相关专利首次突破 2 万件	20140505	中国绿色时报
46	林企如何应对强剥“驰名商标”外衣	20140515	中国绿色时报
47	我国已受理林业相关发明专利申请 7 万余件	20140516	中国知识产权报
48	金东知识产权战略推进获好评	20140522	中国绿色时报
49	生物多样性保护彰显中国负责任大国形象	20140522	中国绿色时报
50	中国林业生物多样性保护成果点击	20140522	中国绿色时报
51	泉林纸业用知识产权质押贷款	20140529	中国绿色时报
52	河北林科院②去年获 12 件专利	20140609	中国绿色时报
53	林业侵权假冒行政处罚案件信息将公开	20140611	中国知识产权报
54	国家林业局通知要求 开展打击侵犯植物新品种权专项行动	20140611	中国绿色时报
55	林业实施知识产权战略推进计划出台	20140612	中国绿色时报
56	2014 年林业知识产权战略将全面推进	20140613	中国知识产权报
57	中南林⑤牵头攻克生物乙醇制备技术	20140617	中国绿色时报
58	新品种选育成我国林业发展重要依托	20140620	中国知识产权报
59	采取行动保护世界森林遗传多样性	20140625	中国绿色时报
60	‘竹溪黄连’获国家地理标志产品保护	20140626	中国绿色时报
61	全国林业知识产权试点合格单位公布	20140701	中国绿色时报
62	沂水‘金玉桂花’通过新品种审查	20140701	中国绿色时报
63	林业植物新品种繁育获重点支持	20140702	中国知识产权报
64	全国林业知识产权试点工作水平不断提高	20140711	中国知识产权报
65	大量专利支撑中国林业物联网建设	20140722	中国知识产权报
66	“话语权”缺失孰之过？	20140724	中国绿色时报
67	林木遗传资源保护行动计划征求意见	20140728	中国知识产权报
68	国家林业局公告授予 95 项植物新品种权	20140729	中国绿色时报
69	冠豪高新再获两项专利授权	20140814	中国绿色时报
70	十年一剑　只为牡丹花开艳	20140819	中国绿色时报
71	侵犯林业植物新品种权将受严厉惩处	20140829	中国绿色时报
72	首例假冒“圣象”商标案在丹阳开庭	20140904	中国绿色时报
73	德华兔宝宝 6 年商标维权尘埃落定	20140904	中国绿色时报
74	舟山一林业装置获国家专利	20140905	中国绿色时报
75	好风气为产业发展创造健康环境	20140909	中国绿色时报
76	陈山红心杉入选《中国地理标志产品大典》	20140909	中国绿色时报
77	我国着力加强林业植物新品种行政保护	20140911	中国知识产权报
78	三个柳树新品种通过专家审查	20140916	中国绿色时报

（续）

序号	标　题	报道日期	载　体
79	全面规范执法行为 激励新品种创新发展	20140930	中国绿色时报
80	德兴“福禄紫枫”获新品种权	20140930	中国绿色时报
81	《名古屋议定书》将于今年 10 月 12 日生效	20141008	中国绿色时报
82	北京植物新品种保护渐入正轨	20141015	中国花卉报
83	沅江纸业再获国家发明专利	20141030	中国绿色时报
84	国家牡丹园育出秋赏牡丹新品种	20141119	中国绿色时报
85	我国画出林木种质资源保护利用路线图	20141201	中国绿色时报
86	用彩叶树为美丽中国添彩	20141202	中国绿色时报
87	“KIFA 及图”商标申请中国驰名商标	20141208	中国花卉报
88	茶油“本草天香”摘得“中国驰名商标”	20141211	中国绿色时报
89	九项发明专利书写林业中国创造	20141223	中国绿色时报
90	我国林业授权植物新品种达 827 种	20141230	中国绿色时报

注：①全称为“北京林业大学”；②全称为“河北省林业科学研究院”；③全称为“中国林业科学研究院林产化学工业研究所”；④全称为“南京林业大学”；⑤全称为“中南林业科技大学”；⑥全称为“国家林业局”。

完善林业植物新品种测试体系

开展植物新品种 DUS 测试，是审批授权机关对申请品种进行实质审查的重要内容，通过建立健全林业植物新品种保护的技术支撑体系，加快测试指南编制，完善已知品种数据库，加强测试机构的合理布局和条件能力建设，有效提高了审查测试能力。2014 年完善了林业植物新品种的测试机构及配套设施，重点加强了 1 个植物新品种测试中心、3 个分中心、2 个分子测定实验室和 5 个专业测试站的条件能力建设。

1. 编制测试指南

组织专家开展了 12 项林业植物新品种 DUS 测试指南编制工作，发布了栾树属、桦木属、槐属、梓树属、沙棘和卫矛属 6 项林业植物新品种 DUS 测试指南行业标准。截至 2014 年底，共开展了 83 项林业植物新品种 DUS 测试指南编制工作，完成了杏和柳属、山茶属、蔷薇属、核桃属，枸杞属等 33 项测试指南的编制，分别以国家标准或行业标准发布，有效提高了授权质量和审查测试能力（表 6）。

2014 年中国科学院植物研究所编制完成的《植物新品种特异性、一致性、稳定性测试指南 丁香属》被国际植物新品种保护联盟（UPOV）正式发布采用，该指南是继茶、山茶属和牡丹之后，UPOV 采用的第 4 个由中国专家编制的国际测试指南。

2. 开展品种测试工作

按照品种权审查进度，即时下达品种测试任务，组织并指导测试机构开展测试工作。2014 年完成测试并提交了 40 份品种测试报告。

为了促进植物新品种测试工作，2014 年 7 月 1 日在国际竹藤大厦组织召开植物新品种测试工作会议，各林业植物新品种测试机构及承担 2014 年植物新品种测试指南项目单位的 30 多人参加了会议。

表 6 林业植物新品种 DUS 测试指南

类型	序号	标准号	标准名称	发布日期
国家标准	1	GB/T 24883-2010	植物新品种特异性、一致性、稳定性测试指南 连翘属	20100630
	2	GB/T 24884-2010	植物新品种特异性、一致性、稳定性测试指南 梅	20100630
	3	GB/T 24885-2010	植物新品种特异性、一致性、稳定性测试指南 桂花	20100630
	4	GB/T 24886-2010	植物新品种特异性、一致性、稳定性测试指南 榛属	20100630
	5	GB/T 24887-2010	植物新品种特异性、一致性、稳定性测试指南 鹅掌楸属	20100630
	6	GB/T 26909-2011	植物新品种特异性、一致性、稳定性测试指南 核桃属	20110929
	7	GB/T 26910-2011	植物新品种特异性、一致性、稳定性测试指南 柳属	20110929
	8	GB/T 26911-2011	植物新品种特异性、一致性、稳定性测试指南 山茶属	20110929
	9	GB/T 30362-2013	植物新品种特异性、一致性、稳定性测试指南 杏	20131231
行业标准	1	LY/T 1847-2009	植物新品种特异性、一致性、稳定性测试指南 紫薇	20090618
	2	LY/T 1848-2009	植物新品种特异性、一致性、稳定性测试指南 榆叶梅	20090618
	3	LY/T 1849-2009	植物新品种特异性、一致性、稳定性测试指南 丁香属	20090618
	4	LY/T 1850-2009	植物新品种特异性、一致性、稳定性测试指南 一品红	20090618
	5	LY/T 1851-2009	植物新品种特异性、一致性、稳定性测试指南 板栗	20090618
	6	LY/T 1852-2009	植物新品种特异性、一致性、稳定性测试指南 杜鹃花 映山红亚属和羊踯躅亚属	20090618
	7	LY/T 1853-2009	植物新品种特异性、一致性、稳定性测试指南 杜鹃花属 常绿杜鹃亚属和杜鹃花亚属	20090618
	8	LY/T 1868-2010	植物新品种特异性、一致性、稳定性测试指南 蔷薇属	20100209
	9	LY/T 1869-2010	植物新品种特异性、一致性、稳定性测试指南 云杉属	20100209
	10	LY/T 1870-2010	植物新品种特异性、一致性、稳定性测试指南 柿	20100209
	11	LY/T 1871-2010	植物新品种特异性、一致性、稳定性测试指南 刺槐属	20100209
	12	LY/T 2190-2013	植物新品种特异性、一致性、稳定性测试指南 枣	20131017
	13	LY/T 2094-2013	植物新品种特异性、一致性、稳定性测试指南 臭椿属	20130315
	14	LY/T 2095-2013	植物新品种特异性、一致性、稳定性测试指南 黄杨属	20130315
	15	LY/T 2096-2013	植物新品种特异性、一致性、稳定性测试指南 桑属	20130315
	16	LY/T 2097-2013	植物新品种特异性、一致性、稳定性测试指南 木兰属	20130315
	17	LY/T 2098-2013	植物新品种特异性、一致性、稳定性测试指南 蜡梅	20130315
	18	LY/T 2099-2013	植物新品种特异性、一致性、稳定性测试指南 枸杞属	20130315
	19	LY/T 2283-2014	植物新品种特异性、一致性、稳定性测试指南 栾树属	20140821
	20	LY/T 2284-2014	植物新品种特异性、一致性、稳定性测试指南 桦木属	20140821
	21	LY/T 2285-2014	植物新品种特异性、一致性、稳定性测试指南 槐属	20140821
	22	LY/T 2286-2014	植物新品种特异性、一致性、稳定性测试指南 梓树属	20140821
	23	LY/T 2287-2014	植物新品种特异性、一致性、稳定性测试指南 沙棘	20140821
	24	LY/T 2288-2014	植物新品种特异性、一致性、稳定性测试指南 卫矛属	20140821

3. 品种 DNA 图谱数据库建设

开展植物新品种测试新技术开发应用和 DNA 快速检测方法等测试技术研究，加强了品种 DNA 图谱数据库建设，继续完善月季品种 DNA 图谱数据库构建工作，同时启动牡丹品种 DNA 图谱数据库构建，已对我国牡丹品种进行了取样，并对部分品种开展了 DNA 图谱检测工作。开展构建月季和牡丹 DNA 图谱数据库的工作，通过文献查找，将已经发表的芍药属植物的 SSR（简单重复序列）引物及相关信息的整理收集，2014 年收集整理得到 283 对 SSR 引物。委托公司合成引物，正在筛选可以在牡丹中成功进行 PCR（聚合酶链式反应）扩增的 SSR 引物，旨在为植物新品种权的行政执法取证提供技术支撑。（周建仁）

建设林业知识产权基础数据库和共享平台

知识产权作为国家、地区、行业发展的战略性资源和国际竞争力的核心要素，已经成为提升自主创新能力的重要支撑。科技创新的基础是知识的积累、传播、运用和创新，而专利文献和科学数据是提供知识和技术的源泉，是科技创新的基础，将为研究人员提供高水平的知识产权信息服务，帮助他们全面了解和把握全球科学研究的过去、现在和将来。充分利用和整合国内外林业知识产权信息资源，建立林业知识产权数据库和公共信息服务平台将为林业科学研究和科技创新提供信息支撑，提高林业知识产权信息资源的利用效率和共享水平。

1. 林业知识产权基础数据库建设

国家林业局知识产权研究中心系统收集和整理了国内外与林业知识产权相关的主要科学数据和文献资料，构建了知识产权信息资源的组织、收集和整合建设机制，加大了林业知识产权信息资源的整合、专家知识的搜集和数据库建设力度，整合了国内外林业知识产权信息资源，完善了林业专利、植物新品种权、林产品地理标志、商标、著作权、林业知识产权动态、案例、文献、法律法规和资源导航等林业知识产权基础数据库 15 个。2014 年新增植物新品种测试指南全文库和国外植物新品种法规全文库，累计新增数据量 5 万多条，入库数据记录累计 55 万条。开发的《林业知识产权管理信息系统》软件获国家版权局颁发的计算机软件著作权登记。

2.“中国林业知识产权网”改版

2014 年“中国林业知识产权网”全新改版（图 1），完善了数据库全文检索系统，制作了“林业知识产权展示平台”、“林业知识产权试点示范”、“国家林业局知识产权研究中心”（图 2）频道页面，知识产权展示平台从授权发明专利、授权新品种、软件著作权、测试指南、产业化试点、专利奖、技术转让 7 个方面展示了我国林业知识产权所取得的成就。用户可在线发布知识产权成果项目，以促进知识产权成果的推广、交流与合作。

维护和管理了“中国林业知识产权网”（ http：//www.cfip.cn）和“中国林业植物新品种保护网”（ http：//www.cnpvp.net）。网上信息每日更新，免费使用，扩大了林业知识产权信息资源的共享途径和使用范围，网站提供全年不间断、安全、稳定的在线

图 1　中国林业知识产权网新版主页

图 2　国家林业局知识产权研究中心主页

检索服务。2014 年网站的用户访问量达到 10 万人次。开通了“2014 林业知识产权宣传周”网站，采取多种形式宣传林业知识产权知识，以及林业植物新品种保护的成效，进一步扩大了林业知识产权的影响。

3. 建立网上林业专利动态决策分析系统

重视林业知识产权信息资源的二次开发运用，有效集成多种林业知识产权信息资源服务功能，建立了网上林业专利动态决策分析系统（http：//www.cfip.cn：81）。该系统基于 B/S（浏览器 / 服务器）架构，实现了数据库和检索分析功能一体的平台模式，是集专家知识、数据挖掘、数据检索和统计分析功能为一体的专利信息系统，具有强大的专利统计分析功能，可以帮助浏览者在第一时间找到重点专利。该系统通过内置的定量统计策略，自动计算出专利数据集合中需要重点关注的专利信息，并向用户推荐，可有效提高用户的专利阅读效率，方便用户掌握技术领域最前沿和重点的专利情报，将提高林业产业技术创新起点，为林业产业技术升级、产品更新换代提供信息支撑与服务。（王忠明）

开展林业植物新品种履约与国际合作

国家林业局认真履行《国际植物新品种保护公约》，2014 年 4 月和 10 月分别参加了 UPOV 技术委员会第 50 次会议、理事会第 31 次特别会议、顾问委员会第 87 次会议、行政和法律委员会第 69 次会议、行政和法律委员会第 70 次会议、顾问委员会第 88 次会议、理事会第 48 次常规会议、行政和法律委员会咨询组第 9 次会议，在会上积极提出意见和建议，履行了成员国责任，为维护中国林业植物新品种保护的国际地位和国家利益发挥了重要作用。

5 月，参加在摩洛哥举办的 UPOV 果树技术工作组第 45 届会议，在肯尼亚举办的 UPOV 林木和观赏植物技术工作组第 47 届会议。

5 月，接待了 UPOV 副秘书长 Peter 先生，就加强与 UPOV 的合作、提升我国林业植物新品种保护水平等问题进行了深入交流。

多次参加“中韩自贸区协定”谈判会议，其中在中国 2 次、韩国 1 次，就有关植物新品种保护内容进行谈判。

9 月，受邀参加了国际园艺生产者协会第 66 次年会，向其新品种保护委员会会议做了《中国林业植物新品种保护保护现状》报告，借此宣传了我国林业植物新品种保护的成就，得到了与会专家的好评。

11 月，派员到日本参加“中日韩自贸区协定”谈判工作。

2014 年，承担 UPOV 核桃属测试指南编制任务，向 WIPO（世界知识产权组织）报送中国林业植物新品种申请和授权数据，包括申请统计、授权统计和所有有效品种权统计。（王琦）

开展林业生物遗传资源履约

2014 年 2 月，赴韩国平昌参加《名古屋议定书》政府间委员会第 3 次会议，会前精心准备参会对案，会中积极参与，会后认真总结，及时向国家林业局领导提交参会报告，并就下一步的工作提出建议。

7 月赴意大利罗马参加森林遗传资源委员会政府间技术工作组第 3 次会议。会议期间，中国代表团积极与新任 FAO 工作组执行秘书沟通，并与其他政府代表就森林遗传资源事宜进行研讨。中国代表在本次会议上被推举为会议副主席和报告员，对会议的顺利完成做出了贡献。(李启岭)

北京市林业知识产权

1. 制定《北京市园林绿化知识产权战略行动计划（2014 ~ 2020 年）》

北京市园林绿化局制定了《北京市园林绿化知识产权战略行动计划(2014 ~ 2020 年)》，总体目标为到 2020 年，林业知识产权实现量的增长和质的提升，创造和运用效果明显增强，政策法规基本完善，管理和服务体系基本健全，对科技创新和现代林业发展的支撑作用充分显现。专项工程包括“加强园林绿化植物新品种创制与运用”和“强化植物新品种保护执法”2 个部分。基础工作包括“健全园林绿化植物新品种保护激励机制”、“加快园林绿化知识产权人才培养和队伍建设”和“营造园林绿化知识产权文化环境”3 个部分。同时，制定了相应的保障措施，以保障战略行动计划的顺利实施。

2. 认真开展打击侵犯植物新品种权专项行动

北京市园林绿化局成立了由局科技主管领导为组长的领导小组，以科技处、执法监察大队、市种苗站、计财处、法制处、局宣传中心和局信息中心为成员单位，各单位相互协调，分工负责，制定了专项行动工作方案，并于 2014 年 7 月 4 日下发了《北京市园林绿化局关于开展 2014 年打击侵犯植物新品种权专项行动的通知》，对全市开展专项行动进行了动员部署。同时，公布了专项行动举报电话和电子信箱，开展线索征集，并明确专人负责，及时收集、汇总侵权假冒行为线索。9 月，北京市园林绿化局对北京林业大学、中国林业科学研究院、北京农学院、北京市农林科学研究院等中央和市属科研、高校单位进行了调查摸底工作。根据各单位反馈结果，未发现有侵犯植物新品种权的行为。

3. 加强知识产权宣传工作

2014 年，利用“绿色科技 多彩生活——2014 园林绿化科技创新暨科普活动”展示苗木、花卉等植物新品种，活动现场开展植物新品种等知识产权专题科普宣传活动，并在活动现场开展"'高原圣火'牡丹新品种"成果竞拍，推动植物新品种的成果转化与应用。同时，利用"北京科技周"等活动，发放各种宣传资料1万余份，展示植物新品种材料1 000余份。(北京市园林绿化局)

河北省林业知识产权

1. 建立健全行政执法体系

为适应打击侵权新形势，加大打击侵权执法工作力度，河北省林业厅调整了执法工作领导小组，负责研究和解决林业知识产权保护、打击制售伪劣种苗及行政执法工作中的重要事项，促进了品种权行政执法与刑事司法的衔接，加强了河北省植物品种权行政执法信息平台建设，健全了行政执法体系，提高了行政执法水平。领导小组调整后，立即安排部署了全省林业植物新品种权行政执法工作，各市林业局也调整了领导小组，明确目标任务，落实责任分工，抓好组织落实，形成了从上到下广泛参与的局面。

2. 严厉打击侵权假冒违法行为

为严厉打击林业系统侵权假冒违法行为，河北省林业厅6～11月在全省范围内开展了打击侵犯植物新品种权专项行动，各地结合实际，组织森林公安、林业综合行政执法等执法力量开展调查摸底，了解授权植物新品种的推广应用，以及侵权、假冒等情况，重点抓住授权品种的繁殖、生产、销售环节，检查了苗圃、繁殖场、种苗（花卉）交易市场、经营门店等场所110余家。通过行动，有效遏制了侵权、假冒植物新品种违法行为的蔓延，规范了植物新品种交易市场，保护了品种权人合法权益。

对于被侵权的单位，积极支持该单位运用法律手段维权。以河北省林业科学研究院培育的植物新品种'美人榆'被侵权为例，2014年多次与违法使用'美人榆'的单位进行法律交涉，并两次去山东法院进行诉讼，此案仍在审理中。

3. 广泛宣传，提高公众守法意识

利用大型"三下乡"活动宣传林业知识产权相关政策，并在春天的全省苗木交易会上积极宣传《植物新品种保护条例》及相关知识产权保护政策；利用网络、电视台、广播电台、报纸等新闻媒体发布公告，通过公开举报电话等形式加强宣传。(河北省林业厅)

山西省林业知识产权

1. 加快林业植物新品种培育

加大产学研相结合的林业科技创新，建立知识产权创新体系和运行机制。以林业知识产权试点单位——山西省林业科学研究院的创新力量为主体，建立自主创新与研发团队，通过科技创新形成具有自主知识产权的技术和产品。通过优良阔叶乡土树种选优，在山西省南、中、北不同立地区开展了14个优良乡土阔叶树种优树的区域性试验，选择和培育林业植物新品种。加强优良林木新品种繁育技术体系建设，建立了适

宜不同区域、不同利用目的的优良林木新品种繁育中心和示范基地。

2. 完善科技管理评价考核体系

突出林业知识产权在林业科技创新活动中的引领和导向作用，将知识产权内容纳入林业科技计划管理、成果管理、成果转化及产业化等各个环节，促进自主创新成果知识产权化。积极推进林业专利权的转让、实施许可、投资入股、质押融资等各项政策措施的落实，支持组建多种形式的产业化技术创新战略联盟，扶持符合现代林业发展需要和市场推广前景良好的专利转化与推广运用项目。

3. 加大林业植物新品种保护

山西省林业厅成立了打击制售假劣林木种苗、新品种侵权领导小组，在全省范围内开展了打击林木新品种侵权执法检查，以保护林业新品种权人的利益不受侵害。(山西省林业厅)

内蒙古自治区林业知识产权

1. 开展知识产权试点示范

加强对第三批林业知识产权试点单位——通辽市林业科学研究院知识产权试点工作的督促和管理，顺利完成了试点示范年度任务。通辽市林业科学研究院积极开展试点工作，按照知识产权试点工作方案要求，成立了知识产权工作领导小组，明确权责、完善机制、建章立制，安排专人负责知识产权试点工作。在通辽地区大力推广‘哲林4号杨’、‘汇林88号杨’、‘通林7号杨’、‘塞外红’等优良品种，建立采穗圃和繁育圃1000亩①，推广示范造林4000亩，优良新品种繁育和推广示范成效显著。

2. 加强知识产权宣传培训

组织参加了“内蒙古自治区知识产权宣传周”和“内蒙古自治区科技活动周暨全区科普活动宣传周”等活动，通过设置展板、提供技术咨询等途径宣传林业科研成果、专利产品和知识产权相关知识。参加了国家林业局科技发展中心举办的“林业植物新品种保护培训班”、内蒙古科学技术厅主办的“企业发展与知识产权管理培训班”，内蒙古自治区林业科学研究院举办了“科研人员如何撰写、申报国家专利专题讲座”，通过培训学习加深对知识产权工作的认知，提高了知识产权保护意识，为开展知识产权管理与运用工作奠定基础。(内蒙古自治区林业厅)

辽宁省林业知识产权

1. 加强知识产权宣传培训

结合“4.26”林业知识产权宣传周活动，利用有关农业、林业新产品、新技术展销会、科普大集等机会，加大知识产权相关知识的宣传，提高公众林业知识产权保护的

① 1亩=1/15公顷，下同。

守法意识。

2. 强化专利技术的转化运用

授权专利“甘霖一号速蘸发根剂”在刺槐嫩枝扦插上得到了广泛应用，在大果沙棘、84K 杨、新疆杨、银中杨、爬地柏、柽柳、紫叶矮樱、花楸、梓树、银杏、枫树、榆树、桑树、丁香、北海道黄杨、红瑞木、水蜡、绣球花、橡皮树等所有参试的经济林、用材林、防护林以及园林绿化树种的嫩枝扦插育苗试验中，都获得了良好的效果。

3. 大力开展植物新品种培育

开展黑果腺肋花楸的研发，已引进花楸优良新品种 13 个，营建了腺肋花楸种质资源圃，选育出黑果腺肋花楸园林观赏型品种 2 个，果用丰产型品种 5 个，红果腺肋花楸园林观赏型品种 3 个。开展楷叶唐棣苗木繁育和产品加工工作，醋栗、文冠果等新品种的引进和培育工作，在现有文冠果林的基础上建立了优树采穗园，为文冠果的良种繁育、扩大栽培和提高产量提供了有利条件。（辽宁省林业厅）

吉林省林业知识产权

1. 加强知识产权管理

吉林省林业厅重视林业知识产权工作，多次召开专题会议，研究林业知识产权创建工作。为进一步规范管理，明确责任，要求各单位专门成立知识产权工作领导小组，设立机构、专职和兼职人员负责知识产权管理工作。在充分调研和广泛征求相关专家意见的基础上，吉林省林业厅制定了《吉林省林业知识产权管理办法》。在科研项目管理的各个环节，建立了知识产权跟踪服务制度，对已受理和授权的专利，分类建档，促进专利和科技成果的转化应用。

2. 建立知识产权激励机制

吉林省林业厅从专项经费中划拨出一定比例作为知识产权专项资金，主要用做各单位知识产权获取、实施和维持等的经费补贴。各单位建立了知识产权奖惩制度和考核办法，将知识产权纳入职工年度考核指标，明确了知识产权转让利益分配政策，加大对专利、植物新品种等知识产权工作中成绩突出人员的奖励。同时加强核心技术的保密工作，有效避免了科技人员在发表论文、成果鉴定、对外合作交流以及成果转化过程中发生技术性知识产权的流失，为科技创新奠定了良好的知识产权发展环境。

3. 强化知识产权培训与宣传

建立吉林省林业知识产权信息库和检索平台，进一步推进林业知识产权宣传和服务工作。2014 年 7 月，聘请长春科宇专利代理有限责任公司律师围绕“关于专利申报及撰写的若干问题”进行了讲座和培训。采取多项措施和多种形式，充分利用“科技活动周”、“知识产权活动周”、“科技下乡”、“技术培训”等活动，采取技术咨询、赠送科技资料、展示宣传板报等形式，扎实开展知识产权的宣传，普及专业知识。（吉林省林业厅）

黑龙江省林业知识产权

1. 完善知识产权管理制度

黑龙江省林业厅重视林业知识产权工作，作为黑龙江省知识产权战略实施工作领导小组成员单位，在《国家林业局贯彻实施〈国家知识产权战略纲要〉的指导意见》和《全国林业知识产权事业发展规划（2013 ～ 2020 年）》，《黑龙江省知识产权战略纲要》和《实施〈黑龙江省知识产权战略纲要〉任务分解》印发后，多次召开专门会议，向厅直属科研院所及有关单位进行了认真传达和贯彻，对植物新品种和特定领域知识产权的内容进行了细致的学习和讨论，要求各地认真落实，完善知识产权管理制度，突出知识产权在科技创新活动中的引领和导向作用，将知识产权工作纳入科研计划管理的全过程。厅科技处还制定了《2014 年知识产权战略实施推进计划》。

2. 加强知识产权成果转化运用

黑龙江省林业厅组织实施了“珍贵树种核桃楸良种繁育技术”等 14 项中央财政林业科技推广示范项目、“东北红豆杉繁育及栽培技术”等 10 项省财政林业科技推广示范项目，建立了一批植物新品种示范基地，促进了林业知识产权成果的推广应用。（黑龙江省林业厅）

上海市林业知识产权

1. 开展打击侵犯植物新品种权专项行动

根据国家林业局工作安排，2014 年上海市林业局开展了打击侵犯和假冒林业植物新品种权专项行动，健全了专项行动组织框架，成立了由分管局领导担任组长的领导小组，投入专项经费开展“专项行动”的培训、宣传和调研等活动。在政府网站发布了上海市林业局关于开展“2014 年上海市林业局打击侵犯植物新品种权专项行动”的通知和实施办法。在全局的林业工作会议、林业执法培训班、上海市林业局门户网站上对国家林业局打击侵犯植物新品种权专项行动进行了通知和动员部署，并向国家林业局报送本地区实施方案。在网站上公布了专项行动实施方案，举报投诉方式。对上海市林业植物新品种权进行了摸底调查和检查，规范了植物新品种交易市场，保护了品种权人的合法权益。

2. 提高林业植物新品种保护的行政执法能力

依照“职权法定”的原则，结合机关事业单位机构改革、行政权力清单梳理、政府职能调整和“三定”方案的编制，依法加强和明确了上海林业植物新品种保护的行政执法责任主体。其中，上海林业局科技信息处为主要牵头部门，局政策法规处负责处罚、审核和法务指导，上海市林业总站被授权负责具体行政执法事务，建立了林业执法稽查科。

3. 加强林业知识产权宣传培训

结合上海自贸区建设和知识产权法院成立，与上海市知识产权局联合开展了知识产权宣传周活动。为增强林业知识产权在司法界的影响力，首次邀请国家林业局植物新品种保护办公室专家在中国第十届科技法论坛上做“中国林业植物新品种保护现状与展望”主旨发言，并组织上海林业行业16家具有自主知识产权的骨干企事业单位参加论坛。

首次举办了“2014年林业知识产权专项培训班”，由上海林业局、上海市知识产权联席会议办公室主办，为期2天，参加培训学员100余名，特邀国家林业局科技发展中心专家组团来沪授课。培训包括林业植物新品种保护条例及实务、林业行政执法程序规定、林业植物新品种保护行政执法、专利申请实务、林业知识产权战略实施及发展规划、林业知识产权信息开发利用和上海市知识产权战略实施等内容。

利用上海植物园等公园举办花卉展览的机会，成功开展2014年林业知识产权宣传周活动，通过微信、网站、公共媒体、展览会等形式在各类媒体中宣传上海植物新品种创新成果，宣传林业植物新品种权的申请、测试、推广运用和保护等基础知识，扩大了社会影响力。（上海市林业局）

江苏省林业知识产权

1. 稳步推进知识产权试点示范

根据《国家林业局办公室关于公布第三批全国林业知识产权试点单位的通知》要求，江苏省林业局及时组织“江苏红豆杉生物科技股份有限公司”、“无锡市博大竹木业有限公司”、“江苏富祥木业股份有限公司”3家林业知识产权试点单位科学编制试点工作方案，确定了试点实施的主要内容、实施计划和考核指标等，督促试点单位按照试点工作方案认真实施，务求取得实效，为江苏省涉林企业推进知识产权工作起到示范带动作用。

2. 周密部署，扎实开展专项行动

江苏省林业局成立了打击侵犯植物新品种权专项行动领导小组，负责专项行动日常工作，各省辖市林业主管部门也相应成立了相关机构，为专项行动的开展提供了组织保证。6月中旬组织召开了2014年打击侵犯植物新品种权和制售假劣林木种苗专项行动部署会，并印发《江苏省林业局关于印发〈2014年打击制售假劣林木种苗行为和保护植物新品种权工作方案〉的通知》（苏林种〔2014〕4号），同时在“江苏林业网”电子政务大厅设立举报投诉专栏。各地林业行政主管部门迅速开展排查摸底，结合投诉举报情况，确定沭阳县作为重点整治区域，为此次专项行动深入开展明晰了工作重点和方向。在沭阳县开展的专项整治得到了当地政府的有力支持，当地成立了由林业局、工商、公安、物价等部门组成的沭阳县花木交易管理工作联席会议制度办公室，多部门之间信息共享、联动执法，对经营主体进行了拉网式执法检查，专项行动取得了显著成效。截至2014年11月底，全省共出动执法人员450余人次，组织开展突击检查2次，检查林木种苗销售企业60余家次，没有发现侵犯植物新品种权的案件。

3. 推进信息公开，提高执法公信力

为规范公开制售假冒伪劣商品和侵犯知识产权行政处罚案件信息，保护消费者权益，提高执法公信力，维护公平竞争的市场秩序，促进质量提升和产业升级，2014年6月江苏省林业局印发了《江苏省林业局公开制售假冒伪劣林木种苗和侵犯林木植物新品种权行政处罚案件信息工作实施细则》（苏林种〔2014〕13号），对打假处罚案件信息公开做了具体规定。同时要求各地林业主管部门也要制定本地区实施办法。（江苏省林业局）

浙江省林业知识产权

1. 开展打击侵犯植物新品种权专项行动

浙江省林业厅以打击侵犯植物新品种权专项行动为抓手，开展了系列知识产权保护行动，切实提升了林业知识产权创造、运用、保护和管理的能力。省林业厅印发了《关于组织开展2014年打击侵犯植物新品种权专项行动的通知》等文件和方案，对专项行动进行了具体部署。各市、县（市、区）林业行政主管部门根据省厅方案进行动员部署，同时开展宣传培训。

8月中下旬，组织开展了“走百个市场，进千家花企，访万户苗农”调研走访活动，由8个厅领导分别带队，深入基层对花卉苗木产业发展情况进行调查摸底，了解授权植物新品种的推广应用以及侵权、假冒等情况。各市也分别对打击侵犯林业植物新品种权工作进行了检查，重点检查了授权品种的繁殖、生产、销售环节，包括苗圃、繁育场、种苗（花卉）交易市场、经营门店等场所。

8～10月，在浙江林业科技网上开辟专栏，公开林业植物新品种侵权假冒行政处罚案件的名称、被处罚者姓名或名称，以及主要违法事实和处罚种类、依据、结果等，接受社会监督。同时要求各市林业主管部门每月25日前向省林业厅报送行政处罚案件信息公开情况。浙江省林业厅设立知识产权相关工作举报电话，加强与省“双打办”沟通，及时上报相关工作进展及信息公开情况。暂未发现侵权生产、侵权销售、假冒授权品种销售以及其他品种侵权行为。

2. 积极开展各项监督服务工作

在浙江省第十一届林业科技周活动启动仪式上，向国家林业局公布的‘花冠贞’女贞等14个新品种的品种权人颁发了植物新品种权证书。

依托现有资源，通过创新工作思维与举措，不断完善知识产权管理服务体系，提升林业知识产权整体水平。2014年组织专家对丽水、衢州、湖州、嘉兴和温州等5个地市8个县（市、区）32批次种苗质量进行了抽查，涉及浙江楠、黄山栾树、大叶榉、光皮桦、枫香、无患子、南方红豆杉等16个树种，所抽检的32批次的种苗质量全部合格，没有发现涉及知识产权、侵犯品种权等相关问题。（浙江省林业厅）

安徽省林业知识产权

1. 加强林业知识产权创造

安徽省林业厅始终将林业知识产权创造作为知识产权保护的中心工作来抓。安徽省林业科学研究院、省林业高科技开发中心与有关高等院校、企业等建立了产学研合作机制，按照产业链设计科技链，攻克了一些关键性、制约性技术难题。在政策和市场的双向引导下，各地积极组建跨区域、跨系统、产学研结合的优势团队，联合申报省林业重点科研项目。

2. 强化林业知识产权转化应用

安徽省林业厅从资金、政策、人才等方面全力支持解决知识产权转化应用中的最后一公里问题，大大提高了科技成果转化率。2014 年共实施林业科技成果转化项目 32 个，建设示范林 2.45 万亩。安徽龙华竹业有限公司等 2 家单位被评为全国第三批林业知识产权试点单位，省林业高科技开发中心被省科技厅列为全省林业技术转移示范机构平台。

4. 完成安徽省油茶遗传资源调查编目任务

为做好安徽省油茶遗传资源调查编目工作，省林业厅成立了领导小组和技术专家组。项目主持单位分别与金寨县林业局、黄山市林业科学研究所等 10 家单位签订了目标责任合同书。通过各单位共同努力，顺利完成了安徽油茶遗传资源调查编目任务。一是完成了通过省级审（认）定的油茶良种（38 个）和特殊种质（20 个）的种子样品收集、图片整理归档、标本制作、油脂检测等工作；二是拍摄油茶各遗传资源个体的树形、枝、芽、叶、花、果实及种子等形态特征照片 760 份，采集标本 150 余份、种子样品 47 份；三是编写了《安徽省油茶遗传资源状况报告》。（安徽省林业厅）

福建省林业知识产权

1. 开展林业知识产权宣传培训

在福建林业网、《福建林业科技》等网站、刊物上刊登有关植物新品种保护的文章和信息，大力宣传贯彻国家、省知识产权相关法律法规和政策。同时，结合林农技术员培训班、林业科技工作座谈会和科技下乡等活动，大力宣传专利、植物新品种、林产品地理标志和林业生物遗传资源等知识产权保护知识，逐步提高林业知识产权创造、运用、保护和管理能力。

2. 加强林业植物新品种培育

2014 年由福建省林业科学研究院培育的木麻黄属‘闽平 2 号’、‘木麻黄粤 501’2 个植物新品种被国家林业局授予林业植物新品种权，这是福建省林业系统首次获得国家林业植物新品种权。

3. 重视知识产权成果转化运用

争取中央财政和省级财政资金，实施林业科技推广项目 40 个，建设了丰产竹林、杉木大径材、马尾松、福建柏、马褂木等一批区域性资源培育科技示范基地以及油茶、苗木花卉、森林药材和生物能源等特色经济林科技示范基地 1.5 万亩，有力促进了福建省林农增收和特色林业产业基地建设的发展。

4. 开展打击侵犯植物新品种权专项行动

根据《2014 年国家林业局打击侵犯植物新品种权专项行动方案》（林技发〔2014〕80 号）精神，下发了《福建省林业厅关于开展打击侵犯植物新品种权专项行动的通知》

（闽林综〔2014〕60 号），于 2014 年 7 ～ 11 月在全省开展了打击侵犯林业植物新品种权专项行动，未发现有假冒伪劣林木种苗和侵犯林业植物新品种权的案件。通过专项行动，提高了公众尊重知识产权、合法使用植物新品种的法律意识，进一步规范了植物新品种交易市场，推动了植物新品种保护事业健康发展。（福建省林业厅）

江西省林业知识产权

1. 扎实推进知识产权试点工作

江西省已有 3 批 4 家单位被国家林业局列为“全国林业知识产权试点单位”。其中，江西省林业科学研究院、江西康替龙竹业有限公司和江西铜鼓江桥竹木业有限责任公司 3 家试点单位均已通过验收，目前还在开展试点工作的是江西艺竹实业有限公司。借鉴已完成试点单位的工作经验，江西省林业厅加强了对艺竹公司试点工作的督促检查，确保其按试点工作方案和实施计划开展工作，并对其在试点工作出现的问题给予协助解决。

2. 实施专利产业化推进项目

2014 年，江西省林业厅争取到林业专利产业化项目 1 项，即江西康替龙竹业有限公司承担的“环保型重组竹专利技术应用与推广”。作为项目归口管理单位，项目计划下达后，省林业厅立即要求项目承担单位制定项目实施方案，细化项目实施任务，落实责任分工，并组织签订了项目合同书。同时，对项目的实施进展进行不定期的跟踪督促。

3. 开展打击侵犯植物新品种权专项行动

根据《国家林业局关于印发〈2014 年国家林业局打击侵犯植物新品种权专项行动方案〉的通知》（林技发〔2014〕80 号）要求，成立了由政策法规、种苗、科技等部门组成的领导小组，并制订了实施方案，明确了职责分工，并要求各设区市制订具体方案，营造舆论氛围，加强部门协作，确保打击侵犯植物新品种权行为取得实效。6 ～ 8 月开展了辖区内植物新品种权侵权情况摸底调查，公布了举报电话，并组织开展了重点检查活动。截至 2014 年底，省林业厅没有接到相关植物新品种侵权案件举报。

4. 做好植物新品种权保护宣传工作

在“江西林业科技网”推出《实施知识产权战略 推进现代林业建设》专题频道，宣传与普及植物新品种权知识，并推介授权的植物新品种。同时，积极宣传《林业植物新品种保护行政执法办法》，及时将该文转发各设区市林业局，还在“江西林业科技网”登载，加大宣传力度。（江西省林业厅）

山东省林业知识产权

1. 加强林业植物新品种权宣传和培训工作

2014 年 2 月山东省林业厅举办了“科技创新与现代林业发展”讲座，邀请国家林业局和省科技厅的领导和专家讲授了当前林业科技创新的新进展和林业植物新品种保护等内容，厅机关各处（室）及直属单位负责同志、厅有关单位技术骨干、各市林业局分管局长及林业科学研究所所长 120 多人参加培训。2014 年 12 月省林业厅组织开展了 2014 年林业系统普法考试，试题范围涵盖了《种子法》、《植物新品种保护条例》等内容。

2. 组织开展打击侵犯植物新品种权专项行动

山东省林业厅研究制定了《2014 年山东省林业厅打击侵犯植物新品种权专项行动方案》（〔2014〕207 号），明确了目标任务和打击范围，对各阶段主要工作任务进行了详细的规定。全省各级林业行政主管部门根据国家林业局和省厅的统一要求，结合当地工作实际制定本地区专项行动实施方案，广泛开展宣传培训和动员部署，公布专项行动举报电话，及时收集、汇总侵权假冒行为线索，扎实推动专项行动有序开展。

3. 建立植物新品种权保护长效工作机制

2014 年 5 月召开了打击侵权假冒工作联席会，研究确定了林业“双打”相关工作机制和安排。一是成立了林业“双打”行政执法联合协调工作组，负责植物新品种侵权和假冒伪劣林木种苗行政执法、处罚、案件信息公开等相关工作。二是建立了植物新品种侵权和假冒伪劣林木种苗行政处罚执法工作机制。从林业“双打”行政处罚案件的发现、立案、调查、取证、下达行政处罚决定书、复议、执行到行政处罚案件信息公开审核、发布、考核、责任追究、档案文件管理全过程，实行统一指挥调度、统一组织行动、统一监督考核，实现依法依规科学管理。各处室单位加强沟通联系，加强协作，互相配合支持，建立信息互通、资源共享、工作互动的联合合作机制，积极开展执法工作。三是畅通林业“双打”工作信息报送和沟通渠道。各市林业局和省厅有关处（室）单位明确了本单位“双打”工作联络员，建立起了全省林业系统“双打”工作信息报送制度。

4. 建立植物新品种侵权行政案件信息公开制度

2014 年 5 月省林业厅召开了打击制售假劣林木种苗和侵犯植物新品种权行政处罚案件信息公开工作联席会，印发了《山东省林业厅制售假劣林木种苗和侵犯植物新品种权行政处罚案件信息公开工作方案和实施细则》（鲁林科字〔2014〕164 号），要求从 2014 年 6 月 1 日起，全省县级以上林业行政执法机关应当主动、及时公开适用一般程序查办的假冒伪劣林木种苗和植物新品种侵权行政处罚案件相关信息，确保信息公开工作依法、有序、到位。全省林业系统建立起了林业“双打”联络员制度，定期向上级有关部门报送相关统计报表和工作信息。（山东省林业厅）

河南省林业知识产权

1. 重视知识产权宣传培训

一是利用会议、文件、新闻媒体等形式广泛宣传保护林业知识产权和打击侵犯植物新品种权专项行动的意义和重要性，宣传有关法律法规。二是结合送科技下乡和专题培训活动，宣传知识产品保护方面的知识，提高林业科技人员保护林业知识产权和打击侵犯植物新品种权行为的意识。2014 年 4 月 8 ～ 9 日河南省林业厅组织河南农业大学、省林业科学研究院等单位的 8 名林业知名专家在洛阳嵩县车村镇明白川村举行了保护林业知识产权宣传和科技送下乡活动，当地的林业技术人员，林木种苗、花卉种植大户和林农 400 多人参加了此次活动。

据统计，全省各级林业部门共开展送科技下乡活动 1 500 多次，受培训林农和林业职工达到 35 万多人次，发放林业科普宣传资料 90 多万份，受教育总人数达到 100 多万人次。2014 年，全省各市、县共印发保护林业知识产权和打击制售假劣林木种苗宣传材料、标语 3 万余份，制作宣传版面 260 块。

2. 加强林业植物新品种权行政执法工作

河南省林业厅成立了由主管厅长牵头的领导小组，结合实际制定了《河南省林业厅打击侵犯植物新品种权专项行动方案》，同时印发各省辖市林业主管部门。各地林业主管部门也相继成立了工作领导小组，制定了工作方案，全省迅速开展打击侵犯植物新品种权专项行动工作。

2014 年 6 月中旬河南省林业厅抽调 14 人组成的 6 个专项督查工作组，对全省保护林业知识产权和打击制售假冒伪劣林木种苗工作开展情况进行督查，对植物新品种侵权假冒情况进行摸底调查。7 月下旬，省种苗站又派出 7 个工作组，开展了林木良种苗木生产专项检查。检查结果显示，未发现制假、售假林木种苗的违法行为，也未发现侵犯林业知识产权的侵权违法行为。（河南省林业厅）

湖南省林业知识产权

1. 狠抓制度建设，建立长效机制

湖南省林业厅加大了知识产权信息公开力度，将打击侵犯林业植物新品种权案件与种苗打假案件一并纳入政府信息公开范围，公开专项工作进展及成效，曝光典型案例。科研院所积极响应，制定了切实可行的措施，如省植物园出台了《关于加强湖南省森林植物园知识产权密集型科研院所创建的意见》，省林业科学研究院将国家省部级出台的有关知识产权相关政策文件收集整理成册，发给科技人员，规范了知识产权的管理。

2. 加强宣传培训，营造工作氛围

为提高公众对林业知识产权保护工作的认识，一是充分利用电子公告栏、湖南林业信息网等媒介，向社会广泛宣传知识产权和植物新品种保护相关的法律法规。二是在湖南林业信息网上建立了“双打信息”专栏，及时发布打击侵犯知识产权和制售假冒伪劣商品的相关信息，报道工作进展情况。三是根据国家和省知识产权工作的总体安排，周密部署了知识产权宣传周活动。四是积极组织相关单位参加了国家林业局等有关单位开展的知识产权会议及培训活动。2014 年 10 月，省林业厅配合国家林业局在长沙举办了“全国林业植物新品种保护培训班”。会后，邀请国家林业局科技发展中心的领导和中国林业科学研究院的专家召开了湖南林业植物新品种工作座谈会。

3. 加强行业监管，开展专项行动

根据国家林业局关于打击侵犯植物新品种权专项行动工作部署，湖南省林业厅高度关注植物新品种的发展动态，从源头上抓好林业植物新品种权管理工作，认真组织开展打击侵犯植物新品种权专项行动，并设立了专项行动举报电话、电子邮箱，明确专人负责，及时收集、汇总侵权案件线索，接受社会监督。此外，以整治种苗市场为重点，深入开展打击侵权行动，有效震慑了植物新品种侵权违法行为，进一步净化了市场，全年未发现侵犯植物新品种权的案件。

4. 鼓励科技创新，重视新品种培育

根据湖南省林业植物新品种发展需要，省林业厅向国家林业局提出了增加《中华人民共和国植物新品种保护名录（林业部分）》的请示，建议将半枫荷属（*Semiliquidambar*）、红淡比属（*Cleyera*）等25个品种加入《植物新品种保护名录》，以促进林业植物新品种培育和保护工作。支持新品种转化应用项目，省林业科学院有2个油茶新品种进行了植物新品种转化应用试点，油茶优良性状明显，示范效果良好。（湖南省林业厅）

湖北省林业知识产权

1. 开展林业生物遗传资源调查编目工作

开展了“湖北省油茶遗传资源调查编目”、“湖北省核桃遗传资源调查编目”工作，挖掘出许多特异性状的油茶遗传资源。共收集油茶种质资源106份，其中审（认）定良种15份（审定良种9份，认定良种6份），古树资源10份，丰产资源37份，大果资源4份，高出籽率资源7份，高含油率资源6份，高油酸资源16份，早花资源6份，晚花资源5份。

举办了“湖北核桃遗传资源调查编目”培训会，就核桃遗传资源调查技术要领及信息化电子化采集关键做了细致讲解和操作培训，共29个核桃生产县（市）林业局科技负责人和技术骨干100余人参会培训。

2. 加强林业知识产权成果转化

湖北省林业厅将具有自主知识产权的早花耐寒油茶新品种‘鄂油63号’、‘鄂油81号’，杨树新品种‘楚林2号’、‘华石2号’，兴山琥珀核桃、兴山薄壳核桃等新品种、新技术与中央财政林业科技推广示范、国家农业科技成果转化资金项目相结合，在石首营建杨树优良新品种繁育圃80亩，高效杨树抑螺防病示范林400亩；在兴山县营建核桃标准化育苗基地10亩，标准化丰产示范林500亩，辐射推广3万亩；在黄石市阳新县兴国镇建立油茶炭疽病生物防治示范区1 000亩；在十堰市竹山县溢水镇建立核桃生物防治示范区1 000亩。

湖北省林业科学研究院与巨宁集团、湖北东森木业有限公司、湖北宝源木业有限公司、武汉鹰冠木业有限公司、湖北紫园园林工程有限公司建立了长期合作关系，并形成了产学研联合开发的运行机制。湖北省林业科学研究院将“细木工板甲醛捕捉剂施加设备及施加方法的技术研究”、“一种新型饰面集成材复合板”、“紫薇苗木栽培技术规程”等一系列林业知识产权应用到企业中，给企业带来了巨大的经济效益。

3. 加强林业知识产权宣传和培训

成立了湖北省林业专家服务团，整合林业专业技术人员，开展林业实用技术、植物新品种相关知识的宣传培训，先后派出300余人次参加科技服务工作，深入全省15个市（州）53个县（市）开展现场调研、技术指导，召开座谈会，并举办培训班15场次，培训技术人员、林农近2 000人次，发放技术资料3 000余册，为科技服务湖北林业建设起到了较好的示范带动作用。（湖北省林业厅）

广东省林业知识产权

1. 加强林业知识产权宣传与普及

采取网络媒体、现场咨询等多种形式积极宣传林业植物新品种保护条例等相关法律法规和政策，提高了社会各界对打击林业植物新品种和林木种苗侵权假冒工作重要性、必要性的认识，营造了良好的林木种苗发展环境。组织开展“送林业科技下乡暨林业科技特派员服务基层活动”，现场发放《林业知识产权宣传手册》200多本，并提供咨询服务，大力宣传植物新品种保护知识，不断提高社会人员知识产权保护意识。

2. 开展打击林业植物新品种权专项行动

按照国家林业局的工作部署，广东省林业厅于2014年6月制定并印发了《2014年广东省林业厅打击侵犯植物新品种权专项行动方案》（粤林函〔2014〕366号），在全省部署开展打击林业植物新品种权专项行动。通过对已授权林业植物新品种的单位和个人进行调查摸底，了解授权植物新品种的推广应用，以及侵权、假冒情况。并在摸底调查的基础上，在全省组织开展林业植物新品种权保护执法检查，重点检查授权品种的繁殖、生产、销售环节以及包括苗圃、繁殖场、种苗（花卉）交易市场、经营场所等，分各地自查和省级抽查2个阶段。截至2014年底，各地自查及省级抽查未发现有林业植物新品种权侵权行为。

3. 扎实推进行政处罚案件信息公开

2014年6月，广东省林业厅制定了《广东省林业厅公开制售假冒伪劣商品和侵犯知识产权行政处罚案件信息工作实施管理办法》（粤林〔2014〕64号），在全省林业系统推行行政处罚案件信息公开工作，进一步增强执法透明度，更好地震慑违法者、保护消费者。同时，在广东省林业厅门户网站开设知识产权专栏，公开打击侵犯植物新品种权专项行动举报电话、电子邮箱及联系人，及时收集侵权假冒行为线索；设立“双打”信息公开专栏，及时报道行政处罚信息公开工作动态信息。

4. 加强林业生物遗传资源保护

稳步推进全国第二次野生动植物资源调查，继续开展喜树、扣树、仙湖苏铁等极小种群保护工作。基本完成了全省油茶遗传资源调查编目工作，共调查样地73个，调查单株1 039株，收集果实、种子、叶片1 657份，制作标本1 300余份，采集照片4 485张、数据50余万个，完成了《广东省油茶遗传资源状况报告》。（广东省林业厅）

广西壮族自治区林业知识产权

1. 鼓励知识产权创造

广西壮族自治区林业厅的专利倍增计划实施效果明显。2014 年 11 月 13 日，由自治区知识产权局发布的表彰 2013 年度全区专利工作先进单位和先进个人的通报中，自治区林业厅直属单位广西林业科学研究院的发明专利申请量排全区科研机构第二名，获评为 2013 年全区专利工作先进单位。2014 年，‘松韵’授权新品种转化应用获得国家林业局立项资助。

2. 重视专利技术推广和转化运用

以发明专利“一种含茶皂素的油茶多功能专用肥”（201110435388.4）为支撑的“油茶新型多功能肥料施用新技术集成技术示范推广”项目获得 2014 年中央财政林业科技推广示范项目立项支持。2014 年 11 月广西壮族自治区林业厅组织召开“广西油茶新型多功能肥料研制与示范”项目验收鉴定会，该项目以广西林业科学研究院的油茶多功能专用肥发明专利为依托，鉴定委员会认为项目研究对油茶高产、稳产发挥了重要的科技支撑作用，成果应用前景广阔。

2014 年 10 月，在梧州市举办的第四届广西发明创造成果展览交易中，广西林业科学研究院的“压力升降式育苗床”专利获得金奖、“一种杉木栽培复合基质及其配制方法”获得银奖。

3. 开展打假和执法检查工作

组织开展打击侵犯林业植物新品种权专项行动，通过专项行动，提高了公众尊重知识产权、合法使用授权植物新品种的法律意识。开展了打击侵犯知识产权和制售假冒伪劣商品工作，进行执法检查。据统计，共出动 1 185 人次，检查苗圃 736 个、种苗市场 144 个，未发现有侵犯林业植物新品种权的案件。（广西壮族自治区林业厅）

重庆市林业知识产权

1. 开展林业知识产权试点工作

重庆市林业科学研究院作为第三批全国林业知识产权试点单位，重庆市林业局要求按试点工作方案认真做好试点工作。试点合同签订后，该院成立了领导小组，下设知识产权管理办公室，明确专门人员管理；编制了试点工作方案和年度实施计划，并开展了知识产权相关调查；制订了知识产权试点管理规章制度和相关奖励办法；建立了知识产权管理档案；参加了全国、国家林业局和重庆市的知识产权培训会或座谈会，开展了知识产权成果转化运用工作。

2. 加强林业植物新品种培育

通过科技创新和品种创制，获得了三倍体桤木突变株 5 株、四倍体武隆猪腰枣新品系 5 个，发掘出四倍体武隆猪腰枣突变体株系 8 株和疑似待定株系 21 株，为重庆市林业植物新品种创制奠定了科学基础。

3. 加强林业植物新品种权行政执法工作

重庆市人民政府在第43次常务会议审议通过的《重庆市推进生态文明建设林业规划纲要（2014～2020年)》(渝府办发〔2014〕150号）中，明确了“加强植物新品种权和涉林知识产权及遗传资源保护，打击假冒侵权行为”的工作要求，为重庆市林业知识产权工作提供了组织保障；出台了《重庆市林业局依法公开制售假冒伪劣林木种苗和侵犯植物新品种权行政处罚案件信息工作实施细则》(渝林办〔2014〕35号)，明确了组织领导、总体要求、公开内容、公开程序、监督保障等具体规定；有序推进了打击侵犯植物新品种权执法行动，共出动行政执法车20余次，发放宣传资料4 008份，有力震慑了违法行为，保护了合法权益。(重庆市林业局)

四川省林业知识产权

1. 开展知识产权宣传培训工作

通过绿色天府、四川林业网站群、知识卡片等方式宣传林业专利、植物新品种权等知识产权保护知识。积极参与国家林业局举办的植物新品种保护、知识产权保护等专题培训，并邀请植物新品种保护方面的专家到川为60多位四川林业科技工作者作了题为“我国林业植物新品种保护与转化应用现状及国际发展趋势”的报告，从植物新品种概念、特点和属性，品种权申报流程，品种权审批、现状和林木新品种保护及相应转化等方面进行深入讲解。邀请了北京林业大学、瑞典农业大学与新墨西哥州立大学的多名专家学者到川指导林木新品种的培育工作。

2. 推进林业知识产权试点工作

四川省林业科学研究院作为全国第三批林业知识产权试点单位，四川省林业厅要求按试点工作方案认真开展试点工作。该院成立了知识产权试点工作领导小组，设专人负责知识产权日常管理工作，完善知识产权管理制度，从林业科学研究院科技经费中确定10%作为知识产权工作专项资金，专门用于知识产权创造、运用、保护和管理各环节工作，切实保障知识产权工作有效运转。

3. 开展打击侵犯植物新品种权专项行动

根据《2014年国家林业局打击侵犯植物新品种权专项行动方案》(林技发〔2014〕80号）以下简称“行动方案”要求，四川省林业厅召开会议专题研究部署，及时将《行动方案》转发到各市州。同时结合林木种苗质量抽检、林业植物检疫执法检查、林业调研和督导等工作，开展植物新品种侵权情况摸底调查。四川省未发现侵犯林业植物新品种权行为。

4. 细化植物新品种行政执法标准

依据依法治省的要求，依照国家林业局印发的《林业植物新品种保护执法办法》，对涉及林业植物新品种保护的行政处罚(3项)和行政强制(1项)的裁量标准进行了细化，并纳入政务公开。(四川省林业厅)

贵州省林业知识产权

1. 加强林业植物新品种权行政执法工作

贵州省林业厅成立了领导小组，认真开展打击侵犯植物新品种权专项行动，结合实际开展调查摸底，公布了专项行动举报电话，及时收集、汇总侵权假冒行为线索，重点检查了授权品种的繁殖、生产、销售环节，包括苗圃、繁殖场、种苗（花卉）交易市场、经营门店等场所。开展了打击制售伪劣林木种苗和保护植物新品种权专项行动，2014 年全年共查处无证经营和无证运输种苗行政案件 4 起，结案 4 起，发布打假信息 209 条，未发现有侵犯植物新品种权的行为。

2. 加强林业知识产权培训

在贵阳市花溪区青少年宫组织了 3 期有各市（州）技术人员参加“林木种苗质量检验员培训”，分别邀请省林业厅法规处、贵州大学等单位的领导和专家授课，共培训检验员 520 人。举办“林木育种及良种基地建设培训会”，并邀请了贵州大学、省林业科学研究院的专家学者授课，共 100 余人参加了培训。讲授内容涉及种质资源清查、良种选育技术、良种基地建设、植物新品种申报等内容。（贵州省林业厅）

云南省林业知识产权

1. 促进植物新品种推广运用及转化

云南省有超过 100 个授权的植物新品种得到了转化运用，并产生了一定的经济效益，转化运用情况包括自主运用、品种权转让、繁殖许可等 3 类。自主运用的品种包括‘滇重楼 1 号’、‘滇重楼 2 号’、‘灯盏花 1 号’、‘灯盏花 2 号’、百合属 OT 杂种系、月季、彩色马蹄莲、兰属杂交种等。如云南省农业科学院花卉所共授权花卉新品种 59 个，其中自主运用品种有 47 个，包括百合属、月季、彩色马蹄莲、洋橘梗属、丝石竹属等；培育组培苗，销售给农户，并提供生产经营技术指导，年育苗量超过 300 万株，实现产值约 500 万元。转让注册登记品种，包括百合、含笑、秋海棠等 5 个品种。如：云南省农业科学院花卉研究所授权的 1 个百合品种转让费用 50 万元；中国科学院昆明植物研究所转让 1 个含笑品种 55 万元，转让 3 个秋海棠品种 13 万元。繁殖许可共 14 个，包括秋海棠 3 个、百合 1 个、非洲菊 3 个、月季 2 个和丝石竹属 5 个。如：中国科学院昆明植物研究所授权的 3 个秋海棠新品种的繁殖许可费用 10 万元，并与 2 家花卉生产企业合作生产经营，获得近 100 万元的科研经费；云南省农业科学院花卉研究所授权的其他 11 个花卉新品种，获得许可繁殖费用 70 万元。

2. 推荐云南省林业植物新品种保护名录

云南省尚有一些特有、分布广泛、具有发展潜力和开发利用价值的许多属（种）没有被列入国家林业局发布的《中华人民共和国植物新品种保护名录》中。为进一步扩大保护范围，全面推进林业植物新品种保护工作，组织了 16 个州（市）林业部门和有关单位对增加新品种保护名录进行推荐，召开专家会征求意见后形成《云南省林业厅关于推荐林业植物新品种保护名录》（云林函〔2014〕94 号），并已上报国家林业局新品种保护办公室。

3. 举办植物新品种保护培训班

2014 年 8 月 2 ～ 3 日，在昆明举办了一期有 113 人参加的林业植物新品种保护培训班，既加强了新品种保护的宣传，也强化了队伍的能力建设，对于引导新品种培育者积极培育和申请植物新品种保护具有重要意义。

4. 开展打击侵犯植物新品种权专项行动

云南省林业厅在全省组织开展了打击侵犯植物新品种权专项行动，就获得授权的植物新品种进行了摸底调查，调查内容包括植物新品种推广应用以及被侵权、假冒等方面的情况，同时公布了举报电话和邮箱，鼓励社会公众举报和提供线索。专项行动期间，未发现未经授权而盗用植物新品种进行盈利性种植、繁殖、生产和销售的侵权行为或假冒授权品种行为。（云南省林业厅）

西藏自治区林业知识产权

1. 加大林业行政执法和检查力度

西藏自治区林业厅认真开展打击制售假劣林木种苗和侵犯植物新品种权专项行动，在全区范围内开展了为期 3 个月的“天网行动”，出动警力 135 人次、车辆 125 台次。自治区森防站和拉萨市林业局在联合检查过程中责成拉萨市达孜县中心苗圃对疑似携带杨干透翅蛾的 1 万株新疆杨进行隔离试种。

2. 开展林木新品种培育开发工作

2014 年西藏自治区林业厅与中国林业科学研究院、西南大学联合开展“生态型桑树良种选育项目”的研究，引进桑树品种 24 个；与中国科学院植物所联合开展“困难立地树种选育和造林技术”研究，引进了樟子松、沙地柏、紫穗槐、四倍体刺槐等品种 2 万多株；与中国林业科学研究院林业研究所、东北农业大学联合开展“小浆果良种引种试验”，引进了树莓、平欧杂家榛等品种 20 多个。（西藏自治区林业厅）

陕西省林业知识产权

1. 开展知识产权宣传活动

利用“科技之春”宣传月、科技活动周、全国科普日等科普宣传活动平台，陕西省林业厅组织印发了《种子法》等相关法律法规，大力宣传有关打击制售假冒伪劣林木种苗和保护植物新品种权的法律法规和相关政策，先后赴宝鸡、商洛等地，深入种苗生产单位和农户家中宣传法律法规和有关政策。通过多种形式的宣传，提高了社会各界对打击侵犯植物新品种权重要性的认识，为保护新品种权，强化依法治种营造了良好的社会氛围。

2. 加强林业植物新品种权行政执法工作

2014 年，按照国家林业局的统一部署，陕西省林业厅组织开展了打击侵犯植物新品种权专项行动，成立了专项行动小组，组织学习和宣传了《种子法》、《植物新品种保护条例实施细则（林业部分）》、《2014 年国家林业局打击侵犯植物新品种权专项行动方案》和《林业行政处罚程序规定》等相关法律法规和文件，并结合实际情况，制定了行动计划和实施方案。以种子生产经营许可和种子交易市场为主要检查环节，打击未经品种权人授权并以商业目的生产、销售植物新品种的繁殖材料以及生产、销售假冒授权品种等违法行为，重点打击侵犯核桃等经济林品种权的违法行为。认真执行林木种子良种生产经营许可证核发程序，全面落实林木种苗生产经营许可制度，从生产源头抓起，规范林木种子生产经营，杜绝侵犯植物新品种权的违法行为。申请授权品种生产许可证的，申请人应提供品种权人授权材料，不能提供的不予发放许可证。（陕西省林业厅）

甘肃省林业知识产权

1. 积极开展知识产权行政执法工作

在部门行政执法责任清单中，将知识产权保护列为行政执法内容，细化处罚细则，强化部门协作，将执法责任层层落实，建立省市（州）、县（区）林业部门知识产权保护执法网络体系。在执法过程中，加强部门间的交流与协调，强化部门联合执法，注重执法实效。2014 年甘肃省林业厅作为甘肃省打击侵权假冒工作领导小组成员单位，积极参与省打假办依法开展的查办侵犯植物新品种、地理标志等知识产权的违法行为，及时向社会公开打击侵权假冒案件信息。一是建立省级行政执法与刑事司法衔接信息共享平台，推动两法有效衔接。二是积极参加省知识产权战略实施工作联席会议办公室和省知识产权局组织的各种知识产权保护活动。三是认真开展打击侵犯林业植物新品种权专项行动。根据《国家林业局关于印发〈2014 年国家林业局打击侵犯植物新品种权专项行动方案〉的通知》（林技发〔2014〕80 号）要求，甘肃省林业厅于 7 ~ 11 月在全省开展打击侵犯林业植物新品种权专项行动。四是加强知识产权保护宣传工作，每逢 3.12 植树节、3.15 消费者日、4.26 世界知识产权日和中国专利周，全省林业系统积极开展活动广泛宣传知识产权保护和打击制售假冒伪劣产品违法案件，增强社会公众的法制意识。2014 年 12 月 4 日 14 个市州林业部门在首个国家宪法日，组织开展了以宣传宪法和林业相关法律为主题，形式多样的宣传活动。

2. 加强知识产权人才队伍建设

大力鼓励并组织市（州）林业主管部门、厅直单位选派技术人员参加各类知识产权基础知识、日常管理培训，提高人员综合素质。2014 年，省林业厅科技处负责知识产权具体工作人员，先后 2 次参加省知识产权局和省知识产权事务中心举办的培训班，系统学习专利申报、保护和管理等知识。2014 年 8 月，甘肃省治沙研究所邀请相关专家，作了专利申报程序及权益维护等方面的专题讲座，80 名技术人员参加了知识产权基础知识培训。甘肃省林业科学研究院在“4.26”世界知识产权日，举办了主题为“知识产权与自主创新"、"创新与知识产权保护"的知识产权专题培训，60名技术人员参加培训。

3. 不断提升知识产权创新能力

甘肃省林业厅采取各种优惠政策，加大对科研院所的扶持力度，筛选具有明显优势与地方特色的产业项目予以支持，促进专利研发，提升项目实施质量，推动项目成果产出，并加强对厅直属科研单位尤其是2个全国林业企事业知识产权试点单位的业务指导，不断夯实林业科研单位的知识产权基础能力。（甘肃省林业厅）

青海省林业知识产权

1. 加强林业植物新品种权行政执法工作

青海省林业厅制定、印发了《2014年青海省林业厅打击侵犯植物新品种权专项行动方案》，转发国家林业局印发的《林业植物新品种保护行动执法办法》，在全省范围内开展了打击侵犯植物新品种权专项行动。向社会公布侵权举报电话、电子邮箱等，全面接受社会监督。

2014年8月，借助全省林业科技调研及中央财政林业科技推广项目查定和验收工作，青海省林业厅科技处和省林业技术推广总站抽调专门工作人员组成工作组，深入国有林场、苗圃、经营门店及林农当中进行植物新品种侵权摸底调查，准确掌握本区域植物新品种侵权情况，维护品种权人的合法权益。经排查，未发现植物新品种侵权案件。

2. 促进林业科技成果转化，筹建林业产业科技创新联盟

青海省林业厅印发了《关于进一步加强林业科研推广及科技成果申报鉴定工作的通知》，向省内外有关单位征集了林业科技成果和签订了合作开展成果转化工作的协议，共征集科技成果123项，鉴定林业科技成果16项，实施林业科技推广项目21项，为林业生态建设提供成果储备和科技支撑。借助中央和省级财政林业科技推广项目、青海省生态农牧业重大科技支撑专项等项目，全面推进知识产权向现实生产力转化。

为充分发挥科研院所、高校、企业、技术推广和科技管理单位的集成优势，切实解决青海省科研机构少、科研力量薄弱、科研基地缺乏、林业科技整体创新能力弱、林业行业技术进步缓慢、重大技术瓶颈难以攻克和科研项目储备不足等难题，青海省林业厅本着资源互补、优势整合、成果共享、风险共担的原则，组建了林业产业科技创新联盟，组织召开了第一次联盟座谈会。

3. 开展林业知识产权宣传培训工作

积极参加省科学技术厅举办的"科技活动周"活动，向广大群众宣传知识产权和植物新品种保护相关的法律法规，发放宣传资料1 000多份，积极引导了全社会尊重知识产权，进一步提高了公众法律意识。派员参加了全国核桃遗传资源调查编目培训班、林业植物新品种培训班、林业科技培训班和行业标准编制等培训班，进一步提高林业知识产权管理水平。（青海省林业厅）

宁夏回族自治区林业知识产权

1. 完善知识产权奖励制度

宁夏林业研究所股份有限公司产业不断拓宽，产业方向从种苗繁育逐步向终端消费产品进行调整，开发了系列枸杞加工产品，并申请获批建立“国家林业局枸杞工程技术研究中心”；结合枸杞产品的初加工、精加工和深加工，知识产权战略逐步向经济林系列产品的分析、提取和调配技术等方面进行专利布局。公司将知识产权的申报与新产品开发、科研技术改造、科研成果奖励等结合，制定并颁布了《公司科研创新奖惩办法（试行）》，在企业内部形成了互助、有效的激励机制，鼓励科技人员不断地创新，为产业提供技术与品种支撑。

2. 促进知识产权成果转化运用

宁夏林业研究所股份有限公司致力于开发系列节水耐旱植物新品种。2014 年，自主选育的‘森淼红缨’、‘森淼文冠果’获得植物新品种授权。2014 年作为主推品种的‘森淼红缨’，已在我国北方 8 个省市（自治区、直辖市）19 个大中城市推广应用；‘森淼文冠果’在我国三北地区的推广面积已近 600 亩，起到了良好的示范作用。国家林业局枸杞工程技术研究中心自主选育了‘宁杞 6 号’枸杞新品种，具有品种生长旺盛、抽枝量大、结果优良、果粒大、果实营养成分高等特性，为该品种的推广应用奠定了基础。

3. 加强知识产权宣传培训

2014 年初，邀请宁夏知识产权代理中心专家讲解了专利申报的相关知识，并对农业专利的申请注意事项进行了详细的讲解与学习，培训 43 人次。8 月中旬参加了国家林业局科技发展中心举办的林业植物新品种权保护培训班。（宁夏回族自治区林业厅）

新疆维吾尔自治区林业知识产权

1. 开展打击侵犯植物新品种权专项行动

新疆维吾尔自治区林业厅高度重视林业知识产权保护工作，成立领导小组，召开电视电话会议，对国家林业局打击侵犯植物新品种权专项行动进行动员部署，保证各项工作落实到位；开展宣传培训，公布专项行动举报电话、电子邮箱，并明确专人负责，及时收集侵权假冒行为线索，进行调查摸底，重点检查了品种的繁殖、生产、销售环节，包括苗圃、繁殖场、种苗（花卉）交易市场、经营门店等场所，未发现有侵犯植物新品种权的行为。

2. 开展联合执法行动，加大执法力度

结合自治区林木种苗行政执法联合行动，开展了打击侵犯植物新品种权专项行动，重点在林木种苗的生产、销售和使用等环节，加大监督检查和执法力度，确保林业生产中使用的苗木质量，规范林木种苗生产、经营秩序。自治区林业厅于 2014 年春季，在哈萨克自治州、昌吉回族自治州、巴音郭楞蒙古自治州范围内开展了一次由林木种苗、林业有害生物防治检疫、森林公安等部门共同参与的“林木种苗行政执法联合行动”，通过检查，发现问题，及时整改。（新疆维吾尔自治区林业厅）

新疆生产建设兵团林业知识产权

1. 加强林业植物新品种权行政执法工作

根据《国家林业局关于印发〈2014 年国家林业局打击侵犯植物新品种权专项行动方案〉的通知》（林技发〔2014〕80 号）要求，新疆生产建设兵团林业局制定了《兵团打击制售假冒伪劣林木种苗和保护植物新品种专项行动实施方案》，并下发各师林业局，重点查处侵犯植物新品种权和假冒授权品种的案件，维护品种权人的合法权益，提高了林业植物新品种的行政执法能力。

2014 年 4 ～ 5 月，组织调研组深入基层团场督导“打击制售假冒伪劣林木种苗和保护植物新品种专项行动”的实施，重点抽查了兵团第一、二、三、六、九师等 5 个师，共计 17 个团场的“专项行动”开展情况。检查了 19 个苗批、7 个树种，苗批合格率 83%，良种使用率 40.1%。没有发现侵犯林业植物新品种权的行为存在。针对重点领域、重点产业、重点区域开展专项保护和维权援助工作，提升林业植物新品种保护的社会满意度，拓展林业知识产权保护领域，提升林业知识产权保护水平。

2. 开展林业知识产权宣传培训

为保证专项行动落到实处，2014 年 3 月 20 日在兵团第七师 123 团组织召开了农资打假和保护植物新品种专项行动的现场宣传活动，积极向团场职工宣传《种子法》、植物新品种保护等相关法律法规，发放种苗法律知识、保护植物新品种合法权益宣传单 1 000 份，制作宣传板报，向在场干部群众进行现场讲解，强化了群众法制意识和法律维权意识。（新疆生产建设兵团林业局）

林业专利

专利分为发明专利、实用新型和外观设计3种类型。发明专利，是指对产品、方法或者其改进所提出的新的技术方案。实用新型，是指对产品的形状、构造或者其结合所提出的适于实用的新的技术方案。外观设计，是指对产品的形状、图案或者其结合以及色彩与形状、图案的结合所做出的富有美感并适于工业应用的新设计。

1. 林业相关专利分析

（1）总量分析

2014年国家知识产权局专利数据库公开的林业相关专利量为31 512件，首次突破3万件，比2013年增长了21.5%。近5年来（2010～2014年），林业相关专利共计102 832件，同比增长112.9%。截至2014年底，林业相关专利公开量共计185 707件（表7，图3）。

表7　1985～2013年林业相关专利公开量统计　　单位：件

年份	专利总量	发明专利	实用新型	外观设计
1985	8	6	1	1
1986	195	112	82	1
1987	387	194	185	8
1988	494	175	310	9
1989	608	223	361	24
1990	611	274	296	41
1991	743	248	437	58

（续）

年份	专利总量	发明专利	实用新型	外观设计
1992	1106	316	718	72
1993	941	402	478	61
1994	1378	604	707	67
1995	1365	562	675	128
1996	1487	666	623	198
1997	1669	687	698	284
1998	1944	762	779	403
1999	2683	766	1328	589
2000	2777	867	1288	622
2001	3249	1128	1341	780
2002	3745	1237	1451	1057
2003	4729	1741	1614	1374
2004	4453	1836	1506	1111
2005	6436	3412	1787	1237
2006	7570	3345	2469	1756
2007	9460	4277	3028	2155
2008	11307	5209	3916	2182
2009	13530	6249	3933	3348
2010	12995	5105	3617	4273
2011	13985	7522	4681	1782
2012	18401	11393	6119	889
2013	25939	14122	9478	2339
2014	31512	19888	9526	2098
合计	185707	93328	63432	28947

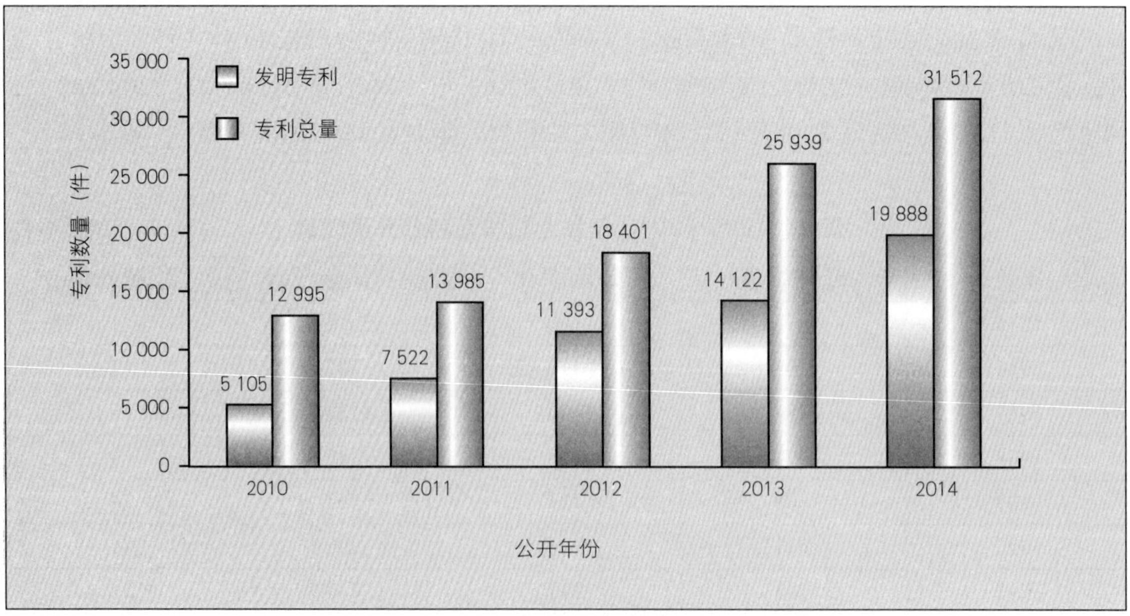

图 3　2010～2014 年林业相关专利公开量统计

（2）发展趋势分析

林业相关专利申请始于1985年，这一年我国刚刚开始实施专利法，建立专利制度。1985～1998年林业专利技术发展十分缓慢，每年公开的林业相关专利量不超过2 000件；1999～2004年林业专利申请量平稳增长，每年公开的林业相关专利量在2 000～5 000件之间；2005年至今，特别是近4年来，林业专利量迅猛增长，每年公开的林业专利量已经由2010年的1万多件攀升到2014年的3万多件，目前发展势头良好（图4）。

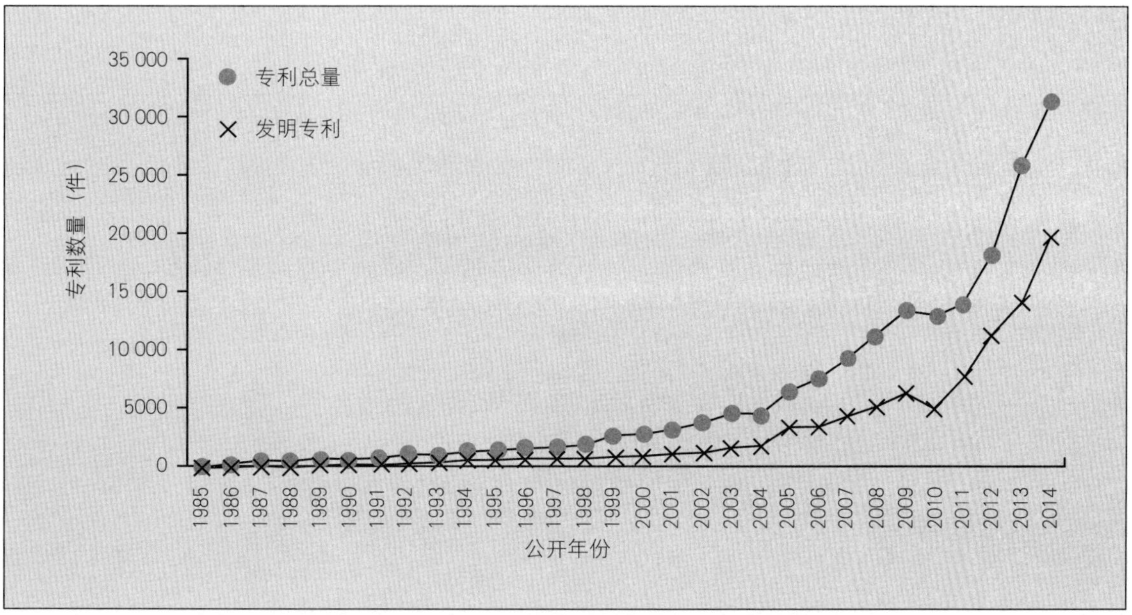

图4　1985～2014年林业相关专利量发展趋势

（3）专利类型分析

2014年林业相关专利共31 512件，其中，发明专利19 888件（63.1%），实用新型专利9 526件（30.2%），外观设计2 098件（6.7%）（图5）。2011年以来，林业相关专利中的发

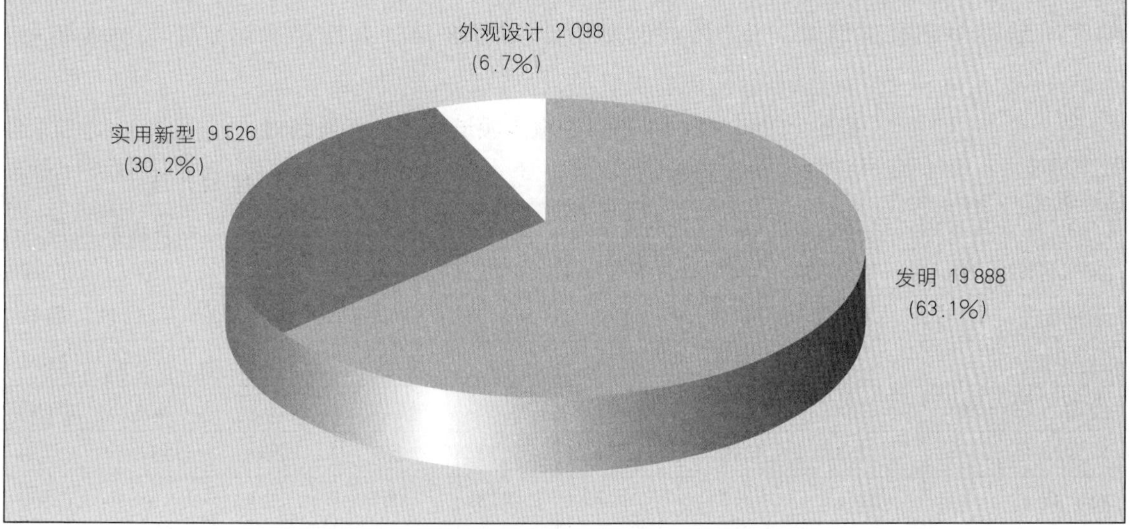

图5　2014年林业相关专利的专利类型统计

明专利比重均保持在50%以上，增长稳定。截至2014年底，林业发明专利共计93 328件，占林业相关专利总量的50.3%，实用新型63 432件（34.1%），外观设计28 947件（15.6%）。

（4）申请人构成分析

林业专利的创造主体主要是企业，在2014年林业相关专利申请人中企业、高等院校和科研院所所占比重分别为48.5%、19.9%和13.1%（图6）。总体来看，企业所占比重正在逐渐上升，而个人申请比重在下降，高等院校和科研院所比重变化不大，略有上升。截至2014年底，林业相关专利申请人中企业、高等院校和科研院所所占比重分别为38.9%、15.1%和12.6%。

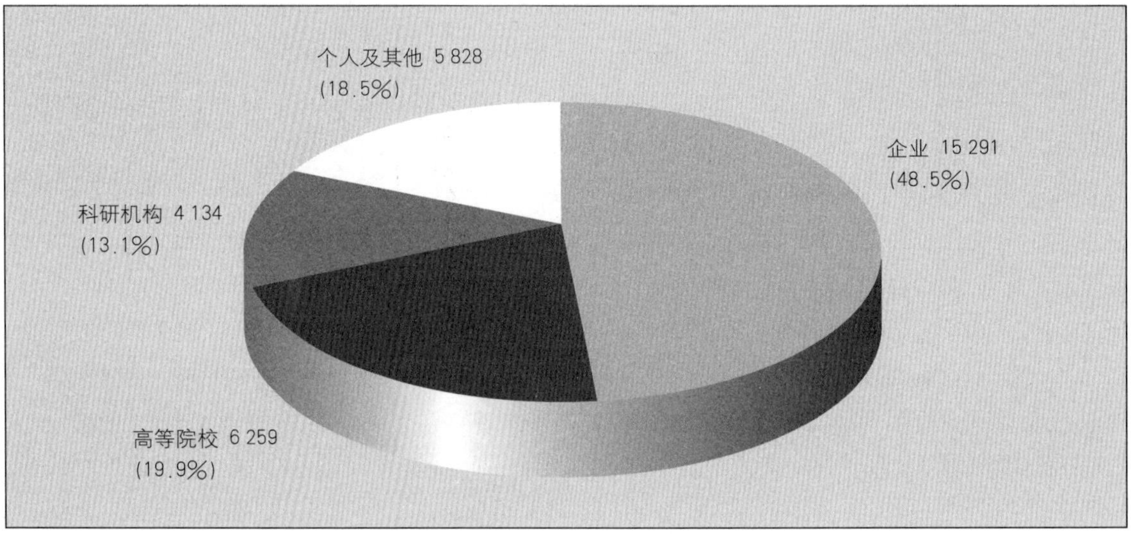

图6　2014年林业相关专利申请人构成统计

（5）林业重点领域专利分析

按森林培育、木材加工、林业机械、竹藤产业、木地板产业、林产化工和林业生物质能源7个主要领域对林业相关专利进行统计分析。2014年，森林培育领域专利公开量为5112件、木材加工3591件、林业机械2614件、竹藤产业3305件、木地板产业734件、林产化工1300件、林业生物质能源888件。截至2014年底，专利量最多的是竹藤产业和森林培育，分别为20288件和19068件，其次是木材加工和林业机械，

表8　1985～2014年林业重点领域专利公开量统计　　单位：件

领域分类	公开总量				2014年公开量			
	发明专利	实用新型	外观设计	合计	发明专利	实用新型	外观设计	合计
森林培育	13534	5177	357	19068	3666	1385	61	5112
木材加工	7025	7444	178	14647	2005	1570	16	3591
林业机械	4514	5987	386	10887	1362	1244	8	2614
竹藤产业	7489	6796	6003	20288	1418	1063	824	3305
木地板产业	1253	2986	1034	5273	262	260	212	734
林产化工	5262	1713	143	7118	961	320	19	1300
林业生物质能源	1705	617	74	2396	584	300	4	888

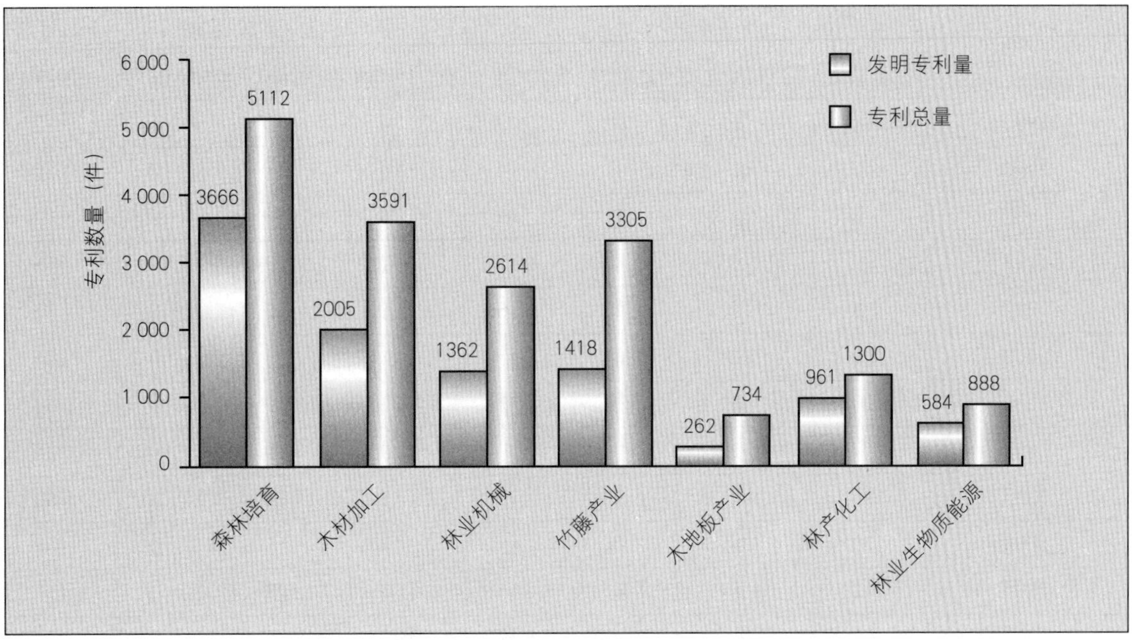

图 7　2014 年林业重点领域专利公开量统计

专利量均在 1 万件以上。7 个林业重点领域中发明专利比重较高的是森林培育、林产化工和林业生物质能源，分别为 71.0%、73.9%、71.2%（表 8，图 7）。

2. 林业科研和教育机构专利分析

（1）总量分析

2014 年，全国 111 家林业科研院所的专利公开量为 749 件，其中发明专利 594 件，占其专利总量的 79.3%；14 家林业高等院校的专利公开量为 2 364 件，其中发明专利 1 424 件，占其专利总量的 60.2%。截至 2014 年底，全国 261 家林业科研院所的专利公开量共计 3 376 件，其中发明专利 2 564 件，占其专利总量的 75.9%；29 家林业高等院校的专利公开量共计 9 608 件，其中发明专利 6 367 件，占其专利总量的 66.3%（表 9，图 8）。

表 9　1985～2014 年林业科研院所和高等院校的专利公开量统计　　单位：件

公开年份	科研院所				高等院校			
	发明专利	实用新型	外观设计	合计	发明专利	实用新型	外观设计	合计
1985	1	0	0	1	0	0	0	0
1986	9	5	0	14	1	1	0	2
1987	14	9	0	23	3	5	0	8
1988	6	10	0	16	6	2	0	8
1989	10	4	0	14	3	9	0	12
1990	3	6	0	9	7	4	0	11
1991	12	4	0	16	3	11	0	14
1992	13	11	1	25	13	8	0	21
1993	9	9	0	18	10	7	0	17
1994	7	8	0	15	3	7	0	10

（续）

公开年份	科研院所				高等院校			
	发明专利	实用新型	外观设计	合计	发明专利	实用新型	外观设计	合计
1995	11	6	2	19	6	6	0	12
1996	7	6	1	14	8	11	0	19
1997	8	6	1	15	6	6	0	12
1998	9	6	0	15	7	9	0	16
1999	8	8	0	16	5	10	0	15
2000	9	12	0	21	12	13	0	25
2001	10	12	0	22	12	21	0	33
2002	7	5	0	12	20	10	0	30
2003	21	12	0	33	48	14	0	62
2004	29	14	2	45	49	11	0	60
2005	42	8	4	54	150	23	0	173
2006	63	9	0	72	190	35	0	225
2007	95	7	1	103	290	26	2	318
2008	160	44	0	204	426	58	54	538
2009	184	52	1	237	531	93	48	672
2010	118	40	3	161	454	96	14	564
2011	270	97	3	370	608	304	77	989
2012	401	93	7	501	929	367	167	1463
2013	434	124	4	562	1143	679	93	1915
2014	594	153	2	749	1424	604	336	2364
合计	2564	780	32	3376	6367	2450	791	9608

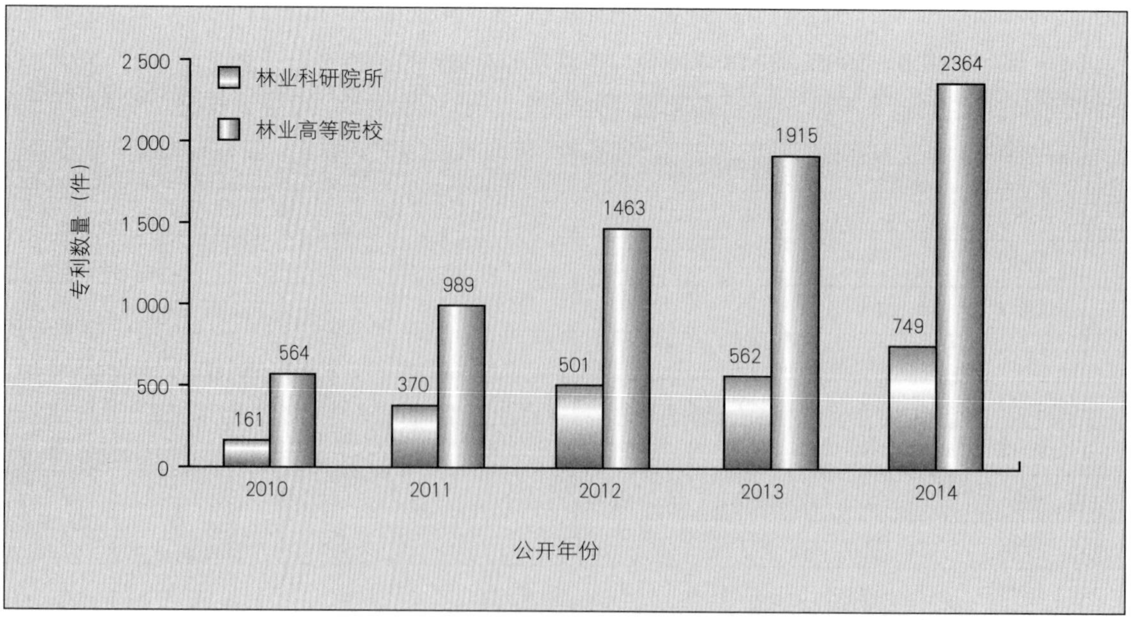

图 8　2010～2014 年林业科研院所和高等院校专利公开量统计

（2）发展趋势分析

林业科研和高等院校的专利发展趋势可以划分为 3 个阶段，即 1985 ～ 2003 年，每年的专利量不足 100 件，增长十分缓慢；2004 ～ 2010 年，每年专利量 200 ～ 750 件，增长较为迅速；2011 ～ 2014 年，每年专利量在 1 400 ～ 2 500 件，增长十分迅速。近 10 年来，林业高等院校与林业科研院所的专利量逐步拉大差距，特别是近 3 年来，林业高等院校的增长速度明显超过了科研院所（图 9）。

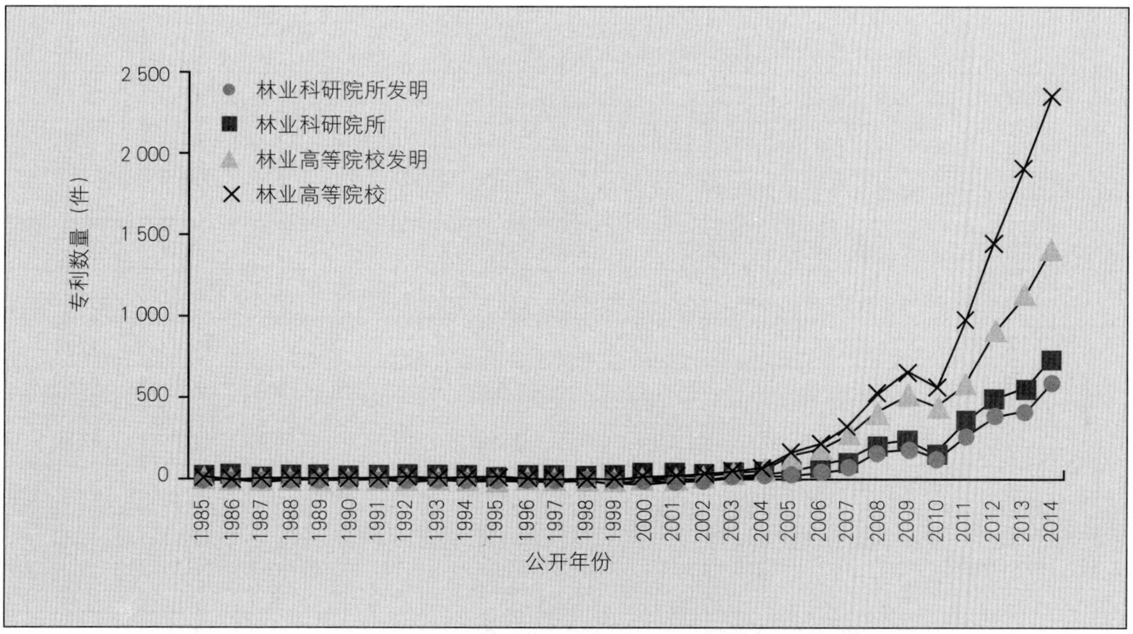

图 9　1985～2014 年林业科研院所和高等院校的专利公开量发展趋势

（3）申请人分析

2014 年在林业科研院所中，中国林业科学研究院的专利公开量为 255 件，占林业科研院所专利总量的 34.0%，其次是广西壮族自治区林业科学研究院、甘肃省治沙研究所、湖南省林业科学院、浙江省林业科学研究院。在林业高等院校中，排名前三的分别是浙江农林大学、东北林业大学和北京林业大学。浙江农林大学专利公开量的增长主要来自外观设计。从发明专利公开量来看，北京林业大学、东北林业大学、南京林业大学排名前三，发明专利量均在 200 件以上（表 10）。

截至 2014 年底，在林业科研院所中，中国林业科学研究院的专利公开量共计 1 641 件，占林业科研院所专利总量的 48.6%，是最主要的林业专利技术贡献者。其次是广西壮族自治区林业科学研究院 193 件、浙江省林业科学研究院 112 件、天津市林业果树研究所 93 件、湖南省林业科学院 77 件。近年来，省级林业科研院所的专利公开量逐年增长，中国林业科学研究院所占份额正在逐年减少。在林业高等院校中，东北林业大学的公开专利量排名第一，共计 1 622 件，占林业高等院校专利总量的 16.9%，其次是西北农林科技大学 1 442 件、北京林业大学 1 368、南京林业大学 1 355 件、浙江农林大学 1 303 件、中南林业科技大学 1 156 件、福建农林大学 851 件、西南林业大学 104 件（表 11）。

表 10　2014 年林业科研院所和高等院校专利公开量排行榜　　单位：件

分类	排名	申请人	发明专利	实用新型	外观设计	合计
科研院所	1	中国林业科学研究院	220	35	0	255
	2	广西壮族自治区林业科学研究院	59	9	0	68
	3	甘肃省治沙研究所	15	9	0	24
	4	湖南省林业科学院	9	9	0	18
	5	浙江省林业科学研究院	17	1	0	18
	6	黑龙江省林业科学研究所	6	10	0	16
	7	河北省林业科学研究院	10	4	1	15
	8	山东省林业科学研究院	15	0	0	15
	9	江苏省林业科学研究院	13	0	0	13
	10	黑龙江省木材科学研究所	12	0	0	12
高等院校	1	浙江农林大学	127	68	276	471
	2	东北林业大学	205	175	28	408
	3	北京林业大学	280	46	1	327
	4	南京林业大学	202	67	11	280
	5	西北农林科技大学	142	98	1	241
	6	中南林业科技大学	169	46	15	230
	7	福建农林大学	160	38	0	198
	8	江苏农林职业技术学院	48	31	1	80
	9	西南林业大学	36	3	1	40
	10	南京森林警察学院	6	5	1	12

表 11　1985～2014 年林业科研院所和高等院校专利公开量排行榜　　单位：件

分类	排名	申请人	发明专利	实用新型	外观设计	合计
科研院所	1	中国林业科学研究院	1337	292	12	1641
	2	广西壮族自治区林业科学研究院	168	25	0	193
	3	浙江省林业科学研究院	80	32	0	112
	4	天津市林业果树研究所	58	31	4	93
	5	湖南省林业科学院	47	30	0	77
	6	河北省林业科学研究院	41	16	6	63
	7	国际竹藤网络中心	51	10	0	61
	8	山东省林业科学研究院	44	5	0	49
	9	江苏省林业科学研究院	43	3	0	46
	10	上海市园林科学研究所	28	11	0	39

（续）

分类	排名	申请人	发明专利	实用新型	外观设计	合计
高等院校	1	东北林业大学	973	490	159	1622
	2	西北农林科技大学	1117	319	6	1442
	3	北京林业大学	1149	214	5	1368
	4	南京林业大学	973	305	77	1355
	5	浙江农林大学	583	307	413	1303
	6	中南林业科技大学	532	497	127	1156
	7	福建农林大学	694	157	0	851
	8	西南林业大学	92	11	1	104
	9	江苏农林职业技术学院	49	31	1	81
	10	南京森林警察学院	10	27	1	38

（4）专利技术领域分析

2014 年，在林业科研院所专利所涉及的技术领域中，排名前三的分别是 A01G1/00（园艺；蔬菜的栽培）、A01H4/00（通过组织培养技术的植物再生）、A01G1/06（嫁接）。在林业高等院校专利中，排名前三的主要技术领域分别是 A01H4/00（通过组织培养技术的植物再生）、A01G1/00（园艺；蔬菜的栽培）、C12Q1/68（酶或微生物的测定或检验方法）（表 12）。

表 12　2014 年林业科研院所和高等院校专利的主要技术领域的专利公开量　单位：件

排名	IPC小组	IPC释义	科研院所	高等院校	合计
1	A01G1/00	园艺；蔬菜的栽培	88	34	122
2	A01H4/00	通过组织培养技术的植物再生	43	45	88
3	C12Q1/68	酶或微生物的测定或检验方法	21	30	51
4	A01G23/00	树木采伐、移栽、挖出	21	18	39
5	C12N15/11	涉及的 DNA 或 RNA 的突变和遗传工程	15	24	39
6	A01G1/06	嫁接	26	9	35
7	C05G3/00	一种或多种肥料与无特殊肥效组分的混合物	23	12	35
8	A01G7/06	对生长中树木或植物的处理	16	18	34
9	B27D1/04	胶合板	7	27	34
10	C12N1/14	真菌	10	22	32

截至 2014 年底，林业科研和教育机构专利的技术领域主要集中在 A01G（园艺；蔬菜、花卉、稻、果树、葡萄、啤酒花或海菜的栽培；林业；浇水），C12N（微生物或酶；其组合物），G01N（材料的测试和分析），A01H（新植物或获得新植物的方法；通过组织培养技术的植物再生），A01N（人体、动植物体或其局部的保存），A61K（医用或梳妆用的配制品）这 6 个 IPC 小类（图 10）。近年来，林业高等院校的研究热点集中在 A01G、C12N 和 G01N，即森林培育、材料测试与分析、微生物与酶；而林业科研院

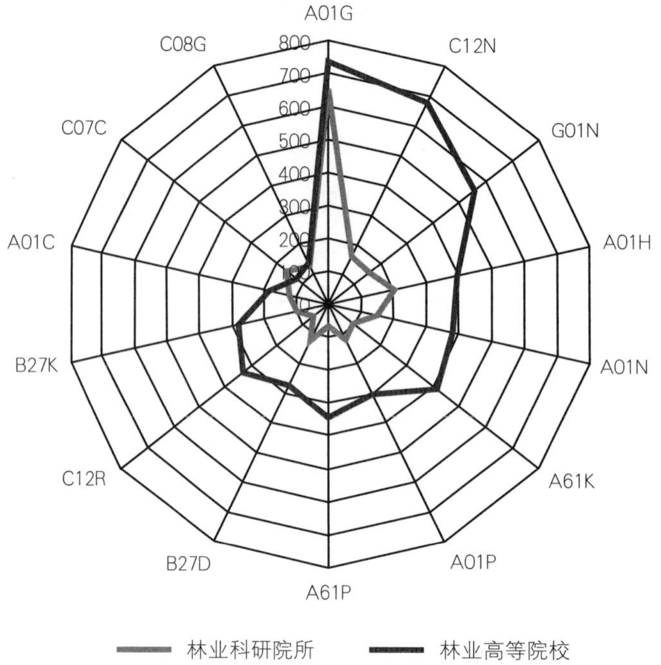

图 10 1985～2014 年林业科研和高等院校专利的主要技术领域

所的研究重点主要是 A01G、A01H 和 C07C 领域，即森林培育、植物新品种和林产化工。

（5）授权发明专利分析

2014 年全国有授权的 55 家林业科研院所的发明专利授权量为 242 件，有授权的 9 家林业高等院校的发明专利授权量为 714 件。

截至 2014 年底，全国有授权的 122 家林业科研院所的发明专利授权量共计 1 236 件，占林业科研院所发明专利申请总量的 36.6%；有授权的 16 家林业高等院校的发明专利授权量共计 3 007 件，占林业高等院校发明专利申请总量的 31.3%（表 13，图 11，图 12）。

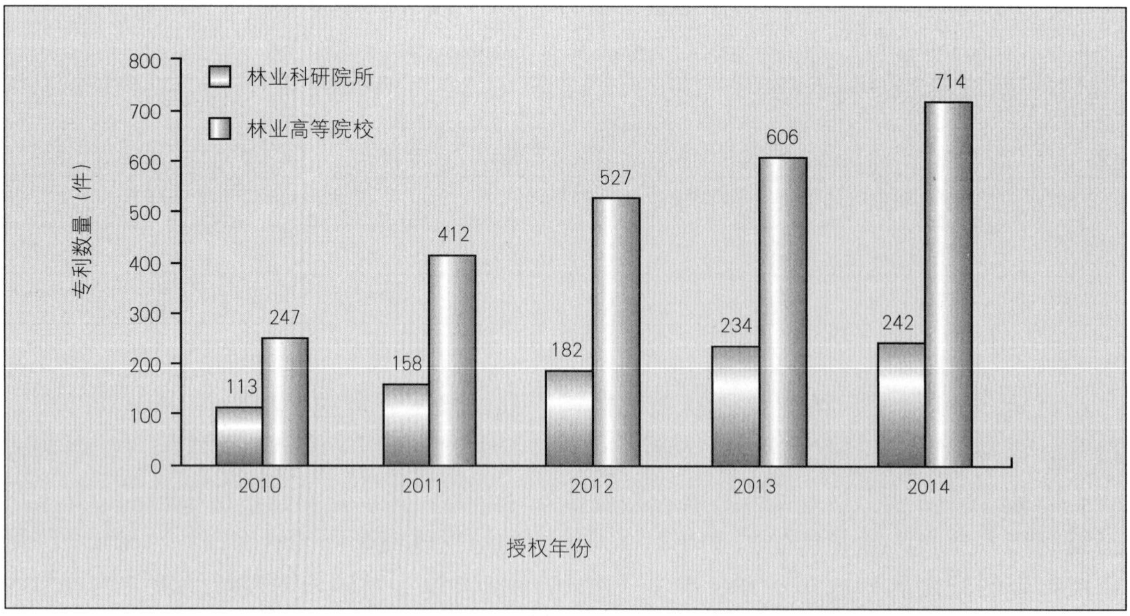

图 11 2010～2014 年林业科研院所和高等院校的专利授权量统计

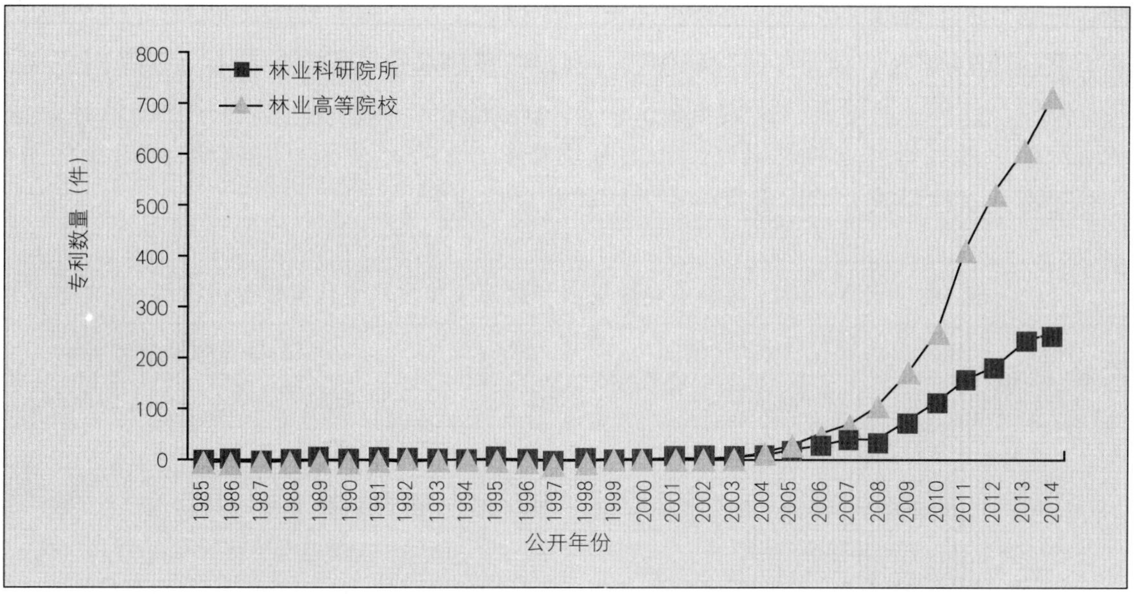

图 12　1985～2014 年林业科研院所和高等院校授权发明专利发展趋势

表 13　1985～2014 年林业科研院所和高等院校发明专利授权量统计　　单位：件

授权年份	科研院所	高等院校	小计	授权年份	科研院所	高等院校	小计
1985	1	0	1	2001	8	6	14
1986	0	0	0	2002	6	4	10
1987	2	1	3	2003	9	5	14
1988	4	1	5	2004	13	20	33
1989	9	2	11	2005	21	32	53
1990	4	2	6	2006	31	53	84
1991	7	1	8	2007	44	72	116
1992	7	2	9	2008	37	105	142
1993	6	2	8	2009	75	170	245
1994	2	6	8	2010	113	247	360
1995	6	3	9	2011	158	412	570
1996	2	3	5	2012	182	527	709
1997	1	2	3	2013	234	606	840
1998	2	1	3	2014	242	714	956
1999	5	5	10				
2000	5	3	8	合计	1236	3007	4243

2014 年，在林业科研院所中，中国林业科学研究院的发明专利授权量为 116 件，占林业科研院所发明专利授权总量的 47.9%，其次是广西壮族自治区林业科学研究院、浙江省林业科学研究院和国际竹藤中心。在林业高等院校中，排名前三的分别是福建

农林大学、南京林业大学和北京林业大学（表 14）。

截至 2014 年底，林业科研院所发明专利授权量排名第一的是中国林业科学研究院，共 698 件，占林业科研院所发明专利授权总量的 56.5%，其次是广西壮族自治区林业科学研究院、浙江省林业科学研究院和国际竹藤中心。在林业高等院校中，排名前三的分别是西北农林科技大学、南京林业大学和北京林业大学（表 14）。

表 14　1985～2014 年林业科研院所和高等院校发明专利授权量排行榜　　单位：件

分类	排名	授权总量		2014年授权量	
		专利权人	发明专利	专利权人	发明专利
科研院所	1	中国林业科学研究院	698	中国林业科学研究院	116
	2	广西壮族自治区林业科学研究院	68	广西壮族自治区林业科学研究院	32
	3	浙江省林业科学研究院	59	浙江省林业科学研究院	14
	4	国际竹藤中心	40	国际竹藤中心	11
	5	湖南省林业科学院	23	湖南省林业科学院	9
	6	山东省林业科学研究院	21	江苏省林业科学研究院	6
	7	江苏省林业科学研究院	20	新疆林业科学院	5
	8	河北省林业科学研究院	17	山东省林业科学研究院	4
	9	上海市园林科学研究所	14	广东省林业科学研究院	3
	10	广东省林业科学研究院	12	河北省林业科学研究院	3
	10	天津市林业果树研究所	12	云南省林业科学院	3
高等院校	1	西北农林科技大学	574	福建农林大学	123
	2	南京林业大学	504	南京林业大学	115
	3	北京林业大学	476	北京林业大学	111
	4	福建农林大学	440	西北农林科技大学	103
	5	东北林业大学	367	中南林业科技大学	82
	6	浙江农林大学	305	浙江农林大学	72
	7	中南林业科技大学	254	东北林业大学	69
	8	西南林业大学	42	江苏农林职业技术学院	19
	9	江苏农林职业技术学院	25	西南林业大学	7

3．国外专利分析

林业系统国外专利是指我国林业科研院所和高等院校向国际知识产权组织和其他国家申请的专利。根据德温特世界专利索引数据库（DWPI）的检索，2014 年林业系统国外专利申请公开量为 20 件（图 13），中国林业科学研究院林产化学工业研究所、中国林业科学研究院木材工业研究所、中国林业科学研究院资源昆虫研究所、浙江农林大学、东北林业大学、南京林业大学和福建农林大学、河北省农林科学院遗传生理研

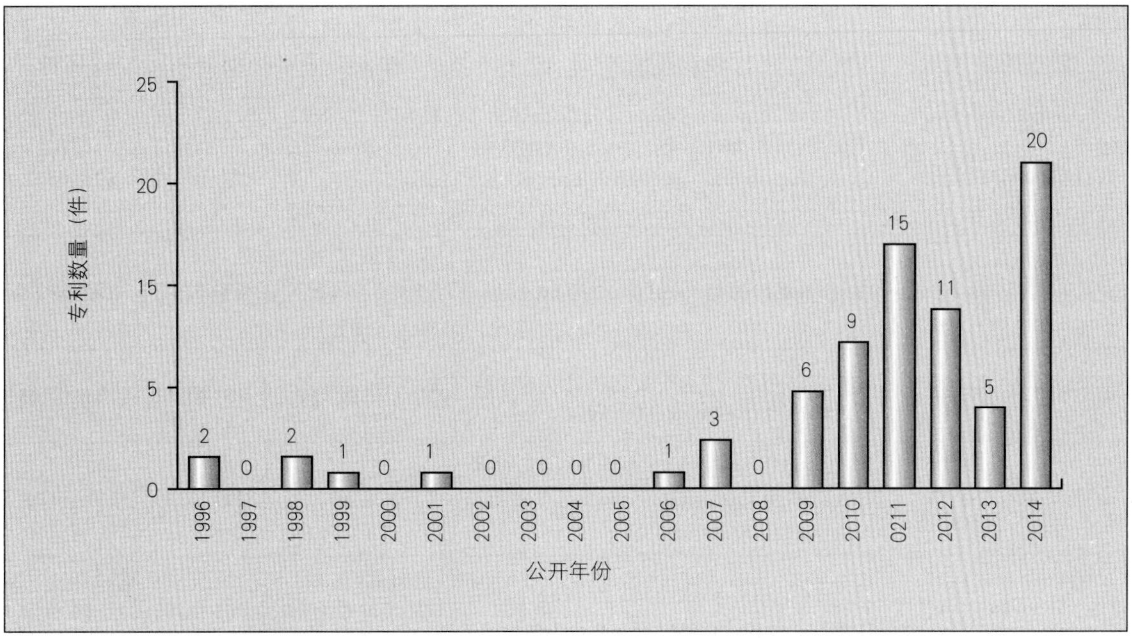

图 13　1996～2014 年林业系统国外专利申请公开量统计

究所均有国外专利申请（表 15）。截至 2014 年底，我国林业系统国外专利申请公开量共 76 件，申请主要集中在 2009 年以后，其中：世界知识产权组织 32 件，美国 18 件，日本 7 件，加拿大 5 件，欧洲专利局 4 件，德国和韩国各 3 件，澳大利亚 2 件，印度和瑞士各 1 件。申请量排名前三位的是中国林业科学研究院林产化学工业研究所、中国林业科学研究院木材工业研究所和浙江农林大学（表 16）。

截至 2014 年底，林业系统国外专利授权量 10 件，其中中国林业科学研究院林产化学工业研究所 5 件，中国林业科学研究院林业研究所 2 件，中国林业科学研究院木材工业研究所、东北林业大学和浙江农林大学各 1 件。（马文君）

表 15　2014 年林业系统国外专利申请公开一览表

公开号	专利名称	申请人	申请日	公开日
JP05414882B2	The preparation method of a pimaric acid type resin acid	中国林业科学研究院林产化学工业研究所	20100318	20140212
WO2014029044A1	Monocotyledon transgenic method for invading growing points of seed buds minimally and fully	河北省农林科学院遗传生理研究所	20120914	20140227
WO2014029045A1	Dicotyledon transgenic method for invading growing points of seed sprouts or seedling stems minimally and fully	河北省农林科学院遗传生理研究所	20120914	20140227
US8680232B2	Preparation method of pimaric acid type resin acid	中国林业科学研究院林产化学工业研究所	20110902	20140325

（续）

公开号	专利名称	申请人	申请日	公开日
WO2014044160A1	Method for preparing grease/turpentine base liquid calcium-zinc composite thermal stabilizer for pvc use	中国林业科学研究院林产化学工业研究所	20130917	20140327
JP05478796B2	Isopimaric acid manufacturing process	中国林业科学研究院林产化学工业研究所	20090605	20140423
DE202014101136U1	Magnetische befestigungsvorrichtung für behälter an einer eisenwand	浙江农林大学	20140312	20140430
WO2014067299A1	Bt toxin cry1ab-loop2-p2s having high toxicity against nilaparvata lungens and engineered bacterium	福建农林大学	20130729	20140508
US20140148572A1	Pimaric type resin acid product, and method of preparing the same	中国林业科学研究院林产化学工业研究所	20140131	20140529
US8747987B2	Ultra thick bamboo-wood composite panel, ultra thick solid wood composite panel and manufacturing methods thereof	中国林业科学研究院木材工业研究所	20110715	20140610
WO2014090129A1	Method for bleaching lac resin	中国林业科学研究院资源昆虫研究所	20131210	20140619
US20140194458A1	Derivate, preparation method and use of 10-methoxycamptothecine	东北林业大学	20140303	20140710
JP2014520125A	New 10-methoxy camptothecin derivative, useful in pharmaceutical composition used as antitumor agent	东北林业大学	20120615	20140821
US20140272403A1	Formaldehyde-free plywood and preparation thereof	中国林业科学研究院木材工业研究所	20130830	20140918
WO2014180152A1	Performance test device for mechanical seal	南京林业大学	20131227	20141113
WO2014183508A1	Biogas residue-containing formula feed for chicken	浙江农林大学	20140402	20141120
WO2014187196A1	Biogas residue-containing feed additive for dairy cattle	浙江农林大学	20140402	20141127
WO2014190825A1	Pump-conveyed fluid dynamic-pressure mechanical seal	南京林业大学	20140421	20141204
KR2014147809A	Biogas residue containing cow feed additive	浙江农林大学	20140402	20141230
KR2014147808A	Biogas residue containing chicken formula feed	浙江农林大学	20140402	20141230

表 16　林业系统国外专利申请公开量排行榜　　单位：件

申请人	累计总量	世界知识产权组织	美国	韩国	日本	印度	欧洲专利局	德国	瑞士	加拿大	澳大利亚
中国林业科学研究院林产化学工业研究所	21	5	5	1	4	0	1	1	1	1	2
中国林业科学研究院木材工业研究所	14	6	5	0	0	0	3	0	0	0	0
浙江农林大学	13	5	2	2	2	1	0	1	0	0	0
东北林业大学	8	3	2	0	1	0	0	0	0	2	0
中国林业科学研究院林业研究所	5	1	2	0	0	0	0	0	0	2	0
北京林业大学	3	3	0	0	0	0	0	0	0	0	0
南京林业大学	3	2	1	0	0	0	0	0	0	0	0
国家林业局北京林业机械研究所	2	1	1	0	0	0	0	0	0	0	0
福建农林大学	2	2	0	0	0	0	0	0	0	0	0
河北省农林科学院遗传生理研究所	2	2	0	0	0	0	0	0	0	0	0
西北农林大学	2	1	0	0	0	0	0	1	0	0	0
中国林业科学研究院资源昆虫研究所	1	1	0	0	0	0	0	0	0	0	0
合计	76	32	18	3	7	1	4	3	1	5	2

林业植物新品种

植物新品种是指经过人工培育或者对发现的野生植物加以开发，具有新颖性、特异性、一致性和稳定性，并适当命名的植物品种。

一、总量分析

2014 年，国家林业局植物新品种保护办公室共受理植物新品种权申请 254 件，授予植物新品种权 169 件。截至 2014 年底，国家林业局已受理国内外植物新品种申请 1 515 件，授予植物新品种权 827 件。近 3 年（2012 ~ 2014 年），林业植物新品种的年度授权量一直保持在 150 件以上。

近 5 年（2010 ~ 2014 年）林业植物新品种的申请量和授权量分别达到 881 件和 533 件，比前 5 年（2005 ~ 2009 年）分别增长 167.8% 和 140.1%（表 17，图 14）。

表 17　1999～2014 年林业植物新品种申请量和授权量统计　　单位：件

年度	申请量			授权量		
	国内申请人	国外申请人	合计	国内品种权人	国外品种权人	合计
1999	181	1	182	6	0	6
2000	7	4	11	18	5	23
2001	8	2	10	19	0	19
2002	13	4	17	1	0	1
2003	14	35	49	7	0	7
2004	17	19	36	16	0	16
2005	41	32	73	19	22	41
2006	22	29	51	8	0	8
2007	35	26	61	33	45	78
2008	57	20	77	35	5	40
2009	62	5	67	42	13	55
2010	85	4	89	26	0	26
2011	123	16	139	11	0	11
2012	196	26	222	169	0	169
2013	169	8	177	115	43	158
2014	243	11	254	150	19	169
合计	1273	242	1515	675	152	827

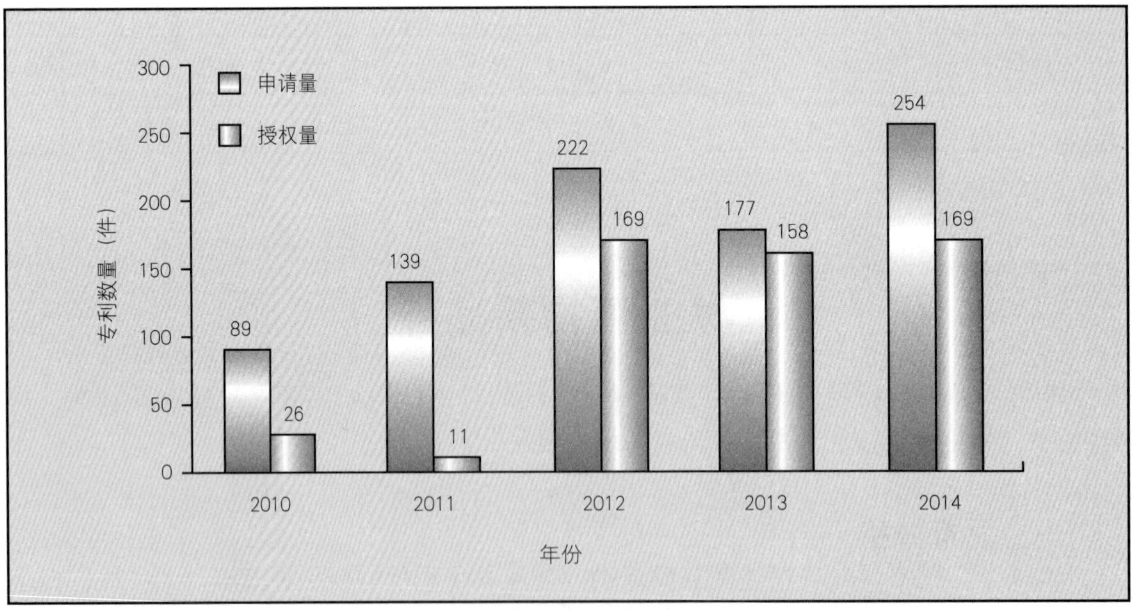

图 14　2010～2014 年林业植物新品种申请量和授权量统计

二、授权品种分析

1. 植物类别分析

林业授权植物新品种的植物类别以观赏植物为主。2014 年林业授权植物新品种中木本观赏植物 121 件，占年度授权总量的 71.6%，其次是林木 24 件（14.2%）、果树 13 件

表 18　1999～2014 年林业授权植物新品种中不同植物类别的授权量统计　单位：件

年份	林木	果树	木本观赏植物	竹	木质藤本	其他	合计
1999	6	0	0	0	0	0	6
2000	3	0	20	0	0	0	23
2001	2	2	14	0	0	1	19
2002	0	1	0	0	0	0	1
2003	6	1	0	0	0	0	7
2004	6	4	5	0	0	1	16
2005	3	1	34	0	0	3	41
2006	5	0	3	0	0	0	8
2007	7	1	70	0	0	0	78
2008	10	6	19	1	0	4	40
2009	14	1	39	0	0	1	55
2010	10	6	10	0	0	0	26
2011	2	1	5	0	0	3	11
2012	27	20	113	0	2	7	169
2013	34	9	114	1	0	0	158
2014	24	13	121	1	0	10	169
合计	159	66	567	3	2	30	827

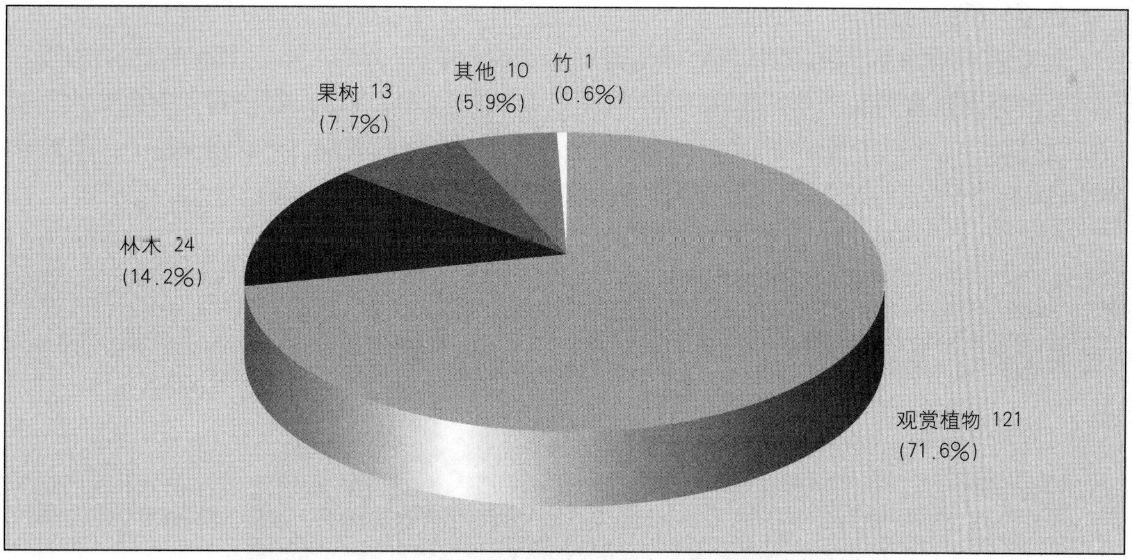

图 15　2014 年林业授权植物新品种的不同植物类别统计

(7.7%)、竹 1 件（0.6%）。截至 2014 年底，林业授权植物新品种中木本观赏植物 567 件，占总量的 68.6%，其次是林木 159 件（19.2%）、果树 66 件（8.0%）（表 18，图 15）。

2. 申请国家分析

2014 年，国内申请人共获得林业植物新品种 150 件，占年度授权总量的 8.8%，授权品种以蔷薇属、杨属、山茶属、杜鹃花属为主；国外申请人共有 3 个国家的品种权人获得林业植物新品种授权 19 件，占年度授权总量的 11.2%，按授权量依次是英国、荷兰、意大利，其品种均以蔷薇属为主。截至 2014 年底，国内申请人共获得 675 件林业植物新品种权，占授权总量的 81.6%，授权品种以蔷薇属和杨属为主；国外共有 9 个国家在中国获得了 152 件植物新品种权，占授权总量的 18.4%，授权品种以蔷薇属和大戟属为主，授权量最多的是德国，共 57 件，其次是荷兰（31 件）和法国（25 件）（表 19）。

表 19　1999～2014 年林业授权植物新品种中不同申请国家的授权量统计　单位：件

排名	国家	授权总量	2014年授权量	主要属种
1	中　国	675	150	蔷薇属、杨属、山茶属、杜鹃花属
2	德　国	57	0	蔷薇属、大戟属
3	荷　兰	31	4	蔷薇属、紫金牛属
4	法　国	25	0	蔷薇属
5	英　国	18	14	蔷薇属
6	美　国	9	0	大戟属、杏
7	比利时	6	0	杜鹃花属
8	意大利	3	1	蔷薇属
9	丹　麦	2	0	蔷薇属
10	新西兰	1	0	蔷薇属
合　计		827	169	

3. 属（种）分析

林业授权植物新品种的属（种）以蔷薇属和杨属为主。2014 年林业植物新品种授权量排名前三的分别是蔷薇属、芍药属和山茶属（图 16）。截至 2014 年底，授权量最多的依次是蔷薇属 222 件，占授权总量的 26.8%，杨属 93 件（11.3%）、杜鹃花属 53 件（6.4%）、山茶属 50 件（6.1%）。国外品种权人的授权品种以蔷薇属和大戟属为主，主要是观赏植物（表 20）。

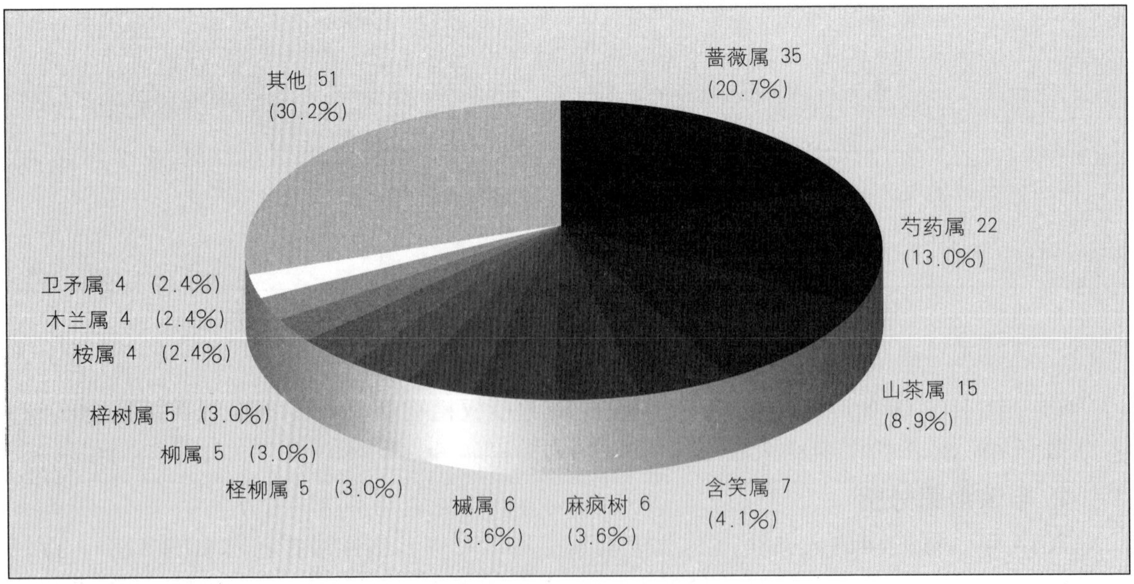

图 16　2014 年林业授权植物新品种的属（种）统计

表 20　1999～2014 年不同国家品种权人授权品种的属（种）授权量统计　单位：件

属（种）	授权总量										
	中国	比利时	丹麦	德国	法国	荷兰	美国	新西兰	意大利	英国	合计
杜鹃花属	47	6	0	0	0	0	0	0	0	0	53
蔷薇属	101	0	2	42	25	30	0	1	3	18	222
大戟属	3	0	0	15	0	0	7	0	0	0	25
紫金牛属	2	0	0	0	0	1		0	0	0	3
杏	16	0	0	0	0	0	2	0	0	0	18
杨属	93	0	0	0	0	0	0	0	0	0	93
山茶属	50	0	0	0	0	0	0	0	0	0	50
牡丹	32	0	0	0	0	0	0	0	0	0	32
其他	331	0	0	0	0	0	0	0	0	0	331
合计	675	6	2	57	25	31	9	1	3	18	827

4. 品种权人授权量分析

2014 年林业植物新品种授权量排名前五的品种权人分别是北京林业大学 (28 件)、中国林业科学研究院 (15 件)、英国大卫奥斯汀月季公司 (David Austin Roses Limited) (14 件)、北京国色牡丹科技有限公司(12 件)、山东农业大学(7 件)、山东省林业科学研究院(7 件)和棕榈园林股份有限公司 (7 件) (表 17)。截至 2014 年底，林业植物新品种授权总量排名前五的品种权人分别是北京林业大学 (107 件)、中国林业科学研究院 (58 件) 、中国科学院 (29 件)、昆明杨月季园艺有限责任公司 (29 件) 和山东省林业科学研究院 (26 件) (表 21)。

表 21　1999～2014 年林业授权品种主要品种权人的授权量统计　单位：件

排名	授权总量		2014年授权量	
	品种权人	授权量	品种权人	授权量
1	北京林业大学	107	北京林业大学	28
2	中国林业科学研究院	58	中国林业科学研究院	15
3	中国科学院	29	英国大卫奥斯汀月季公司 (David Austin Roses Limited)	14
4	昆明杨月季园艺有限责任公司	29	北京国色牡丹科技有限公司	12
5	山东省林业科学研究院	26	山东农业大学	7
6	棕榈园林股份有限公司	23	山东省林业科学研究院	7
7	德国科德斯月季育种公司 (W. Korder'Sohne)	18	棕榈园林股份有限公司	7
8	英国大卫奥斯汀月季公司 (David Austin Roses Limited)	18	普罗米绿色能源（深圳）有限公司	6
9	上海植物园	17	北京东方园林股份有限公司	5
10	法国玫兰国际有限公司 (Meilland International S.A)	17	泰安市泰山林业科学研究院	5

5. 品种权人构成分析

品种权人构成分析以第一品种权人类型进行统计。林业植物新品种的品种权人以企业为主。2014 年企业获得植物新品种权 78 件（46.2%）、科研院所 46 件（27.2%）、高等院校 30 件（17.8%）。截至 2014 年底，企业获得植物新品种权 326 件，占总量的 39.4%，其次是科研院所 178 件（21.5%）和高等院校 161 件（19.5%）（表 22）。

表 22　1999～2014 年林业授权品种中不同植物类别品种权人的授权量统计　单位：件

植物类别 \ 品种权人	科研院所	高等院校	个人	企业	繁育场	其他	合计
林木	73	55	8	23	0	0	159
果树	30	17	7	9	0	3	66
木本观赏植物	58	85	92	281	32	19	567
竹	2	1	0	0	0	0	3
木质藤本	2	0	0	0	0	0	2
其他	13	3	1	13	0	0	30
合计	178	161	108	326	32	22	827

6. 授权品种地域分析

2014 年，全国共有 15 个省份获得林业植物新品种权，授权量最多的是北京，共 35 件，占国内授权总量的 23.3%，其次是山东（27 件）和广东（22 件）。截至 2014 年底，全国共有 25 个省份获得林业植物新品种权，授权量最多的是北京，共 182 件，占国内授权总量的 27.0%，其次是云南、山东和浙江。北京以杨属、云南以蔷薇属、山东以银杏、浙江以杜鹃花属为主要授权品种（表 23）。

表 23　1999～2014 年国内授权品种中不同地域的授权量统计　单位：件

地域	授权总量	2014年授权量	主要属（种）
北京	182	35	杨属、蔷薇属、芍药属、牡丹、梅
云南	94	14	蔷薇属、含笑属
山东	78	27	银杏、杏、核桃属
浙江	73	14	杜鹃花属、木兰属
广东	60	22	山茶属、桉属
河南	49	13	卫矛属、泡桐属
上海	25	2	木瓜属、山茶属
江苏	24	8	银杏、落羽杉属
甘肃	13	0	牡丹
河北	13	4	板栗、杨属、榆属
湖南	10	1	山茶属
其他	54	10	杨属、枸杞属、杏
合计	675	150	

三、申请品种分析

1. 植物类别分析

2014 年，林业植物新品种申请量共 254 件，以观赏植物为主，共 160 件，占年度申请总量的 63.0%，其次是果树 38 件（15.0%）、林木 36 件（14.2%）（图 17）。

2. 申请人国家分析

2014 年，国内申请人共申请林业植物新品种 243 件，占年度申请总量的 95.7%，申请品种以观赏植物为主，主要属（种）包括蔷薇属、芍药属、核桃属、山茶属等；国外申请人共有 3 个国家申请林业植物新品种 11 件，占年度申请总量的 4.3%，按申请量依次是美国（5 件）、澳大利亚（4 件）和荷兰（2 件），申请品种以观赏植物和果树为主，包括大戟属、蔷薇属、槭属、越橘属和悬钩子属。

3. 属（种）分析

2014 年，林业植物新品种申请以蔷薇属为主，共 31 件，占年度申请总量的 12.2%，其次是芍药属 13 件、核桃属 12 件、山茶属 11 件。

4. 申请人分析

2014 年，林业植物新品种申请量排名前五的申请人分别是山东省林业科学研究院（35 件）、北京林业大学（15 件）、中国林业科学研究院（15 件）、上海植物园（11 件）、浙江森禾种业股份有限公司（10 件）（表 24）。

5. 申请人构成分析

申请人构成分析以第一申请人类型进行统计。2014 年，林业植物新品种的申请人以企业和科研院所为主，分别为 90 件和 89 件，分别占年度申请总量的 35.4% 和 35.0%，其次是高等院校 30 件、繁育场 22 件、个人 13 件。

6. 申请人地域分析

2014，年全国共有 21 个省份进行了林业植物新品种申请，申请量最多的是山东，共 55 件，占国内年度申请总量的 22.6%，其次是北京（37 件）和浙江（30 件）。（马文君）

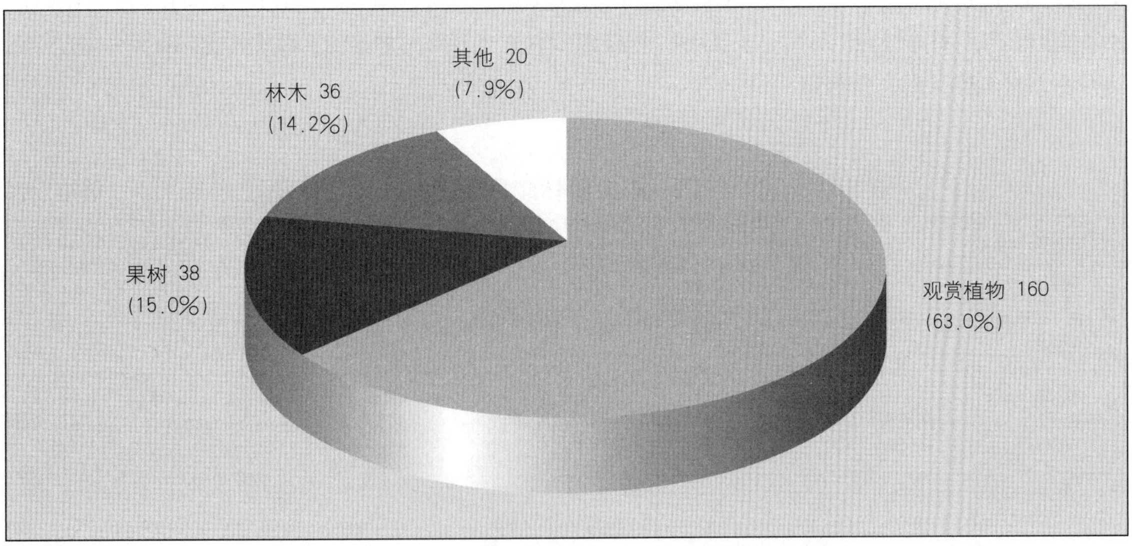

图 17　2014 年林业植物新品种申请的植物类别统计

表 24　2014 年林业植物新品种主要申请人的申请量统计　　单位：件

排名	申请人	申请量	主要属（种）
1	山东省林业科学研究院	35	核桃属、刺槐属、梓树属
2	中国林业科学研究院	15	梓树属、核桃属、含笑属
2	北京林业大学	15	芍药属、紫薇属
4	上海植物园	11	木瓜属、芍药属、山茶属
5	浙江森禾种业股份有限公司	10	润楠属
6	北京东方园林股份有限公司	9	芍药属
6	云南省农业科学院花卉研究所	9	蔷薇属
8	江苏省林业科学研究所	8	榉属
9	北京纳波湾园艺有限公司	7	蔷薇属
9	山东农业大学	7	苹果属
9	云南锦苑花卉产业股份有限公司	7	蔷薇属
9	中国农业大学	7	蔷薇属

林产品地理标志

林产品地理标志是指林产品来源于特定地域，产品品质和相关特性主要取决于该地域的自然生态环境和历史人文因素，并以地域名称冠名的特有林产品标志。地理标志属于特定领域的知识产权，许多林产品都具有地理标志特性。

2014 年，注册和登记的林产品地理标志共 113 件，占林产品地理标志总量的 16.8%，比 2013 年减少了 9.6%。2014 年，核桃和板栗的地理标志数量最多，分别为 11 件和 7 件。山东和四川注册和登记的地理标志数量较多，分别为 10 件和 8 件。

截至 2014 年底，我国已注册和登记的林产品地理标志共 673 件，主要以枣、核桃为主，分别占总量的 15.3% 和 13.8%，其次是板栗、杏、花椒、木耳和枸杞等。从林产品地理标志的地域分布来看，以山东和四川为主，分别占总量的 11.3% 和 10.4%（表 25，表 26，图 18）。（范圣明）

表 25　2001～2014 年主要林产品地理标志登记量统计　　单位：件

产品类别	累计总量	2013年	2014年
枣	103	16	5
核桃	93	17	11
板栗	52	12	7
杏	31	2	5
花椒	27	2	3
木耳	27	7	4

（续）

产品类别	累计总量	2013年	2014年
枸杞	16	2	0
油茶	8	6	2
其他	316	61	76
合计	673	125	113

表 26　2001～2014 年主要省份林产品地理标志登记量统计　　单位：件

省份	累计总量	2013年	2014年
山东	76	22	10
四川	70	16	8
河北	35	4	1
新疆	35	4	2
辽宁	34	10	3
陕西	35	6	5
山西	32	8	2
云南	30	12	6
安徽	27	10	2
河南	25	1	4
其他	274	32	70
合计	673	125	113

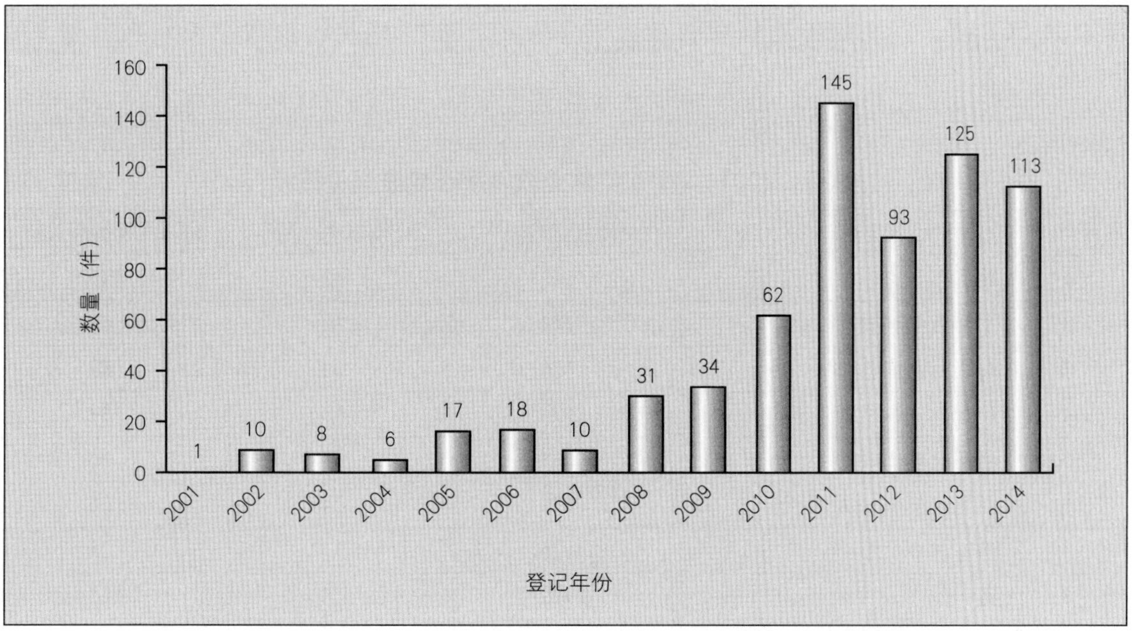

图 18　2001～2014 年注册和登记的林产品地理标志数量统计

林业著作权

1. 林业图书

2014 年，中国各出版社出版的新书约 14 万种（不含中小学及少儿图书），科技类图书近 5 万种，社科类图书近 9 万种。其中，林业及相关专业图书有 2 000 余种，图书类型丰富，包括科技理论专著、实用技术图书、教材、译著、标准、科普读物以及辞书、年鉴、统计资料、手册、图集和画册等，内容涵盖了与林业行业建设和研究发展相关的各个专业领域。

在林业及相关专业图书中，生态、景观设计、环境保护、环境监测方面的图书所占比例较大，植物志、图鉴及图谱类图书的出版比 2013 年有所增加。2014 年代表性的图书有：《落叶树木实用图鉴》、《广西树木志：第二卷》、《江苏植物志：第二卷》、《六盘山植物图志》、《大兴安岭常见植物彩色图鉴》、《中国热带雨林地区植物图鉴：海南植物 1 ~ 3》、《清凉峰木本植物志》等。重点图书有：《中国杜仲图志》、《人居生态学》、《论生态文明》、《基因定位与育种设计》等。（孙小满）

2. 林业软件著作权

软件著作权是指软件的开发者或者其他权利人依据有关著作权法律的规定，对于软件作品所享有的各项专有权利。软件经过登记后，软件著作权人享有发表权、开发者身份权、使用权、使用许可权和获得报酬权。林业软件著作权是指与林业相关的软件著作权。

根据中国版权保护中心计算机软件著作权登记公告统计，2014 年林业软件著作权登记共 1 281 项，比 2013 增长 37.4%。登记量排名前三的软件著作权人分别是北京林业大学（246 项）、中南林业科技大学（165 项）和东北林业大学（82 项）。2014 年，中南林业科技大学的林业软件著作权量增长较为迅速。

截至 2014 年底，林业软件著作权登记共 3 462 项，软件著作权人主要来自林业高等院校、科研院所及相关的林业企业。林业软件著作权登记量最多的是北京林业大学，共 562 项，其次是中南林业科技大学 224 项，东北林业科技大学 176 项（表 27，图 19）。（范圣明）

表 27　2001～2014 年林业软件著作权登记量统计　　单位：项

序号	软件著作权人	登记总量	2013年登记量	2014年登记量
1	北京林业大学	562	162	246
2	中南林业科技大学	224	56	165
3	东北林业大学	176	64	82
4	中国林业科学研究院	174	18	37
5	浙江农林大学	163	64	36
6	西北农林科技大学	158	34	56
7	西南林业大学	26	7	8
8	其　他	1979	527	651
合计		3462	932	1281

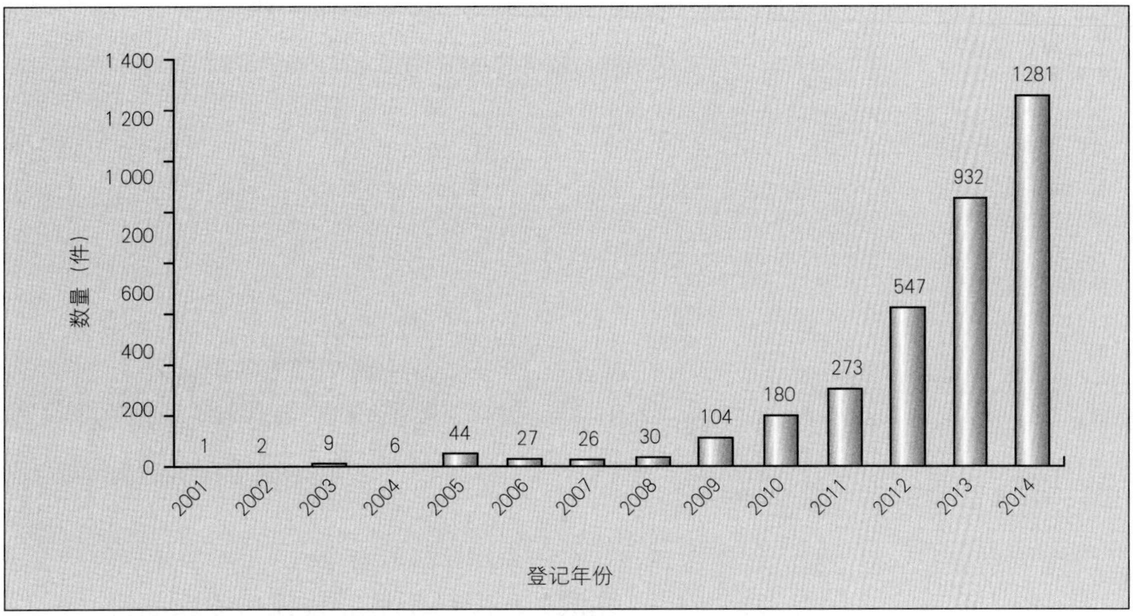

图 19　2001～2014 年林业软件著作权登记量统计

附　表

附表1 2014年林业授权植物新品种

序号	品种权号	品种名称	属（种）	品种权人	培育人	申请号	申请日	授权日
1	20140001	红五月	蔷薇属	北京市园林科学研究所	巢阳、勇伟	20120018	20120210	20140627
2	20140002	小鱼鳞云	蔷薇属	昆明杨月季园艺有限责任公司	张启翔、杨玉勇、蔡能、潘会堂、罗乐、赖显凤	20120092	20120614	20140627
3	20140003	乡恋	蔷薇属	昆明锦苑花卉产业股份有限公司	孙立忠、曹荣根、李飞鹏、倪功	20090067	20091226	20140627
4	20140004	勒斯布鲁斯（LEXTEBROS）	蔷薇属	莱克斯月季公司（Lex+B.V.）	亚历山大·福伦（Alexander Jozef Voorn）	20100085	20101203	20140627
5	20140005	闪亮一品红	大戟属	东莞市农业种子研究所	黄子锋、王燕君、周厚高、王凤兰、赖永超、邓海涛	20110095	20110818	20140627
6	20140006	奥斯芭热（AUSBROTHER）	蔷薇属	大卫奥斯汀月季公司（David Austin Roses Limited）	大卫·奥斯汀（David Austin）	20110026	20110511	20140627
7	20140007	奥斯伦巴（AUSRUMBA）	蔷薇属	大卫奥斯汀月季公司（David Austin Roses Limited）	大卫·奥斯汀（David Austin）	20110027	20110511	20140627
8	20140008	奥斯迪考茹（AUSDECORUM）	蔷薇属	大卫奥斯汀月季公司（David Austin Roses Limited）	大卫·奥斯汀（David Austin）	20110120	20111106	20140627
9	20140009	奥斯伯纳德（AUSBERNARD）	蔷薇属	大卫奥斯汀月季公司（David Austin Roses Limited）	大卫·奥斯汀（David Austin）	20120037	20120331	20140627
10	20140010	奥斯波芮兹（AUSBREEZE）	蔷薇属	大卫奥斯汀月季公司（David Austin Roses Limited）	大卫·奥斯汀（David Austin）	20120038	20120331	20140627
11	20140011	奥斯莫曲特（AUSMERCHANT）	蔷薇属	大卫奥斯汀月季公司（David Austin Roses Limited）	大卫·奥斯汀（David Austin）	20120040	20120331	20140627

（续）

序号	品种权号	品种名称	属（种）	品种权人	培育人	申请号	申请日	授权日
12	20140012	奥斯微微德（AUSVIVID）	蔷薇属	大卫奥斯汀月季公司（David Austin Roses Limited）	大卫·奥斯汀（David Austin）	20120045	20120331	20140627
13	20140013	粉嘟嘟	蔷薇属	云南云科花卉有限公司、云南省农业科学院花卉研究所	邱显钦、王其刚、蹇洪英、张颢、周宁、唐开学	20110117	20111028	20140627
14	20140014	胭脂扣	蔷薇属	云南省农业科学院花卉研究所	李树发、王其刚、张婷、邱显钦、晏慧君、蹇洪英、张颢、唐开学、王继华	20100084	20101125	20140627
15	20140015	红莲舞	蔷薇属	北京林业大学、国家花卉工程技术研究中心	张启翔、罗乐、于超、王蕴红、白锦荣、程堂仁、潘会堂	20110112	20111026	20140627
16	20140016	天山霞光	蔷薇属	伊犁师范学院奎屯校区、北京市辐射中心、奎屯鸿森农林科技有限责任公司	郭润华、隋云吉、杨逢玉、杨帆、郑玉彬、何磊、刘芳、杨坤、白锦荣、尚宏忠、张启翔、罗乐、程堂仁	20120025	20120312	20140627
17	20140017	奥斯瑞米妮（AUSRIMINI）	蔷薇属	大卫奥斯汀月季公司（David Austin Roses Limited）	大卫·奥斯汀（David Austin）	20120042	20120331	20140627
18	20140018	奥斯薇布兰（AUSVIBRANT）	蔷薇属	大卫奥斯汀月季公司（David Austin Roses Limited）	大卫·奥斯汀（David Austin）	20120044	20120331	20140627
19	20140019	江淮 1 号杨	杨属	中国林业科学研究院林业研究所	苏晓华、于一苏、黄秦军、赵自成、吴中能、苏雪辉、刘俊龙、丁昌俊	20130044	20130425	20140627
20	20140020	花冠贞	女贞属	潘常智	潘常智	20130048	20130505	20140627
21	20140021	金冠贞	女贞属	潘常智	潘常智	20130050	20130505	20140627
22	20140022	东岳红霞	槭属	泰安市泰山林业科学研究院、泰安时代园林科技开发有限公司	王长宪、孙忠奎、张林、张兴、张安琪、王厚新、王峰、李承秀、杜辉、王富金	20120216	20131205	20140627
23	20140023	东岳紫霞	槭属	泰安市泰山林业科学研究院、泰安时代园林科技开发有限公司	张林、孙忠奎、颜卫东、李宾、王郑昊、王长宪、王厚新、王峰、李承秀、孔繁伟	20120217	20131205	20140627

（续）

序号	品种权号	品种名称	属（种）	品种权人	培育人	申请号	申请日	授权日
24	20140024	东岳彩霞	槭属	泰安市泰山林业科学研究院	王厚新、陈荣伟、李宾、王波、颜迎、张林、王峰、李承秀、孙忠奎、于永畅	20120218	20131205	20140627
25	20140025	中峰密枝	卫矛属	杜林峰	杜林峰	20130008	20130204	20140627
26	20140026	中峰美姿	卫矛属	杜林峰	杜林峰	20130009	20130204	20140627
27	20140027	中峰长绿	卫矛属	杜林峰	杜林峰	20130010	20130204	20140627
28	20140028	鲁柽 1 号	柽柳属	山东省林业科学研究院、东营林丰生物科技有限公司、山东霖昌园林绿化工程有限公司	王振猛、杨庆山、杨志良、郑爱民、刘桂民、李永涛、刘德玺、郭林春	20130120	20130815	20140627
29	20140029	鲁柽 3 号	柽柳属	山东省林业科学研究院、东营林丰生物科技有限公司、山东霖昌园林绿化工程有限公司	刘德玺、王振猛、杨庆山、魏海霞、刘桂民、周健、李永涛、王霞、杨志良、郑爱民	20130121	20130815	20140627
30	20140030	盐松 1 号	柽柳属	山东三益园林绿化有限公司	吕文泉、李献礼、王振猛、杨庆山、魏海霞、刘桂民、王霞	20130122	20130815	20140627
31	20140031	盐松 2 号	柽柳属	山东三益园林绿化有限公司	李献礼、吕文泉、魏海霞、王振猛、杨庆山、周健、李永涛、王霞	20130123	20130815	20140627
32	20140032	新桉 3 号	桉属	国家林业局桉树研究开发中心	谢耀坚、罗建中、卢万鸿、林彦、高丽琼	20130124	20130815	20140627
33	20140033	新桉 4 号	桉属	国家林业局桉树研究开发中心	谢耀坚、罗建中、卢万鸿、林彦、高丽琼	20130125	20130815	20140627
34	20140034	新桉 5 号	桉属	国家林业局桉树研究开发中心	罗建中、谢耀坚、卢万鸿、林彦、高丽琼	20130126	20130815	20140627
35	20140035	新桉 6 号	桉属	国家林业局桉树研究开发中心	罗建中、谢耀坚、卢万鸿、林彦、高丽琼	20130127	20130815	20140627
36	20140036	金陵红	槭属	江苏省农业科学院	李淑顺、李倩中、荣立苹、唐玲	20130056	20130507	20140627
37	20140037	冬北红	石楠属	泰安市泰山林业科学研究院	刘静、王迎、王斌、冯殿齐、黄艳艳、罗磊、宋承东、孔令刚、张虹、孔凡伟	20130087	20130704	20140627

（续）

序号	品种权号	品种名称	属（种）	品种权人	培育人	申请号	申请日	授权日
38	20140038	奋勇	山茶属	云南远益园林工程有限公司	李奋勇、刘国强、皮秋霞	20100079	20101110	20140627
39	20140039	粉溢	山茶属	云南远益园林工程有限公司、云南省特色木本花卉工程技术研究中心	李奋勇、刘国强、皮秋霞	20120138	20120817	20140627
40	20140040	紫玉云祥	山茶属	云南远益园林工程有限公司、云南省特色木本花卉工程技术研究中心	李奋勇、刘国强、皮秋霞	20120136	20120817	20140627
41	20140041	紫玉云霞	山茶属	云南远益园林工程有限公司、云南省特色木本花卉工程技术研究中心	李奋勇、刘国强、皮秋霞	20120137	20120817	20140627
42	20140042	娇菊	木兰属	北京林业大学、三峡大学、五峰博翎红花玉兰科技发展有限公司	马履一、王罗荣、桑子阳、陈发菊、贾忠奎、贺随超、王希群、朱仲龙	20120211	20121203	20140627
43	20140043	娇姿	木兰属	北京林业大学、三峡大学、五峰博翎红花玉兰科技发展有限公司	马履一、杨杨、王罗荣、桑子阳、陈发菊、贾忠奎、贺随超、王希群、朱仲龙	20120212	20121203	20140627
44	20140044	娇艳	木兰属	北京林业大学、三峡大学、五峰博翎红花玉兰科技发展有限公司	马履一、王罗荣、桑子阳、陈发菊、贾忠奎、贺随超、王希群、朱仲龙	20120213	20121203	20140627
45	20140045	花好月圆	含笑属	中国林业科学研究院亚热带林业研究所、韩东坤	刘军、韩东坤、姜景民	20130032	20130402	20140627
46	20140046	玉壶含笑	含笑属	中国科学院华南植物园	杨科明、陈新兰、韦强、廖景平	20130045	20130426	20140627
47	20140047	甜甜	含笑属	棕榈园林股份有限公司、深圳市仙湖植物园管理处	王亚玲、张寿洲、杨建芬、刘坤良、赵强民、赵珊珊、王晶、宋晓薇、吴建军	20130021	20130305	20140627
48	20140048	转转	含笑属	棕榈园林股份有限公司、深圳市仙湖植物园管理处	王亚玲、张寿洲、杨建芬、刘坤良、赵强民、赵珊珊、王晶、宋晓薇、吴建军	20130058	20130513	20140627
49	20140049	四季春1号	紫荆属	河南四季春园林艺术工程有限公司	张林	20130027	20130401	20140627

（续）

序号	品种权号	品种名称	属（种）	品种权人	培育人	申请号	申请日	授权日
50	20140050	娇红 2 号	木兰属	北京林业大学、三峡大学、五峰博翎红花玉兰科技发展有限公司	马履一、桑子阳、陈发菊、王罗荣、贾忠奎、贺随超、王希群、陈文章	20120210	20131203	20140627
51	20140051	墨红刘海	山茶属	上海植物园	费建国、胡永红、张亚利、刘炤	20100055	20100823	20140627
52	20140052	墨玉鳞	山茶属	上海植物园	费建国、胡永红、张亚利、刘炤	20100056	20100823	20140627
53	20140053	金钰	枫香属	宁波市林业局林特种苗繁育中心	王建军、章建红、严春风、周和锋、王爱军、袁冬明、张波	20130042	20130423	20140627
54	20140054	御黄	樟属	宁波市林业局林特种苗繁育中心	王建军、黄华宏、王爱军、周和锋、张波、李修鹏	20130043	20130423	20140627
55	20140055	梦缘	含笑属	中国林业科学研究院亚热带林业研究所	邵文豪、姜景民、董汝湘、谭梓峰、刘昭息	20130012	20130204	20140627
56	20140056	梦星	含笑属	中国林业科学研究院亚热带林业研究所	邵文豪、姜景民、董汝湘、谭梓峰、刘昭息	20130013	20130204	20140627
57	20140057	梦紫	含笑属	中国林业科学研究院亚热带林业研究所	姜景民、邵文豪、董汝湘、谭梓峰、刘昭息	20130014	20130204	20140627
58	20140058	森禾红丽	拟单性木兰属	浙江森禾种业股份有限公司	郑勇平	20120147	20120925	20140627
59	20140059	替码明珠	板栗	河北省农林科学院昌黎果树研究所	王广鹏、孔德军、刘庆香、张树航、王红梅、李海山	20130053	20130507	20140627
60	20140060	京华旭日	芍药属	北京林业大学	成仿云、钟原、杜秀娟、高静、曹羲君	20120176	20121120	20140627
61	20140061	京俊美	芍药属	北京林业大学	成仿云、刘玉英、王荣、钟原、王越岚	20120180	20121120	20140627
62	20140062	京华朝霞	芍药属	北京林业大学	成仿云、钟原、曹羲君、王莹	20120179	20121120	20140627
63	20140063	京桂美	芍药属	北京林业大学	成仿云、何桂梅、钟原、高静	20120181	20121120	20140627
64	20140064	京蕊黄	芍药属	北京林业大学	成仿云、高静、钟原、刘玉英	20120182	20121120	20140627
65	20140065	京华墨冠	芍药属	北京国色牡丹科技有限公司、北京林业大学	成信云、成仿云	20120184	20121120	20140627

（续）

序号	品种权号	品种名称	属（种）	品种权人	培育人	申请号	申请日	授权日
66	20140066	京华晴雪	芍药属	北京林业大学、北京国色牡丹科技有限公司	成仿云、成信云、袁军辉、陶熙文	20120185	20121120	20140627
67	20140067	京龙望月	芍药属	北京国色牡丹科技有限公司、北京林业大学	成信云、成仿云、陶熙文、钟原	20120186	20121120	20140627
68	20140068	京墨洒金	芍药属	北京林业大学、北京国色牡丹科技有限公司	成仿云、成信云、陶熙文、钟原	20120187	20121120	20140627
69	20140069	京雪飞虹	芍药属	北京林业大学、北京国色牡丹科技有限公司	成仿云、钟原、成信云、于海萍	20120188	20121120	20140627
70	20140070	京玉美	芍药属	北京林业大学、北京国色牡丹科技有限公司	钟原、成仿云、陶熙文、张栋	20120189	20121120	20140627
71	20140071	京玉天成	芍药属	北京林业大学、北京国色牡丹科技有限公司	成仿云、钟原、成信云、张栋	20120190	20121120	20140627
72	20140072	京云冠	芍药属	北京国色牡丹科技有限公司、北京林业大学	成信云、成仿云	20120191	20121120	20140627
73	20140073	京云香	芍药属	北京林业大学、北京国色牡丹科技有限公司	成信云、成仿云	20120192	20121120	20140627
74	20140074	京韵玫	芍药属	北京林业大学、北京国色牡丹科技有限公司	成信云、成仿云	20120193	20121120	20140627
75	20140075	京紫知心	芍药属	北京林业大学、北京国色牡丹科技有限公司	成仿云、钟原、成信云、高平	20120194	20121120	20140627
76	20140076	京醉美	芍药属	北京国色牡丹科技有限公司、北京林业大学	成信云、成仿云	20120195	20121120	20140627
77	20140077	小香妃	芍药属	北京林业大学、北京东方园林股份有限公司	袁涛、王莲英、石颜通、李清道、王福、马钧	20130082	20130703	20140627
78	20140078	蕉香	芍药属	北京东方园林股份有限公司、北京林业大学	王莲英、袁涛、王福、李清道、马钧、石颜通	20130083	20130703	20140627
79	20140079	山川飘香	芍药属	北京东方园林股份有限公司、北京林业大学	王莲英、袁涛、石颜通、李清道、王福、马钧	20130084	20130703	20140627

（续）

序号	品种权号	品种名称	属（种）	品种权人	培育人	申请号	申请日	授权日
80	20140080	大彩蝶	芍药属	北京东方园林股份有限公司、北京林业大学	王莲英、石颜通、王福、李清道、袁涛、马钧、谭德远	20130085	20130703	20140627
81	20140081	金衣漫舞	芍药属	北京东方园林股份有限公司、北京林业大学	王莲英、李清道、袁涛、王福、马钧、石颜通、谭德远	20130086	20130703	20140627
82	20140082	森淼红缨	李属	宁夏森淼种业生物工程有限公司	沈效东、白永强、李德亮、于卫平、朱强、杜宝山、王君、赵健、徐小潮、李永华、徐美隆	20130046	20130503	20140627
83	20140083	森淼文冠果	文冠果	宁夏森淼种业生物工程有限公司	王娅丽、沈效东、李永华、王钰、南雄雄、李彬彬、田英、陈春伶、秦彬彬、王丽	20130128	20130816	20140627
84	20140084	瑞雪1号	山茶属	宁波黄金韵茶业科技有限公司、浙江大学	王开荣、梁月荣、张龙杰、李明、邓隆、韩震、王荣芬、郑新强、吴颖、王盛彬	20130159	20131110	20140627
85	20140085	醉金红	山茶属	宁波黄金韵茶业科技有限公司、浙江大学	张龙杰、王开荣、梁月荣、韩震、吴颖、王盛彬、邓隆、李明、王荣芬、郑新强	20130160	20131110	20140627
86	20140086	黄金甲	山茶属	宁波黄金韵茶业科技有限公司、浙江大学	王开荣、梁月荣、张龙杰、吴颖、李明、邓隆、王盛彬、韩震、王荣芬、郑新强	20130161	20131110	20140627
87	20140087	金添玉	刚竹属	国际竹藤中心、扬州大禹风景竹园、安吉县竹产业协会	郭起荣、禹在定、禹迎春、冯云、张培新、张宏亮、陈贤喜	20130174	20131215	20140627
88	20140088	陕茶1号	山茶属	安康市汉水韵茶业有限公司	王衍成、余有本、纪昌中、吴世明、李华海、张星显	20130174	20131215	20140627
89	20140089	魁金	杏	山东省果树研究所	王金政、石荫坪、王强生、薛晓敏、安国宁	20130018	20130115	20140627
90	20140090	金凯特	杏	山东省果树研究所	王金政、薛晓敏、安国宁、张安宁、路超、郭长利	20130017	20130115	20140627
91	20140091	福禄紫枫	枫香属	德兴市荣兴苗木有限责任公司	方腾、周卫荣、王喜	20130072	20130619	20140627
92	20140092	修机柏	圆柏属	周修机	周修机	20130052	20130507	20140627

（续）

序号	品种权号	品种名称	属（种）	品种权人	培育人	申请号	申请日	授权日
93	20140093	明丰 2 号	板栗	河北省农林科学院昌黎果树研究所	王广鹏、刘庆香、张树航、李颖、孔德军、李海山	20130078	20130625	20140627
94	20140094	南垂 5 号	板栗	河北省农林科学院昌黎果树研究所	王广鹏、刘庆香、张树航、李颖、孔德军、李海山	20130080	20130625	20140627
95	20140095	金玉桂花	桂花	李长攸	李长攸、张春艳、张振田	20130158	20131104	20140627
96	20140096	锦业楝	楝属	范军科	范军科、张巧莲、邢占兵、李红伟、王文军、刘全信	20130033	20130407	20141209
97	20140097	心愿	野牡丹属	广州市园林科学研究所	代色平、阮琳、王伟、贺漫媚、张继方、刘慧、刘文	20130054	20130506	20141209
98	20140098	锦烨朴	朴属	范军科	范军科、李桂芝、薛景、曲俊鹏	20130065	20131125	20141209
99	20140099	锦晔榉	榉属	范军科	范军科、马元旭、倪黎、鲁亚非	20130064	20131125	20141209
100	20140100	朱羽合欢	合欢属	遂平名品花木园林有限公司	王华明、袁向阳、孟献旗、王华昭、田耀华	20130076	20130621	20141209
101	20140101	玉蝶常山	大青属	遂平名品花木园林有限公司	王华明、邵红琼、李红喜、周荣霞、王玉、陈新会、王利民、朱志发、关秋芝	20130129	20131125	20141209
102	20140102	天骄	野牡丹属	广州市园林科学研究所	代色平、王伟、阮琳、贺漫媚、张继方、刘慧、刘文	20130055	20130506	20141209
103	20140103	闽平 2 号	木麻黄属	福建省林业科学研究院	黄金水、柯玉铸、陈端钦	20130149	20131002	20141209
104	20140104	木麻黄粤 501	木麻黄属	福建省林业科学研究院、华南农业大学	柯玉铸、黄金水、陈端钦、孙思、王军、蔡守平	20130150	20131002	20141209
105	20140105	金幌	紫薇属	江苏省中国科学院植物研究所	李亚、汪庆、杨如同、王鹏、李林芳、耿蕾、姚淦	20130145	20130925	20141209
106	20140106	中山杉 9 号	落羽杉属	江苏省中国科学院植物研究所	陆小清、陈永辉、李乃伟、李云龙、王传永	20130090	20130714	20141209
107	20140107	宁农杞 1 号	枸杞属	国家枸杞工程技术研究中心	秦垦、焦恩宁、戴国礼、曹有龙、石志刚、周旋、何军、李彦龙、李云翔、闫亚美、黄婷、张波	20140014	20140110	20141209

（续）

序号	品种权号	品种名称	属（种）	品种权人	培育人	申请号	申请日	授权日
108	20140108	宁农杞 2 号	枸杞属	国家枸杞工程技术研究中心	秦垦、焦恩宁、戴国礼、曹有龙、石志刚、周旋、何军、李彦龙、李云翔、闫亚美、黄婷、张波	20140015	20140110	20141209
109	20140109	御汤香妃	紫薇属	北京林业大学	张启翔、潘会堂、蔡明、刘阳、贺丹、徐婉、王佳、程堂仁	20120024	20080229	20141209
110	20140110	中大一号红豆杉	红豆杉属	梅州市中大南药发展有限公司	李志良、杨中艺、黄巧明、古练权、李贵华、汤朝阳、何春桃、何伟强	20080014	20080229	20141209
111	20140111	东岳佳人	槭属	泰安市泰山林业科学研究院、泰安时代园林科技开发有限公司	王峰、张兴、张安琪、王波、王长宪、张林、颜卫东、孙忠奎、仲风维、牛田	20120214	20121205	20141209
112	20140112	恨天高	榉属	中南林业科技大学	金晓玲、胡希军、吕国梁、曹基武、何平、刘雪梅、汪晓丽	20130169	20131211	20141209
113	20140113	红星	大青属	山东农业大学、山东万路达园林科技有限公司	王华田、王延平、张帆、刘丽娟、尹彦龙、公魏明	20130147	20130929	20141209
114	20140114	绢绒	大青属	山东农业大学、山东万路达园林科技有限公司	王华田、王延平、张帆、刘丽娟、尹彦龙、公魏明	20130148	20130929	20141209
115	20140115	洛楸 1 号	梓树属	中国林业科学研究院林业研究所、洛阳农林科学院	张守攻、王军辉、赵鲲、焦云德、张建祥	20140002	20131230	20141209
116	20140116	洛楸 2 号	梓树属	洛阳农林科学院、中国林业科学研究院林业研究所	赵鲲、王军辉、张守攻、焦云德、陈新宇	20140003	20131230	20141209
117	20140117	洛楸 3 号	梓树属	中国林业科学研究院林业研究所、洛阳农林科学院	王军辉、张守攻、赵鲲、焦云德、麻文俊	20140004	20131230	20141209
118	20140118	洛楸 4 号	梓树属	洛阳农林科学院、中国林业科学研究院林业研究所	赵鲲、王军辉、张守攻、焦云德、麻文俊	20140005	20131230	20141209
119	20140119	洛楸 5 号	梓树属	中国林业科学研究院林业研究所、洛阳农林科学院	王军辉、张守攻、赵鲲、焦云德、麻文俊	20140006	20131230	20141209

（续）

序号	品种权号	品种名称	属（种）	品种权人	培育人	申请号	申请日	授权日
120	20140120	鲁青	核桃属	山东省林业科学研究院、泰安市绿园经济林果树研究所	侯立群、王钧毅、韩传明、赵登超、张文越	20130060	20130609	20141209
121	20140121	奥林	核桃属	山东省林业科学研究院、泰安市绿园经济林果树研究所	侯立群、王钧毅、韩传明、赵登超、张文越	20130061	20130609	20141209
122	20140122	渤海柳 4 号	柳属	滨州市一逸林业有限公司、山东省林业科学研究院、沧州市一逸柳树育种有限公司	刘德玺、焦传礼、王振猛、杨庆山、刘国兴、刘桂民、魏海霞、周健、郭树文、白云祥、杨欢	20140030	20140217	20141209
123	20140123	夏红	李属	江苏沿江地区农业科学研究所、南京林业大学	李玉娟、张健、高捍东、李敏、谈峰、王莹、陈惠、冒洪波	20140028	20140211	20141209
124	20140124	渤海柳 6 号	柳属	滨州市一逸林业有限公司、山东省林业科学研究院、沧州市一逸柳树育种有限公司	焦传礼、刘德玺、杨庆山、王振猛、李永涛、王霞、郭树文、焦世铭、杨光	20140032	20140217	20141209
125	20140125	渤海柳 7 号	柳属	山东省林业科学研究院、滨州市一逸林业有限公司、沧州市一逸柳树育种有限公司	焦传礼、刘德玺、党东雨、杨庆山、王振猛、周健、孟庆兴、白云祥、杨光	20140033	20140217	20141209
126	20140126	中峰银速	卫矛属	许昌县中峰园林有限公司	杜林峰	20140017	20140114	20141209
127	20140127	凤羽栾	栾树属	浙江滕头园林股份有限公司、中国林业科学研究院亚热带林业研究所	傅剑波、朱锡君、刘济祥、汪均平、刘军、姜景民	20130167	20131128	20141209
128	20140128	重阳紫荆	紫荆属	遂平名品花木园林有限公司	王华明、石海燕、张玉民、王三礼、王静、王艳丽、赵爱红、崔全福、卞建国、苏万祥、李本勇	20130075	20130621	20141209
129	20140129	海柳 1 号	柳属	江苏沿江地区农业科学研究所	张健、李敏、李玉娟、王莹、谈峰、丛小丽	20140029	20140211	20141209

（续）

序号	品种权号	品种名称	属（种）	品种权人	培育人	申请号	申请日	授权日
130	20140130	山农果一	银杏	山东农业大学	邢世岩、李际红、曹福亮、苏明洲、樊记欣、皇甫桂月、侯九寰、王宗喜、高森、桑亚林	20140038	20130902	20141209
131	20140131	山农果二	银杏	山东农业大学	邢世岩、李际红、曹福亮、苏明洲、樊记欣、皇甫桂月、侯九寰、王宗喜、高森、桑亚林	20130039	20130902	20141209
132	20140132	山农果五	银杏	山东农业大学	邢世岩、李际红、曹福亮、苏明洲、樊记欣、皇甫桂月、侯九寰、王宗喜、高森、桑亚林	20130166	20131127	20141209
133	20140133	文柏	侧柏属	山东农业大学	邢世岩、王玉山、卢本荣、曲绪奎、李际红、马红	20130134	20130902	20141209
134	20140134	散柏	侧柏属	山东农业大学	邢世岩、王玉山、卢本荣、曲绪奎、李际红、马红	20130135	20130902	20141209
135	20140135	滨海翠	柽柳属	河北科技师范学院	杨俊明、刘振林、张国君、杨晴、曹书敏、代波、王子华、武小靖、董聚苗、林燕	20130168	20131128	20141209
136	20140136	嘉能 1 号	麻疯树	普罗米绿色能源（深圳）有限公司	车旭涛、白教育、田晶	20130094	20130801	20141209
137	20140137	嘉能 2 号	麻疯树	普罗米绿色能源（深圳）有限公司	车旭涛、白教育、田晶	20130095	20130801	20141209
138	20140138	嘉能 3 号	麻疯树	普罗米绿色能源（深圳）有限公司	车旭涛、白教育、田晶	20130096	20130801	20141209
139	20140139	嘉桐 1 号	麻疯树	普罗米绿色能源（深圳）有限公司	车旭涛、白教育、田晶	20130097	20130801	20141209
140	20140140	嘉桐 2 号	麻疯树	普罗米绿色能源（深圳）有限公司	车旭涛、白教育、田晶	20130098	20130801	20141209
141	20140141	嘉优 1 号	麻疯树	普罗米绿色能源（深圳）有限公司	车旭涛、白教育、田晶	20130099	20130801	20141209
142	20140142	钟山红	槭属	江苏省农业科学院	唐玲、李倩中、李淑顺、荣立苹	20140024	20140120	20141209

（续）

序号	品种权号	品种名称	属（种）	品种权人	培育人	申请号	申请日	授权日
143	20140143	绿洲御选一号	石榴属	杨凌稼禾绿洲农业科技有限公司	吴小刚	20130170	20131212	20141209
144	20140144	抱头槐	槐属	山东万路达园林科技有限公司	刘丽娟、公维明、张帆、孟艳艳、王建华	20140027	20140208	20141209
145	20140145	喜柳	柳属	中喜生态产业股份有限公司	张洪欣、张洪勋、孙成义、郭延海、李康	20140091	20140616	20141209
146	20140146	盘垂桂	木犀属	中喜生态产业股份有限公司	冯常柳	20130136	20130729	20141209
147	20140147	夏风热浪	山茶属	棕榈园林股份有限公司	刘坤良、刘信凯	20120164	20121113	20141209
148	20140148	夏日红绒	山茶属	棕榈园林股份有限公司	刘信凯、钟乃盛、冯桂梅	20120168	20121113	20141209
149	20140149	夏梦小旋	山茶属	棕榈园林股份有限公司	吴桂昌、高继银、吴晓旋	20120169	20121113	20141209
150	20140150	夏梦春陵	山茶属	棕榈园林股份有限公司	刘春陵、黄万坚、黄万建	20120170	20121113	20141209
151	20140151	夏梦玉兰	山茶属	棕榈园林股份有限公司	冯玉兰、骆海林、冯桂梅	20120173	20121113	20141209
152	20140152	火烧云	蔷薇属	昆明杨月季园艺有限责任公司	伙秀丽、杨玉勇、蔡能、赖显凤	20120089	20120614	20141209
153	20140153	天权星	蔷薇属	昆明杨月季园艺有限责任公司	赖显凤、杨玉勇、蔡能、伙秀丽	20120094	20120614	20141209
154	20140154	星星之火	蔷薇属	江苏省林业科学研究院	汪有良、黄立斌、蒋泽平	20120125	20120712	20141209
155	20140155	奥斯伯蕊尔（AUSPRIOR）	蔷薇属	大卫奥斯汀月季公司（David Austin Roses Limited）	大卫·奥斯汀（David Austin）	20120041	20120331	20141209
156	20140156	奥斯瑞蕾（AUSRELATE）	蔷薇属	大卫奥斯汀月季公司（David Austin Roses Limited）	大卫·奥斯汀（David Austin）	20120121	20111106	20141209
157	20140157	奥斯沃幽（AUSVOLUME）	蔷薇属	大卫奥斯汀月季公司（David Austin Roses Limited）	大卫·奥斯汀（David Austin）	20110122	20111106	20141209

（续）

序号	品种权号	品种名称	属（种）	品种权人	培育人	申请号	申请日	授权日
158	20140158	红盖头	蔷薇属	云南云科花卉有限公司、云南省农业科学院花卉研究所	晏慧君、李树发、蹇洪英、张婷、李淑斌、唐开学	20110114	20111028	20141209
159	20140159	斯科丽（Scholie）	蔷薇属	荷兰彼得西吕厄斯控股公司（Piet Schreurs Holding B.V.）	P·N·J·西吕厄斯（Petrus Nicolaas Johannes schreurs）	20120032	20120327	20141209
160	20140160	瑞格 011（Ruimg011）	蔷薇属	迪瑞特知识产权公司（De Ruiter Intellectual Property B.V.）	汉克·德·格罗特（H·C·A. de Groot）	20120005	20100110	20141209
161	20140161	西吕 40919（Sch40919）	蔷薇属	荷兰彼得西吕厄斯控股公司（Piet Schreurs Holding B.V.）	P·N·J·西吕厄斯（Petrus Nicolaas Johannes schreurs）	20120054	20120418	20141209
162	20140162	锦云	蔷薇属	云南锦苑花卉产业股份有限公司	倪功、曹荣根、田连通、白云评、乔丽婷、阳明祥	20120205	20121201	20141209
163	20140163	都市丽人	蔷薇属	云南尚美嘉花卉有限公司、云南省农业科学院花卉研究所	晏慧君、王其刚、赵家清、唐开学、蹇洪英、张婷、刘辉	20130002	20121222	20141209
164	20140164	奥斯罗芙（AUSROVER）	蔷薇属	大卫奥斯汀月季公司（David Austin Roses Limited）	大卫·奥斯汀（David Austin）	20120043	20120331	20141209
165	20140165	尼尔普米（Nirpmist）	蔷薇属	意大利里维埃拉卢克斯公司(Lux Riviera S.R.L.)	阿勒萨德·吉尔纳（Alessandro Ghione）	20110016	20110310	20141209
166	20140166	白云石	蔷薇属	昆明杨月季园艺有限责任公司	张启翔、罗乐、程堂仁、杨玉勇、蔡能、余双明、白锦荣	20120085	20120614	20141209
167	20140167	秦淮仙女	蔷薇属	江苏省林业科学研究院	汪有良、黄立斌、蒋泽平	20120126	20120712	20141209
168	20140168	奥斯罗芙缇（AUSLOFTY）	蔷薇属	大卫奥斯汀月季公司（David Austin Roses Limited）	大卫·奥斯汀（David Austin）	20120039	20120331	20141209
169	20140169	蝴蝶泉	蔷薇属	中国农业大学	俞红强、游捷、刘青林	20130071	20130619	20141209

数据来源：国家林业局植物新品种保护办公室。

附表2　2014年林业植物新品种申请

序号	申请号	品种名称	属（种）	申请人	培育人	申请日
1	20140001	鲁饲槐1号	刺槐属	山东省林业科学研究院	夏阳、刘翠兰、燕丽萍、李丽、李双云、孙超、庞彩红、毛秀红、詹伟	20131225
2	20140002	洛楸1号	梓树属	中国林业科学研究院林业研究所、洛阳农林科学院	张守攻、王军辉、赵鲲、焦云德、张建祥	20131230
3	20140003	洛楸2号	梓树属	洛阳农林科学院、中国林业科学研究院林业研究所	赵鲲、王军辉、张守攻、焦云德、陈新宇	20131230
4	20140004	洛楸3号	梓树属	中国林业科学研究院林业研究所、洛阳农林科学院	王军辉、张守攻、赵鲲、焦云德、麻文俊	20131230
5	20140005	洛楸4号	梓树属	洛阳农林科学院、中国林业科学研究院林业研究所	赵鲲、王军辉、张守攻、焦云德、麻文俊	20131230
6	20140006	洛楸5号	梓树属	中国林业科学研究院林业研究所、洛阳农林科学院	王军辉、张守攻、赵鲲、焦云德、麻文俊	20131230
7	20140007	华以枣	枣属	王森	王森、沈燕、吕芳德、曾建新、曾江桥、余江帆	20131230
8	20140008	华脆枣	枣属	王森	王森、沈燕、曾建新、曾江桥、余江帆	20131230
9	20140009	济草堂1号	忍冬属	湖南济草堂金银花科技开发有限公司	刘源、王红、刘纯一、王森	20131230
10	20140010	满园红	蔷薇属	云南鑫海汇花业有限公司、云南省农业科学院花卉研究所	朱应雄、张应红、张颢、蹇洪英、唐开学、骆礼宾、张婷、张绍宏、陈敏、周宁宁、王其刚	20140107
11	20140011	粉玲珑	蔷薇属	云南鑫海汇花业有限公司、云南省农业科学院花卉研究所	朱应雄、王其刚、张应红、唐开学、张颢、朱芷汐、张婷、邱显钦、蹇洪英、沐海涛、陈敏	20140107
12	20140012	红玲珑	蔷薇属	云南鑫海汇花业有限公司、云南省农业科学院花卉研究所	张颢、朱应雄、唐开学、张应红、李淑斌、张绍宏、晏慧君、骆礼宾、陈敏、张婷、王其刚	20140107
13	20140013	鹅黄蜜	蔷薇属	云南鑫海汇花业有限公司、云南省农业科学院花卉研究所	唐开学、朱芷汐、周宁宁、蹇洪英、朱应雄、沐海涛、晏慧君、邱显钦、李淑斌、张应红、王其刚	20140107

（续）

序号	申请号	品种名称	属（种）	申请人	培育人	申请日
14	20140014	宁农杞 1 号	枸杞属	国家枸杞工程技术研究中心	秦垦、焦恩宁、戴国礼、曹有龙、石志刚、何军、李彦龙、李云翔、闫亚美、黄婷、张波	20140110
15	20140015	宁农杞 2 号	枸杞属	国家枸杞工程技术研究中心	秦垦、焦恩宁、戴国礼、曹有龙、石志刚、何军、李彦龙、李云翔、闫亚美、黄婷、张波	20140110
16	20140016	宁农杞 3 号	枸杞属	国家枸杞工程技术研究中心	焦恩宁、秦垦、戴国礼、曹有龙、石志刚、何军、李彦龙、李云翔、闫亚美、黄婷、张波	20140110
17	20140017	中峰银速	卫矛属	许昌县中峰园林有限公司	江胜德、项智能	20140114
18	20140018	中峰齿玉	卫矛属	许昌县中峰园林有限公司	江胜德、项智能	20140114
19	20140019	中峰红宇	卫矛属	许昌县中峰园林有限公司	江胜德、项智能	20140114
20	20140020	中峰炫丽	卫矛属	许昌县中峰园林有限公司	江胜德、项智能	20140114
21	20140021	玫瑰蜜果桑	桑属	山东省林业科学研究院、夏津县古椹研究所	韩传明、孙蕾、李正阔、王翠香、王家国、张连忠、贾明、王开芳、孙道英	20140114
22	20140022	玫瑰香果桑	桑属	山东省林业科学研究院、夏津县古椹研究所	孙蕾、韩传明、李正阔、王家国、王翠香、张连忠、赵登超、王小芳、宋翠环	20140114
23	20140023	中科紫金 1 号	紫金牛属	中国科学院华南植物园	刘华、宁祖林、曾振新、杨镇明、陈玲	20140115
24	20140024	钟山红	槭属	江苏省农业科学院	唐玲、李倩中、李淑顺、荣立苹	20140120
25	20140025	朝霞杨	杨属	河北省林业科学研究院、河间市紫金红杨苗木种植专业合作社	黄印冉、王玉忠、张均营、姜群僧、贾宗锴、徐振华、闫淑芳	20140125
26	20140026	珍珠柿	柿	山东瀚景园林植物新品种研发有限公司	张帆、耿洪波、孟艳艳、公维明	20140208
27	20140027	抱头槐	槐属	山东万路达园林科技有限公司、东营菁华现代林业发展有限公司	张帆、李金胜、孟艳艳、公维明	20140208
28	20140028	夏红	李属（除水果外）	江苏沿江地区农业科学研究所、南京林业大学	李玉娟、张健、高捍东、李敏、谈锋、王莹、陈惠、冒洪波	20140211
29	20140029	海柳 1 号	柳属	江苏沿江地区农业科学研究所	张健、李敏、李玉娟、王莹、谈峰、从小丽	20140211
30	20140030	渤海柳 4 号	柳属	滨州市一逸林业有限公司、山东省林业科学研究院	刘德玺、焦传礼、刘国兴、刘桂民、魏海霞、周建、白云祥、杨欢	20140217

（续）

序号	申请号	品种名称	属（种）	申请人	培育人	申请日
31	20140031	渤海柳 5 号	柳属	滨州市一逸林业有限公司、山东省林业科学研究院	焦传礼、刘德玺、王振猛、刘桂民、王莉莉、党东雨、杨欢、焦世铭	20140217
32	20140032	渤海柳 6 号	柳属	滨州市一逸林业有限公司、山东省林业科学研究院	焦传礼、刘德玺、杨庆山、李永涛、王霞、焦世铭、杨光	20140217
33	20140033	渤海柳 7 号	柳属	滨州市一逸林业有限公司、山东省林业科学研究院	焦传礼、刘德玺、党东雨、杨庆山、王振猛、周建、白云祥、杨光	20140217
34	20140034	绿蕾一号金银花	忍冬属	大田县自然源药材种植有限公司	李碧芳、苏志坚、陈梦海、陈海婴、叶慧娟	20140225
35	20140035	千叶香	樟属	吉安市林业科学研究所	罗忠生、彭招兰、龙光远、蒋志茵、黄逢龙、郭逸榴、吴茂隆、李燕山	20140225
36	20140036	晋栾 2 号	栾树属	北京林业大学、襄垣县国栋园林花木种植专业合作社	安新民、王国栋、陈仲、胡伟、赵志强、王宏英、王佳佳、薛莎、李敏	20140227
37	20140037	晋栾 3 号	栾树属	北京林业大学、襄垣县国栋园林花木种植专业合作社	王国栋、安新民、高凯、梁风兰、常丽娟、王华帅、曾庆宇、郭文斌、赵庆华	20140227
38	20140038	春韵含笑	含笑属	中南林业科技大学	曹基武、刘春林、郭超	20140314
39	20140039	瑞斯 1708a（ruice1708a）	蔷薇属	迪瑞特知识产权公司（De Ruiter Intellectual Property B.V.）	汉克·德·格罗特（H.C.A. de Groot）	20140318
40	20140040	金彩雀	厚皮香属	浙江虹越花卉股份有限公司	江胜德、项智能	20140324
41	20140041	金珊瑚	绣球属	浙江虹越花卉股份有限公司	江胜德、项智能	20140324
42	20140042	JFS- 秋辰（JFS-Autumn、Fest）	槭属	J. 弗兰克·施密特父子有限公司（J. Frank Schmidt & Son Co.）	基思·沃伦（Keith S. Warren）	20140317
43	20140043	JFS- 绛日（JFS-Crimson、Sunset）	槭属	J. 弗兰克·施密特父子有限公司（J. Frank Schmidt & Son Co.）	基思·沃伦（Keith S. Warren）	20140317
44	20140044	湘虹	楠属	湖南省森林植物园	颜立红、蒋利媛、向光锋、田晓明	20140327
45	20140045	湘云	楠属	湖南省森林植物园	颜立红、蒋利媛、向光锋、田晓明	20140327
46	20140046	冬韵	槭属	湖南省森林植物园	颜立红、田晓明、向光锋、蒋利媛	20140327
47	20140047	丹霞含笑	含笑属	中南林业科技大学	曹基武、刘春林、郭超、赵翔、徐永福	20140401
48	20140048	玉霞含笑	含笑属	中南林业科技大学	曹基武、刘春林、吴毅、郭超、赵翔	20140401

（续）

序号	申请号	品种名称	属（种）	申请人	培育人	申请日
49	20140049	丰硕	核桃属	山东省林业科学研究院、山东汇友金核桃食品有限责任公司	侯立群、韩传明、赵登超、王钧毅、李萍萍、刘丙花、崔淑英、毛秀红	20140414
50	20140050	强丰	核桃属	山东省林业科学研究院、山东汇友金核桃研究院	侯立群、赵登超、韩传明、王钧毅、刘丙花、李萍萍、赵萍、崔淑英	20140414
51	20140051	安富一号	蔷薇属	安顺市林业科学研究所、安顺市林业局	钟漫、程友忠、韦景枫、石亮、周贵付、陶文丞、覃凤好、蒙先举、曾宪华、宋正钧、钱涛、孙乾秋、喻丹、范毅	20140417
52	20140052	玉之蝶舞	山茶属	上海植物园	奉树成、张亚利、莫健彬、李湘鹏、费建国	20140417
53	20140053	翠玉篱	木瓜属	上海植物园	奉树成、张亚利、李湘鹏、莫健彬、费建国	20140417
54	20140054	小橘灯	木瓜属	上海植物园	奉树成、张亚利、李湘鹏、莫健彬、费建国	20140417
55	20140055	雪丹	木瓜属	上海植物园	奉树成、张亚利、李湘鹏、莫健彬、费建国	20140417
56	20140056	雪荷	木瓜属	上海植物园	奉树成、张亚利、李湘鹏、莫健彬、费建国	20140417
57	20140057	玉之台阁	山茶属	上海植物园	奉树成、张亚利、莫健彬、李湘鹏、费建国	20140417
58	20140058	玉之芙蓉	山茶属	上海植物园	奉树成、张亚利、莫健彬、李湘鹏、费建国	20140417
59	20140059	春玉含笑	含笑属	崀山珍稀植物研究所	黎恢安、尹大军、许亢泽、伍细莲、刘叙爱	20140419
60	20140060	红艳艳	杜鹃花属	中国科学院华南植物园	许明英、王少平、张倩媚、简曙光、邵应韶、苏国华、伍佰年、任海、袁莲莲	20140423
61	20140061	金焰	蔷薇属	云南云秀花卉有限公司	段金辉、薛祖旺	20140428
62	20140062	鲁楸 1 号	梓树属	山东省林业科学研究院	姜岳忠、王卫东、王月海、荀守华、董玉峰、乔玉玲、秦光华	20140512
63	20140063	鲁楸 2 号	梓树属	山东省林业科学研究院	姜岳忠、王卫东、王月海、荀守华、董玉峰、乔玉玲、秦光华	20140512
64	20140064	楸选 8301	梓树属	山东省林业科学研究院	姜岳忠、王卫东、王月海、荀守华、董玉峰、乔玉玲、秦光华	20140512
65	20140065	楸选 8365	梓树属	山东省林业科学研究院	姜岳忠、王卫东、王月海、荀守华、董玉峰、乔玉玲、秦光华	20140512
66	20140066	紫霞	紫薇	华中农业大学	叶要妹、童俊、陈法志、段丽君、周媛、陈放、袁玮、李国瑞、董艳芳、徐冬云	20140515
67	20140067	银蝶	紫薇	武汉市林业果树科学研究所	童俊、陈法志、叶要妹、段丽君、周媛、董艳芳、袁玮、陈放、李国瑞、郭彩霞	20140515
68	20140068	红韵	紫薇	武汉市林业果树科学研究所	童俊、叶要妹、陈法志、段丽君、陈放、郭彩霞、周媛、徐冬云、袁玮、李国瑞	20140515

（续）

序号	申请号	品种名称	属（种）	申请人	培育人	申请日
69	20140069	梦荷	含笑属	中国林业科学研究院亚热带林业研究所	邵文豪、姜景民、董汝湘、谭梓峰、盛能荣、刘昭息、王国文	20140516
70	20140070	梦景	含笑属	中国林业科学研究院亚热带林业研究所	姜景民、邵文豪、董汝湘、谭梓峰、刘昭息	20140516
71	20140071	梦舞	含笑属	中国林业科学研究院亚热带林业研究所	邵文豪、姜景民、董汝湘、谭梓峰、刘昭息	20140516
72	20140072	山农银三	银杏	山东农业大学、武汉市林业果树科学研究所	邢世岩、李际红、桑亚林	20140516
73	20140073	山农银四	银杏	山东农业大学	邢世岩、李际红、桑亚林	20140516
74	20140074	蓝夏	越桔属	大连理工大学、大连蓝风农业科技有限公司	安利佳、夏秀英、毕晓颖、李静泉、孙润峰、李鹤	20140519
75	20140075	鲁楝 1 号	楝属	山东省林业科学研究院	姜岳忠、董玉峰、王卫东、王月海、荀守华、吴全宇、孙明高、于振群	20140521
76	20140076	鲁楝 2 号	楝属	山东省林业科学研究院	姜岳忠、董玉峰、王卫东、王月海、荀守华、吴全宇、孙明高、于振群	20140521
77	20140077	鲁楝 3 号	楝属	山东省林业科学研究院	姜岳忠、董玉峰、王卫东、王月海、荀守华、吴全宇、孙明高、于振群	20140521
78	20140078	西吕斯科德(Schycecold)	蔷薇属	荷兰彼得·西吕厄斯控股公司(Piet Schreurs Holding B.V)	P·N·J·西吕厄斯（Petrus Nicolaas Johannes Schreurs）	20140523
79	20140079	凹底大官帽	核桃属	中国林业科学研究院林业研究所	裴东、王呈千、陈凌娜、刘昊、高英、张俊佩、马庆国	20140527
80	20140080	中宁盛	核桃属	中国林业科学研究院林业研究所	裴东、徐虎智、奚声珂、张建武、宋晓波、张俊佩、马庆国、周晔	20140527
81	20140081	中牧查香	核桃属	中国林业科学研究院林业研究所	裴东、潘刚王滑、张俊佩、马庆国、陈凌娜	20140527
82	20140082	天然红一号	接骨木属	马荣申	马荣申	20140604
83	20140083	天然红二号	接骨木属	马荣申	马荣申	20140604
84	20140084	彩丽湖北海棠	苹果属(除水果外)	日照市春雨园艺场	许先练、许春雷、许春雨	20140604

（续）

序号	申请号	品种名称	属（种）	申请人	培育人	申请日
85	20140085	莘庄蝶恋	李属（除水果外）	上海西郊园艺有限公司	孙冬	20140604
86	20140086	紫金红	槭属	江苏省农业科学院	李倩中、李淑顺、荣立苹、唐玲	20140605
87	20140087	桂诱 93200	桑属	广西壮族自治区蚕业技术推广总站	朱方容、林强、祁广军、邱长玉、朱光书、曾燕蓉、石华月、陈芳、雷扶生	20140610
88	20140088	桂诱 93251	桑属	广西壮族自治区蚕业技术推广总站	朱方容、林强、祁广军、邱长玉、朱光书、曾燕蓉、石华月、陈芳、雷扶生	20140610
89	20140089	桂诱 94168	桑属	广西壮族自治区蚕业技术推广总站	朱方容、林强、祁广军、邱长玉、朱光书、曾燕蓉、石华月、陈芳、雷扶生	20140610
90	20140090	桂诱 P58	桑属	广西壮族自治区蚕业技术推广总站	朱方容、林强、田智得、陈小青、朱光书、邱长玉、雷扶生	20140610
91	20140091	喜柳	柳属	中喜园林产业有限公司	张洪欣、张洪勋、孙成义、郭延海、李康	20140616
92	20140092	美人柽	柽柳属	中喜园林产业有限公司	张洪欣、张洪勋、孙成义、郭延海、李康	20140616
93	20140093	金圣木	柽柳属	中喜园林产业有限公司	张洪欣、张洪勋、孙成义、郭延海、李康	20140616
94	20140094	南疆红	枣	阿克苏果满堂果业开发有限公司	侯玉顺、王长柱、王新建、王东健、曹运动、曹新海、王志强	20140617
95	20140095	辛提拉（Scintilla）	越桔属	美国佛罗里达基金种业公司（Florida Foundation Seed Producers Inc. USA）	保罗·里仁（Dr. Paul M. Lyrene）	20140623
96	20140096	法町（Farthing）	越桔属	美国佛罗里达基金种业公司（Florida Foundation Seed Producers Inc. USA）	保罗·里仁（Dr. Paul M. Lyrene）	20140623
97	20140097	燕兴	板栗	河北省农林科学院昌黎果树研究所	王广鹏、李颖、刘庆香、张树航、孔德军、毕振良、李海山	20140623
98	20140098	杂早 2 号	板栗	河北省农业科学院昌黎果树研究所	王广鹏、张树航、刘庆香、李颖、孔德林、高丽娟、李海山	20140623
99	20140099	台红 1 号	红豆杉属	社团法人中华种苗学会	何政坤、张淑华、吕胜由	20140624
100	20140100	镛粉	木莲属	中国科学院华南植物园	曾庆文、易绮斐、杨科明、陈新兰、刘东明、冯翠玲、廖景平	20140624

（续）

序号	申请号	品种名称	属（种）	申请人	培育人	申请日
101	20140101	镛红	木莲属	中国科学院华南植物园	杨科明、曾庆文、易绮斐、刘东明、陈新兰、冯翠玲、廖景平	20140624
102	20140102	茂甘	核桃属	会理县林业局、中国林业科学研究院林业研究所	沙德伟、杨利民、周晔、贾建、张继勇、裴东、杨天成、何波、文明、谭永荣、罗斌	20140625
103	20140103	鲁盐槐 1 号	槐属	山东省林业科学研究院	夏阳、刘翠兰、燕丽萍、李丽、李双云、孙超、庞彩红、毛秀红、詹伟	20140626
104	20140104	鲁盐槐 2 号	槐属	山东省林业科学研究院	刘翠兰、夏阳、燕丽萍、李丽、李双云、孙超、庞彩红、毛秀红、詹伟	20140626
105	20140105	鲁饲槐 2 号	刺槐属	山东省林业科学研究院	刘翠兰、夏阳、燕丽萍、李丽、李双云、孙超、庞彩红、毛秀红、詹伟	20140626
106	20140106	金陵红枫	槭属	江苏省农业科技学院	李倩中、李淑顺、荣立苹、唐玲	20140630
107	20140107	金陵黄羽	槭属	江苏省农业科学院	李倩中、李淑顺、荣立苹、唐玲	20140630
108	20140108	渤丰 3 号杨	杨属	中国林业科学研究院林业研究所	苏晓华、王胜东、黄秦军、苘胜军、姜岳忠、丁昌俊	20140703
109	20140109	抗逆 1 号杨	杨属	中国林业科学研究院林业研究所	苏晓华、张冰玉、黄秦军、黄荣峰、李爱平、于雷、王福森、李万海、丁昌俊	20140703
110	20140110	金姬小蜡	女贞属	浙江人文园林有限公司	陈胜洪、陈煜初、赵勋、周世荣、余冠春	20140710
111	20140111	鸿业榆	榆属	辛集市美人榆农副产品有限公司	黄印冉、张均营、黄印朋、黄铃彤、黄晓旭、黄锡军	20140715
112	20140112	阳刚	榆属	河北省林业科学研究院	黄印冉、闫淑芳、贾宗锴、徐振华、张均营、刘俊、黄印朋、杨玉梅、刘易超、李义红、戴丽	20140715
113	20140113	旭日	榆属	河北省林业科学研究院	黄印冉、徐振华、闫淑芳、贾宗锴、张均营、刘俊、黄印朋、刘易超、杨玉梅、李义红、戴丽	20140715
114	20140114	朝阳榆	榆属	河北省林业科学研究院	黄印冉、闫淑芳、徐振华、贾宗锴、张均营、刘俊、黄印朋、刘易超、杨玉梅、李义红、戴丽	20140715
115	20140115	蜜榴	石榴属	山东省林业科学研究院、枣庄市石榴研究中心	孙蕾、赵登超、郝兆祥、唐贵敏、王开芳、马敏	20140716
116	20140116	晶榴	石榴属	山东省林业科学研究所、枣庄市石榴研究中心	赵登超、孙蕾、郝兆祥、韩传明、王艳芹、贾明、唐贵敏	20140716

（续）

序号	申请号	品种名称	属（种）	申请人	培育人	申请日
117	20140117	桔艳	石榴属	枣庄市石榴研究中心、山东省林业科学研究院	郝兆祥、侯乐峰、孙蕾、唐贵敏、孟键、赵登超、孙道英	20140716
118	20140118	秋艳	石榴属	山东省林业科学研究所、枣庄市石榴研究中心	侯乐峰、郝兆祥、孙蕾、赵登超、王艳芹、贾明、王小芳、刘广亮、王庆辉	20140716
119	20140119	红绣球	石榴属	枣庄市石榴研究中心、山东省林业科学研究院	侯乐峰、郝兆祥、蒋继鑫、赵登超、孙蕾	20140716
120	20140120	金镶玉	朴属	杨昆谊	杨昆谊	20140717
121	20140121	红茜海棠	苹果属（除水果外）	山东农业大学	胡艳丽、毛志泉、陈学森、郝玉金、沈向、张文会、赵静、盖瑞、郭小静、张贞	20140719
122	20140122	红锦海棠	苹果属（除水果外）	山东农业大学	毛志泉、胡艳丽、陈学森、郝玉金、沈向、张文学、韩甜甜、夏燕飞、王荣、黄翠香	20140719
123	20140123	阴山兰桧	圆柏属	安文元、申秀枝	安文元、申秀枝	20140723
124	20140124	胭脂红	蔷薇属	北京市辐射中心	白锦荣、尚宏忠、孔滢、窦晓莹、杨玉勇、马益田、包放、郎利新	20140729
125	20140125	团圆	杜鹃花属	华西亚高山植物园	庄平、郑元润、邵慧敏、王飞、张超、李烨、唐桂英、杨学康、吴荭	20140801
126	20140126	紫伞	杜鹃花属	华西亚高山植物园	庄平、郑元润、邵敏慧、王飞、张超、李烨、唐桂英、杨学康、吴荭	20140801
127	20140127	金密	榆属	辛集市美人榆农副产品有限公司	黄印冉、张均营、黄印朋、黄铃彤、黄晓旭、黄锡军	20140808
128	20140128	银花王	忍冬属	平邑县昌鑫金银花专业合作社	闫彩金、崔现付、孟庆华、徐百国	20140811
129	20140129	朱庆冰 8518	核桃属	朱庆冰	朱庆冰	20140811
130	20140130	柔曼垂枫	槭属	江苏省林业科学研究所	窦全琴、黄立斌、董筱昀、张敏、吕运舟	20140811
131	20140131	锦钰杨	毛白杨	范军科	范军科、李凤芹、俎美平、范程豪	20140819
132	20140132	福枣 3 号	南酸枣	福建省农业科学院果树研究所	韦晓霞、吴如健、万继锋、陈瑾、潘少霖、钟秋珍、王小安、叶新福	20140822
133	20140133	鲁白杨 1 号	杨属	山东省林业科学研究院	李善文、姚俊修、张有慧、宋跃鹏、孟宪伟、安新民、赵曦阳、毛秀红、李赟、张志毅	20140818

（续）

序号	申请号	品种名称	属（种）	申请人	培育人	申请日
134	20140134	鲁白杨2号	杨属	山东省林业科学研究所	李善文、姚俊修、张有慧、宋跃鹏、张德强、张峰、安新民、赵曦阳、李赟、张志毅	20140818
135	20140135	鲁百杨3号	杨属	山东省林业科学研究院	李善文、姚俊修、宋跃鹏、张德强、李自成、李丽、张有慧、黄启伦、边金亮、张志毅	20140818
136	20140136	滨海盐荆	牡荆属	山东胜伟园林科技有限公司	荆瑞英、尹金珠、丁雪梅、时彦平、吴伟斌	20140825
137	20140137	金陵锦桃	桃花	江苏省农业科学院	沈志军、马瑞娟、俞明亮、许建兰、蔡志翔、周懋	20140827
138	20140138	壮榉	榉属	江苏省林业科学研究所	黄利斌、张敏、董筱昀、窦全琴、吕运舟	20140829
139	20140139	冲天	榉属	江苏省林业科学研究所	黄利斌、董筱昀、窦全琴、张敏、吕运舟	20140829
140	20140140	飞龙	榉属	江苏省林业科学研究所	黄利斌、董筱昀、窦全琴、张敏、吕运舟	20140829
141	20140141	拂水杉	落羽杉属	江苏省林业科学研究所	黄利斌、窦全琴、董筱昀、张敏、蒋泽平	20140829
142	20140142	绿柱	柳杉属	江苏省林业科学研究所	黄利斌、窦全琴、董筱昀、张敏、蒋泽平、李晓储	20140829
143	20140143	秋艳1号	乌桕属	江苏省林业科学研究所	黄利斌、陈庆生、窦全琴、董筱昀、张敏、倪竞德、蒋泽平	20140829
144	20140144	紫燕	乌桕属	江苏省林业科学研究院	黄利斌、窦全琴、董筱昀、张敏、梁珍海、吕运舟	20140819
145	20140145	秋皇1号	乌桕属	江苏省林业科学研究所	黄利斌、窦全琴、董筱昀、张敏、梁海珍、蒋泽平	20140829
146	20140146	锦昱楝	楝属	范军科	包建英、吴国平、卢明先、范军科	20140831
147	20140147	锦叶黄杨	卫矛属	范军科	范军科	20140831
148	20140148	浴火凤凰	蔷薇属	云南省农业科学院花卉研究所	邱显钦、王其刚、唐开学、李淑斌、陈敏、蹇洪英、张颢、周宁宁	20140901
149	20140149	公主梦	蔷薇属	云南省农业科学院花卉研究所	周宁宁、王其刚、唐开学、蹇洪英、陈敏、晏慧君、邱显钦、张婷、张颢	20140901
150	20140150	云香	蔷薇属	云南省农业科学院花卉研究所	周宁宁、王其刚、邱显钦、李淑斌、王丽花、吴旻、张婷、晏慧君、蹇洪英、唐开学、张颢	20140901
151	20140151	红屹海棠	苹果属（除水果外）	山东农业大学、棕榈园林股份有限公司	沈向、吴桂昌、毛志泉、谢作、胡艳丽、赵珊珊、陈学森、黄育彬、张文会、陈娜娟	20140903
152	20140152	红雾海棠	苹果属（除水果外）	棕榈园林股份有限公司、山东农业大学	沈向、冯冰、毛志泉、李卉、胡艳丽、李兰珍、陈学森、徐慧、李欣、叶琦君	20140903

（续）

序号	申请号	品种名称	属（种）	申请人	培育人	申请日
153	20140153	红菱海棠	苹果属（除水果外）	山东农业大学、棕榈园林股份有限公司	沈向、刘坤良、毛志泉、许华林、胡艳丽、武艳芳、陈学森、刘玉玲、孙凡雅、刘桥	20140903
154	20140154	红羽大果油茶 1 号	山茶属	广西壮族自治区林业科学研究院	羽雄安、陈国臣、马锦林、张乃燕、王东雪、陈林强、叶航、江泽鹏	20140910
155	20140155	红羽大果油茶 2 号	山茶属	广西壮族自治区林业科学研究院	陈国臣、羽雄安、马锦林、张乃燕、王东雪、陈林强、叶航、江泽鹏	20140910
156	20140156	巨龙	青檀属	泰安市泰山林业科学研究院、泰安时代园林科技开发有限公司	张林、孙忠奎、李承秀、程甜甜、陈荣伟、王长宪、张安琪、王峰、牛田、颜婷美	20140911
157	20140157	青龙	青檀属	泰安市泰山林业科学研究院、泰安时代园林科技开发有限公司	张林、王峰、王郑昊、李承秀、王波、王长宪、孙忠奎、张安琪、杜辉、王富金	20140911
158	20140158	凤目	青檀属	泰安市泰山林业科学研究院、泰安时代园林科技开发有限公司	张林、张安琪、颜卫东、宋新红、李承秀、王长宪、王峰、孙忠奎、于永畅、王郑昊	20140911
159	20140159	雪野花椒	花椒属	泰安市泰山林业科学研究院、泰安时代园林科技开发有限公司	王晓英、王新花、黄艳艳、赵涛、吴其峰	20140911
160	20140160	金红杨	杨属	商丘市中兴苗木种植有限公司	程相军、宋宏伟、杨淑红、张江涛、郭义民、程相魁	20140923
161	20140161	铺地红霞	蔷薇属	北京林业大学、国家花卉工程技术研究中心	潘会堂、赵红霞、张启翔、罗乐、丁晓六、王晶、刘佳、于超、程堂仁、王佳	20140924
162	20140162	玉龙绯粉	梅	北京林业大学、丽江得一食品有限责任公司	张启翔、孙丽丹、王佳、潘卫华、邓黔云、张玲	20140924
163	20140163	巨甸 1 号	梅	北京林业大学、丽江得一食品有限责任公司	张启翔、孙丽丹、王佳、潘卫华、邓黔云、张玲	20140924
164	20140164	锦叶女贞	女贞属	范军科	范军科	20140926
165	20140165	锦鸽荆	紫荆属	范军科	陈建业、刘全信、范军科	20141009
166	20140166	泓森槐	刺槐属	安徽泓森高科生态农林开发有限公司	侯金波、王廷敞	20141014
167	20140167	松泰	松属	广西壮族自治区林业科学研究院	杨章旗、黄永利、陈桂金	20141014

（续）

序号	申请号	品种名称	属（种）	申请人	培育人	申请日
168	20140168	德鲁西（Pacific Deluxe）	悬钩子属	美国太平洋浆果育种公司(Pacific Berry Breeding LLC USA)	M. 亚古阿斯 (Mar io Aguas)、T. 亚姆海因 (Thomas Amrhein)、J. 梅定娜 (JoseLopez Medina)	20141016
169	20140169	金德乐海棠	苹果属(除水果外)	胡志军	胡志军	20141019
170	20140170	金阳枫香	枫香属	遂平名品花木园林有限公司	王华明、石海燕、饶放、袁向阳、王华昭、孟献旗、卞建国、苏万祥、李本勇	20141027
171	20140171	梦幻彩楸	梓属	遂平名品花木园林有限公司	王华明、石海燕、饶放、袁向阳、王华昭、孟献旗	20141027
172	20140172	黄金蝉	山茶属	宁波黄金韵茶业科技有限公司、余姚市上王园艺场	李明、梁月荣、张龙杰、吴颖、王开荣、王荣芬、郑新强、张完林、王盛彬、胡涨吉	20141027
173	20140173	金玉满堂	山茶属	宁波黄金韵茶业科技有限公司、余姚市上王园艺场	王开荣、张龙杰、李明、王建军、邓隆、胡涨吉、张完林、王荣芬	20141027
174	20140174	黄金毫	山茶属	宁波黄金韵茶业科技有限公司、余姚市上王园艺场	王开荣、张龙杰、梁月荣、李明、郑新强、张完林、王荣芬、胡涨吉	20141027
175	20140175	瑞雪 2 号	山茶属	宁波黄金韵茶业科技有限公司、余姚市上王园艺场	王开荣、梁月荣、张龙杰、王荣芬、郑新强、李明、胡涨吉、张完林	20141027
176	20140176	童话	蔷薇属	中国农业大学、北京纳波湾园艺有限公司	俞红强、金茂勇、游捷、王波、王勋曜、张娟、张炜俊、王佳鹿	20141028
177	20140177	甜蜜的梦	蔷薇属	中国农业大学、北京纳波湾园艺有限公司	俞红强、游捷、王波、王勋曜、张娟、张炜俊、王佳鹿	20141028
178	20140178	情歌	蔷薇属	中国农业大学、北京纳波湾园艺有限公司	俞红强、游捷、王波、陶韬	20141028
179	20140179	晴天	蔷薇属	中国农业大学、北京纳波湾园艺有限公司	俞红强、游捷、王波、陶韬、王勋曜、张娟、张炜俊、王佳鹿	20141028
180	20140180	纳波湾	蔷薇属	北京纳波湾园艺有限公司、中国农业大学	俞红强、游捷、王波	20141028
181	20140181	约定	蔷薇属	北京纳波湾园艺有限公司、中国农业大学	俞红强、游捷、王波	20141028

（续）

序号	申请号	品种名称	属（种）	申请人	培育人	申请日
182	20140182	红河谷	蔷薇属	中国农业大学、北京纳波湾园艺有限公司	俞红强、金茂勇、游捷、王波、易根法	20141028
183	20140183	雪粉	杜鹃花属	杭州植物园	邱新军、余金良、朱春艳、吕敏、朱剑俊	20141029
184	20140184	雪翠	杜鹃花属	杭州植物园	邱新军、朱春艳、余金良、吕敏、朱剑俊	20141029
185	20140185	凤翎	紫薇属	北京林业大学、国家花卉工程技术研究中心	张启翔、潘会堂、叶远俊、刘阳、胡杏、蔡明、徐婉、王轲、程堂仁、王佳	20141029
186	20140186	风华绝代	紫薇属	北京林业大学、国家花卉工程技术研究中心	张启翔、蔡明、潘会堂、叶远俊、胡杏、任翔翔、徐婉、王轲、程堂仁、王佳	20141029
187	20140187	千层绯雪	紫薇属	北京林业大学、国家花卉工程技术研究中心	潘会堂、叶远俊、张启翔、刘阳、蔡明、胡杏、徐婉、王轲、程堂仁、王佳	20141029
188	20140188	紫嫣	紫薇属	北京林业大学、国家花卉工程技术研究中心	潘会堂、叶远俊、张启翔、蔡明、胡杏、徐婉、刘阳、王轲、程堂仁、王佳	20141029
189	20140189	黄金甲	乌桕属	浙江森禾种业股份有限公司	郑勇平	20141030
190	20140190	红翡翠	乌桕属	浙江森禾种业股份有限公司	郑勇平	20141030
191	20140191	彩虹	枫香属	浙江森禾种业股份有限公司	郑勇平	20141030
192	20140192	彩紫	枫香属	浙江森禾种业股份有限公司	郑勇平	20141030
193	20140193	朱凝脂	厚皮香属	浙江森禾种业股份有限公司	郑勇平	20141030
194	20140194	晨曦	润楠属	浙江森禾种业股份有限公司	郑勇平	20141030
195	20140195	绿羽	润楠属	浙江森禾种业股份有限公司	郑勇平	20141030
196	20140196	聚宝	润楠属	浙江森禾种业股份有限公司	郑勇平	20141030
197	20140197	金云	拟单性木兰属	浙江森禾种业股份有限公司	郑勇平	20141030
198	20140198	绿裳	拟单性木兰属	浙江森禾种业股份有限公司	郑勇平	20141030
199	20140199	美黑 1 号	核桃属	山东省林业科学研究院	孙蕾、荀守华、王开芳、曲永赟、王小芳	20141103
200	20140200	美黑 6 号	核桃属	山东省林业科学研究院	荀守华、孙蕾、王开芳、曲永赟、王小芳	20141103
201	20140201	美黑 11 号	核桃属	山东省林业科学研究院	王开芳、孙蕾、荀守华、曲永赟、王小芳	20141103

（续）

序号	申请号	品种名称	属（种）	申请人	培育人	申请日
202	20140202	美黑 k2	核桃属	山东省林业科学研究院	孙蕾、荀守华、王开芳、曲永赟、王小芳	20141103
203	20140203	美黑 k5	核桃属	山东省林业科学研究院	孙蕾、荀守华、王开芳、曲永赟、王小芳	20141103
204	20140204	粉红娇艳	芍药属	上海植物园	叶康、奉树成、胡永红、王荣、王佳、宋垚	20141106
205	20140205	丰花紫	芍药属	上海植物园	叶康、奉树成、胡永红、王荣、冷寒冰	20141106
206	20140206	桃花笑	芍药属	上海植物园	叶康、奉树成、胡永红、王荣、高燕	20141106
207	20140207	染霜	芍药属	上海植物园	叶康、奉树成、胡永红、王荣、蒋昌华	20141106
208	20140208	中山杉 503	落羽杉属	江苏省中国科学院植物研究所	殷云龙、徐建华、於朝广、徐和宝	20141122
209	20140209	中山杉 703	落羽杉属	江苏省中国科学院植物研究所	殷云龙、徐建华、於朝广、徐和宝	20141122
210	20140210	海涛杨	杨属	北京林业大学	邬荣领、王忠、薄文浩、徐放	20141124
211	20140211	世植 2017	含笑属	深圳市仙湖植物园管理处、棕榈园林股份有限公司	王亚玲、张寿洲、杨建芬、赵珊珊、赵强民、严丹峰、符秀玉	20141127
212	20140212	云食 1 号	蔷薇属	云南鑫海汇花业有限公司、云南省农业科学院花卉研究所	朱应雄、晏慧君、李淑斌、王其刚、张应红、骞洪英、吴旻、骆礼宾、张婷、唐开学	20141128
213	20140213	云彩虹	蔷薇属	云南鑫海汇花业有限公司、云南省农业科学院花卉研究所	陈敏、王其刚、朱应雄、朱芷汐、张艺萍、李淑斌、张绍宏、张婷、晏慧君、张颢	20141128
214	20140214	金衣花脸	芍药属	北京林业大学、北京东方园林股份有限公司	袁涛、王莲英、李清道、石颜通、王福、马钧、田旗、曹照忠、孙湘滨	20141201
215	20140215	雨后彩虹	芍药属	北京林业大学、北京东方园林股份有限公司	袁涛、王莲英、孙湘滨、曹照忠、李清道、石颜通、王福、马钧、田旗	20141201
216	20140216	霞光	芍药属	北京林业大学、北京东方园林股份有限公司	袁涛、王莲英、王莲英、孙湘滨、曹照忠、李清道、王福、马钧、田旗	20141203
217	20140217	蝶舞	芍药属	北京东方园林股份有限公司、北京林业大学	袁涛、王莲英、孙湘滨、曹照忠、李清道、石颜通、王福、马钧、田旗	20141201
218	20140218	紫缘荷	芍药属	北京东方园林股份有限公司、北京林业大学	袁涛、王莲英、孙湘滨、曹照忠、李清道、石颜通、王福、马钧田旗	20141203
219	20140219	剪绒莲	芍药属	北京东方园林股份有限公司	袁涛、王莲英、孙湘滨曹照忠、李清道、石颜通、王福、马钧、田旗	20141201

（续）

序号	申请号	品种名称	属（种）	申请人	培育人	申请日
220	20140220	金衣飞舞	芍药属	北京东方园林股份有限公司	袁涛、王莲英、孙湘滨、曹照忠、李清道、石颜通、王福、马钧、田旗	20141201
221	20140221	墨浪	芍药属	北京东方园林股份有限公司	袁涛、王莲英、孙湘滨、曹照忠、李清道、石颜通、王福、马钧、田旗	20141201
222	20140222	红艳艳	芍药属	北京东方园林股份有限公司	袁涛、王莲英、孙湘滨、曹照忠、李清道、石颜通、王福、马钧、田旗	20141201
223	20140223	紫艳青山	刺槐属	山东省林业科学研究院、费县国有大青山林场	荀守华、孙百友、乔玉玲、张自和、张元帅、宋玉民、毛秀红、董玉峰	20141204
224	20140224	壮美青山	刺槐属	山东省林业科学研究院、费县国有大青山林场	荀守华、孙百友、乔玉玲、张自和、张元帅、宋玉民、毛秀红、董玉峰	20141204
225	20140225	多彩青山	刺槐属	山东省林业科学研究院、费县国有大青山林场	荀守华、孙百友、乔玉玲、张自和、张元帅、宋玉民、毛秀红、董玉峰	20141204
226	20140226	胭脂红	紫薇	浙江省林业科学研究院、浙江滕头园林股份有限公司	陈卓梅、王金凤、刘济祥、柳新红、林富平、徐梁、顾翠花、沈泉	20141206
227	20140227	幻粉	紫薇	浙江省林业科学研究院、浙江滕头园林股份有限公司	陈卓梅、王金凤、刘济祥、柳新红、林富平、徐梁、顾翠花、沈泉	20141206
228	20140228	沁紫	紫薇	浙江滕头园林股份有限公司、浙江省林业科学研究院	陈卓梅、王金凤、傅剑波、朱锡君、柳新红、林富平、程雪梅	20141206
229	20140229	白雪	紫薇	浙江滕头园林股份有限公司、浙江省林业科学研究院	陈卓梅、王金凤、朱锡君、柳新红、林富平、程雪梅、傅剑波	20141206
230	20140230	粉花毯	蔷薇属	北京市园林科学研究院	巢阳、勇伟、冯慧、周燕、王茂良、丛日晨	20141209
231	20140231	雪孩儿	蔷薇属	北京市园林科学研究院	巢阳、勇伟、冯慧、周燕、王茂良、丛日晨	20141209
232	20140232	恋人	蔷薇属	云南锦苑花卉产业股份有限公司	倪功、曹荣根、田连通、白云评、乔丽婷、何琼、阳明祥	20141206
233	20140233	吉祥	蔷薇属	云南锦苑花卉产业股份有限公司	倪功、曹荣根、田连通、白云评、乔丽婷、何琼、阳明祥	20141206
234	20140234	热恋	蔷薇属	云南锦苑花卉产业股份有限公司	倪功、曹荣根、田连通、白云评、乔丽婷、何琼、阳明祥	20141206
235	20140235	皇妃	蔷薇属	云南锦苑花卉产业股份有限公司	倪功、曹荣根、田连通、白云评、乔丽婷、何琼、阳明祥	20141206
236	20140236	锦艳	蔷薇属	云南锦苑花卉产业股份有限公司	倪功、曹荣根、田连通、白云评、乔丽婷、何琼、阳明祥	20141206

（续）

序号	申请号	品种名称	属（种）	申请人	培育人	申请日
237	20140237	紫玉	蔷薇属	云南锦苑花卉产业股份有限公司	倪功、曹荣根、田连通、白云评、乔丽婷、何琼、阳明祥	20141206
238	20140238	丽云	蔷薇属	云南锦苑花卉产业股份有限公司	倪功、曹荣根、田连通、白云评、乔丽婷、何琼、阳明祥	20141206
239	20140239	滨海翠	柽柳属	河北科技师范学院	杨俊明、刘振林、张国君、杨晴、曹书敏、代波、岳国忠、王子华、董聚苗、孟祥喜、毛萌萌	20141208
240	20140240	双红 101	紫薇属	宁波永丰园林建设有限公司	王肖雄、马进、张超、付建新	20141209
241	20140241	双红 102	紫薇属	宁波永丰园林建设有限公司	王肖雄、马进、张超、付建新	20141209
242	20140242	双红 103	紫薇属	宁波永丰园林建设有限公司	王肖雄、马进、张超、付建新	20141209
243	20140243	四季春 2 号	紫荆属	河南四季春园林艺术工程有限公司、鄢陵中林园林工程有限公司	张林、刘双枝、张文馨	20141210
244	20140244	四季春 3 号	紫荆属	河南四季春园林艺术工程有限公司、鄢陵中林园林工程有限公司	张林、刘双枝、张文馨	20141210
245	20140245	四季春 4 号	紫荆属	鄢陵中林园林工程有限公司、河南四季春园林艺术工程有限公司	张林、刘双枝、张文馨	20141210
246	20140246	凤羽栾	栾树属	浙江滕头园林股份有限公司、中国林业科学研究院亚热带林业研究所	傅剑波、朱锡君、刘济祥、王均平、刘军、姜景民	20141209
247	20140247	齐云山 11 号	南酸枣	江西齐云山食品有限公司	陈舟海、刘继延、凌华山、刘顺生	20141209
248	20140248	齐云山 17 号	南酸枣	江西齐云山食品有限公司	陈周海、刘继延、凌华山、刘顺生	20141209
249	20140249	金背丹心	山茶属	南宁市金花茶公园	黄连冬	20141219
250	20140250	冬月	山茶属	南宁市金花茶公园	黄连冬	20141219
251	20140251	本朴丽帕 (Bonpripapcom)	大戟属	澳大利亚本雅植物有限公司 (Bonza Botanicals Pty Ltd)	安德鲁·伯纽兹（Andrew Bernuetz）	20141222
252	20140252	本朴丽莉 (Bonprilipcom)	大戟属	澳大利亚本雅植物有限公司 (Bonza Botanicals Pty Ltd)	安德鲁·伯纽兹（Andrew Bernuetz）	20141222
253	20140253	本朴丽披（Bonpripicom）	大戟属	澳大利亚本雅植物有限公司 (Bonza Botanicals Pty Ltd)	安德鲁·伯纽兹（Andrew Bernuetz）	20141222
254	20140254	本朴丽德 (Bompridepcom)	大戟属	澳大利亚本雅植物有限公司 (Bonza Botanicals Pty Ltd)	安德鲁·伯纽兹（Andrew Bernuetz）	20141222

数据来源：国家林业局植物新品种保护办公室。

附表3　2014年林产品地理标志

序号	编　号	地理标志名称	省（自治区、直辖市）	申请单位	商品名称	备　注
1	第 13 号	安泽连翘	山　西	山西省安泽县质量技术监督局	安泽连翘	质检总局已审核
2	第 13 号	樟树黄栀子	江　西	江西省樟树市质量技术监督局	樟树黄栀子	质检总局已审核
3	第 13 号	汉源花椒油	四　川	四川省汉源县质量技术监督局	汉源花椒油	质检总局已审核
4	第 39 号	红花峪桑葚	辽　宁	天津市蓟县质量技术监督局	红花峪桑葚	质检总局已审核
5	第 39 号	朝阳杏仁油	辽　宁	辽宁省朝阳市龙城区质量技术监督局	朝阳杏仁油	质检总局已审核
6	第 39 号	冠县灵芝	山　东	山东省冠县质量技术监督局	冠县灵芝	质检总局已审核
7	第 41 号	邵阳茶油	湖　南	湖南省邵阳县质量技术监督局	邵阳茶油	质检总局已审核
8	第 44 号	竹山肚倍	湖　北	湖北省竹山县质量技术监督局	竹山肚倍	质检总局已审核
9	第 55 号	中泰竹笛	杭　州	浙江省杭州市余杭区质量技术监督局	中泰竹笛	质检总局已审核
10	第 55 号	神农架野板栗	湖　北	湖北省神农架林区质量技术监督局	神农架野板栗	质检总局已审核
11	第 77 号	安陆银杏	湖　北	湖北省安陆市质量技术监督局	安陆银杏	质检总局已审核
12	第 96 号	李营法桐	山　东	山东省济宁市任城区质量技术监督局	李营法桐	质检总局已审核
13	第 96 号	桐梓方竹笋	贵　州	贵州省桐梓县质量技术监督局	桐梓方竹笋	质检总局已审核
14	第 96 号	玉屏茶油	贵　州	贵州省玉屏侗族自治县质量技术监督局	玉屏茶油	质检总局已审核
15	第 109 号	随州银杏	湖　北	湖北省随州市质量技术监督局	随州银杏	质检总局已审核
16	第 109 号	北寨红杏	北　京	北京市平谷区质量技术监督局	北寨红杏	质检总局已审核
17	第 109 号	成县核桃	甘　肃	甘肃省成县质量技术监督局提	成县核桃	质检总局已审核
18	第 109 号	雅长铁皮石斛	广　西	广西壮族自治区乐业县质量技术监督局	雅长铁皮石斛	质检总局已审核
19	第 129 号	尚志黑木耳	黑龙江	黑龙江省尚志市质量技术监督局	尚志黑木耳	质检总局已审核
20	第 129 号	邳州板栗	江　苏	江苏省邳州市质量技术监督局	邳州板栗	质检总局已审核
21	第 129 号	浦北红椎菌	广　西	广西壮族自治区浦北县质量技术监督局	浦北红椎菌	质检总局已审核
22	第 129 号	册亨茶油	贵　州	贵州省册亨县质量技术监督局	册亨茶油	质检总局已审核
23	第 136 号	林芝灵芝	西　藏	西藏自治区林芝地区质量技术监督局	林芝灵芝	质检总局已审核
24	第 139 号	新兴话梅	广　东	广东省新兴县质量技术监督局	新兴话梅	质检总局已审核

（续）

序号	编　号	地理标志名称	省（自治区、直辖市）	申请单位	商品名称	备　注
25	第 139 号	常宁茶油	湖　南	湖南省常宁市质量技术监督局	常宁茶油	质检总局已审核
26	AGI2014-01-1377	海淀玉巴达杏	北　京	北京市海淀区农业科学研究所	海淀玉巴达杏	农业部已审核
27	AGI2014-01-1398	永定红柿	福　建	永定县红柿专业技术协会	永定红柿	农业部已审核
28	AGI2014-01-1399	黎川香榧	江　西	黎川县农业技术推广中心	黎川香榧	农业部已审核
29	AGI2014-01-1402	伟德山板栗	山　东	荣成市绿色食品协会	伟德山板栗	农业部已审核
30	AGI2014-01-1403	临朐三山峪大山楂	山　东	临朐县农民专业合作社联合会	临朐三山峪大山楂	农业部已审核
31	AGI2014-01-1414	竹山肚倍	湖　北	竹山县农业技术推广中心	竹山肚倍	农业部已审核
32	AGI2014-01-1415	崇阳野桂花蜜	湖　北	崇阳县养蜂协会	崇阳野桂花蜜	农业部已审核
33	AGI2014-01-1422	都峤山铁皮石斛	广　西	广西容县金地铁皮石斛种植专业合作社	都峤山铁皮石斛	农业部已审核
34	AGI2014-01-1434	保山甜柿	云　南	保山市经济作物技术推广工作站	保山甜柿	农业部已审核
35	AGI2014-01-1454	库车小白杏	新　疆	库车县林业管理站	库车小白杏	农业部已审核
36	AGI2014-02-1463	枣树行玉铃铛枣	安　徽	阜阳市颍泉区宁老庄镇枣树行枣业协会	枣树行玉铃铛枣	农业部已审核
37	AGI2014-02-1474	泰山板栗	山　东	泰安市板栗协会	泰山板栗	农业部已审核
38	AGI2014-02-1482	武宣牛心柿	广　西	武宣县农业技术推广站	武宣牛心柿	农业部已审核
39	AGI2014-02-1483	天峨核桃	广　西	天峨县无公害水果协会	天峨核桃	农业部已审核
40	AGI2014-02-1487	贵定盘江酥李	贵　州	贵定县酥李协会	贵定盘江酥李	农业部已审核
41	AGI2014-02-1493	红河棕榈	云　南	红河县棕榈产业协会	红河棕榈	农业部已审核
42	AGI2014-02-1494	腾冲红花油茶油	云　南	腾冲县农业技术推广所	腾冲红花油茶油	农业部已审核
43	AGI2014-03-1497	泗家水红头香椿	北　京	北京市门头沟区雁翅镇泗家水村香椿协会	泗家水红头香椿	农业部已审核
44	AGI2014-03-1501	五原黄柿子	内蒙古	五原县蔬菜办公室	五原黄柿子	农业部已审核
45	AGI2014-03-1509	辽阳大果榛子	辽　宁	辽阳县榛子产业协会	辽阳大果榛子	农业部已审核
46	AGI2014-03-1512	林口滑子蘑	黑龙江	林口县农业技术推广中心	林口滑子蘑	农业部已审核
47	AGI2014-03-1515	穆棱黑木耳	黑龙江	穆棱市食用菌协会	穆棱黑木耳	农业部已审核
48	AGI2014-03-1516	穆棱冻蘑	黑龙江	穆棱市食用菌协会	穆棱冻蘑	农业部已审核
49	AGI2014-03-1520	庆元灰树花	浙　江	庆元县食用菌管理局	庆元灰树花	农业部已审核
50	AGI2014-03-1524	东乡白花蛇舌草	江　西	东乡县白花蛇舌草行业协会	东乡白花蛇舌草	农业部已审核

（续）

序号	编　号	地理标志名称	省（自治区、直辖市）	申请单位	商品名称	备　注
51	AGI2014-03-1525	张庄油栗	山　东	邹城市张庄镇油栗协会	张庄油栗	农业部已审核
52	AGI2014-03-1533	五井山柿	山　东	临朐县五井镇柿饼协会	五井山柿	农业部已审核
53	AGI2014-03-1542	钟祥香菇	湖　北	钟祥市食用菌协会	钟祥香菇	农业部已审核
54	AGI2014-03-1589	新疆兵团四十八团红枣	新　疆	新疆生产建设兵团第三师四十八团	新疆兵团四十八团红枣	农业部已审核
55	11100543	涞水麻核桃	河　北	涞水县惠农麻核桃协会	麻核桃（工艺品）等	商标局已注册
56	11619830	上党连翘	山　西	屯留县民康中药材专业技术协会	连翘（中药材）	商标局已注册
57	11767272	抚顺单片黑木耳	辽　宁	抚顺县食用菌协会	黑木耳	商标局已注册
58	12206895	辽阳山里红	辽　宁	辽阳市农副产品协会	山楂	商标局已注册
59	12876265	黄松甸黑木耳	吉　林	蛟河市黄松甸食（药）用菌协会	黑木耳	商标局已注册
60	13745707	虎林椴树蜜	黑龙江	虎林市蜂业协会	蜂蜜	商标局已注册
61	11619176	洋马菊花	江　苏	射阳县菊花研究会	药用菊花	商标局已注册
62	11598928	大浮杨梅	江　苏	无锡太湖山水城旅游度假区果农协会	杨梅	商标局已注册
63	12437858	富阳芦笋	浙　江	富阳市芦笋产业协会	芦笋	商标局已注册
64	11232352	宿州王枣子	安　徽	宿州王枣子研发中心	王枣子（未加工的中药材）	商标局已注册
65	11448155	平和夫人李	福　建	平和县特产协会	李子	商标局已注册
66	11448157	灵通七叶胆	福　建	平和县特产协会	药茶；药用草药茶	商标局已注册
67	12821614	明溪红豆杉	福　建	明溪县红豆杉行业协会	红豆杉	商标局已注册
68	13814882	浦城桂花	福　建	浦城县桂花协会	鲜桂花；桂花树苗木	商标局已注册
69	13814883	浦城丹桂	福　建	浦城县桂花协会	桂花	商标局已注册
70	14504754	光泽厚朴	福　建	福建省光泽县林业科学技术推广中心	新鲜厚朴	商标局已注册
71	12584748	永定红柿	福　建	永定县红柿专业技术协会	柿子（新鲜水果）	商标局已注册
72	13858673	诏安柿饼	福　建	诏安县太平镇水果营销协会	柿饼	商标局已注册
73	12765801	泗水板栗	山　东	泗水县泗张镇优质农产品协会	板栗（新鲜水果）	商标局已注册
74	13377545	梁山蚕白杏	山　东	梁山县鲁梁农畜产业协会	杏	商标局已注册
75	14337393	邹城长红枣	山　东	邹城市香城镇果蔬协会	鲜枣	商标局已注册

（续）

序号	编　号	地理标志名称	省（自治区、直辖市）	申请单位	商品名称	备　注
76	14150036	香城黄杏	山　东	邹城市香城镇果蔬协会黄杏分会	杏	商标局已注册
77	13435802	菏泽木瓜	山　东	菏泽市木瓜协会	木瓜（药材）	商标局已注册
78	13459421	鄢陵蜡梅	河　南	鄢陵县民间蜡梅协会	蜡梅树（植物）	商标局已注册
79	11638898	唐栀子	河　南	唐河县中药材开发办公室	栀子	商标局已注册
80	13395733	东岗核桃	河　南	林州市东岗镇农业服务中心	加工过的核桃	商标局已注册
81	13395734	东岗花椒	河　南	林州市东岗镇农业服务中心	花椒（调味品）	商标局已注册
82	13231152	武当榔梅	湖　北	丹江口市果树学会	梅子（新鲜的榔梅）	商标局已注册
83	11631145	柏树湾金银花	湖　北	随县金银花协会	金银花（植物）	商标局已注册
84	13476391	黄袍山油茶	湖　北	通城县油茶行业协会	油茶植物	商标局已注册
85	14060564	塔耳柿子	湖　北	武汉市黄陂区土特产协会	柿子（新鲜水果）	商标局已注册
86	13326900	景阳桐	湖　北	郧西县景阳乡油桐产业协会	油桐（树木）	商标局已注册
87	13571873	酉阳茶油	重　庆	酉阳土家族苗族自治县可大乡农业服务中心	茶油	商标局已注册
88	12145092	万州猕猴桃	重　庆	重庆市万州猕猴桃研究所	猕猴桃	商标局已注册
89	13377801	南川金佛山珙桐	重　庆	重庆金佛山国家级自然保护区管理局	珙桐（植物）	商标局已注册
90	11092777	江津石蟆橄榄	重　庆	重庆市江津区石蟆镇农业服务中心	新鲜橄榄	商标局已注册
91	13356641	城口板栗	重　庆	城口县林学会	新鲜栗子	商标局已注册
92	12617898	德昌桑葚	四　川	德昌县蚕业管理办公室	桑葚	商标局已注册
93	13632388	宁南幸福核桃	四　川	宁南县核桃专业技术协会	加工过的核桃	商标局已注册
94	13513500	小金松茸	四　川	小金县农业局经济作物管理站	鲜松茸	商标局已注册
95	12632799	雅江松茸	四　川	四川省雅江县农技站	松茸（干食用菌）	商标局已注册
96	11742325	盐源早核桃	四　川	四川省盐源县核桃产业化技术协会	核桃（坚果）	商标局已注册
97	14056994	昭化山桐子	四　川	广元市昭化区林业科技推广服务中心	山桐子（新鲜浆果）	商标局已注册
98	14056993	昭化山桐子	四　川	广元市昭化区林业科技推广服务中心	山桐子油（食用油）	商标局已注册
99	10320006	鲁甸青花椒	云　南	鲁甸县花椒产业商会	花椒粉	商标局已注册
100	13869630	鲁甸大麻核桃	云　南	鲁甸县林业产业服务中心	新鲜核桃	商标局已注册
101	13869631	鲁甸大麻核桃	云　南	鲁甸县林业产业服务中心	加工过的核桃	商标局已注册

序号	编　号	地理标志名称	省（自治区、直辖市）	申请单位	商品名称	备　注
102	13237601	加查核桃	西　藏	西藏山南地区加查县加查达布千年核桃协会	核桃（新鲜水果）	商标局已注册
103	9184154	那曲虫草	西　藏	西藏那曲地区冬虫夏草产业发展保护管理协会	冬虫夏草	商标局已注册
104	9300735	那曲虫草	西　藏	西藏那曲地区冬虫夏草产业发展保护管理协会	冬虫夏草	商标局已注册
105	9301495	那曲冬虫夏草	西　藏	西藏那曲地区冬虫夏草产业发展保护管理协会	冬虫夏草	商标局已注册
106	9388557	那曲冬虫夏草	西　藏	西藏那曲地区冬虫夏草产业发展保护管理协会	冬虫夏草	商标局已注册
107	13223243	大荔冬枣	陕　西	大荔县果业局	鲜枣	商标局已注册
108	11838582	眉县猕猴桃	陕　西	眉县果业局	猕猴桃	商标局已注册
109	12037420	陈仓核桃	陕　西	宝鸡市陈仓区新街镇官村核桃专业协会	坚果（核桃）	商标局已注册
110	11782523	洛南核桃	陕　西	洛南县核桃研究所	干核桃	商标局已注册
111	13319129	略阳杜仲	陕　西	略阳县杜仲协会	杜仲	商标局已注册
112	13246729	杂多虫草	青　海	杂多县虫草协会	冬虫夏草	商标局已注册
113	11850895	刚察黄蘑菇	青　海	刚察县特色农畜产品营销协会	干食用菌	商标局已注册

数据来源：中国商标网、中国农产品质量安全网和中国地理标志产品服务中心网站。

附表4　2014年主要林业图书

序号	ISBN	书　名	责任者	出版者	出版日期
1	978-7-5038-7506-9	2013 集体林权制度改革监测报告	国家林业局“集体林权制度改革监测报告”项目组著	中国林业出版社	201406
2	978-7-5038-7592-2	2013 世界林业热点问题	徐斌主编	中国林业出版社	201407
3	978-7-109-18926-3	50 种经济林果丰产栽培技术	王立新，王法格，王森主编	中国农业出版社	201403
4	978-7-5390-5052-2	安福木本植物	佘志勇，张春华，马祝才编	江西科学技术出版社	201404
5	978-7-5038-7542-7	安徽森林生态网络体系实践	彭镇华著	中国林业出版社	201406
6	978-7-5038-7482-6	八达岭国家森林公园常见植物图谱	朱绍文，蔡永茂，赵广亮主编	中国林业出版社	201405
7	978-7-03-040909-6	保护生物学原理	蒋志刚，马克平主编	科学出版社	201408
8	978-7-5038-7316-4	北方育林新探索：中—欧专家森林经营对话	邬可义，徐成立主编	中国林业出版社	201402
9	978-7-5038-7703-2	北京地区部分树种生态功能研究	李少宁，鲁绍伟，孔令伟主编	中国林业出版社	201411
10	978-7-5655-0948-3	北京地区主要树种造林技术	朱启酒主编	中国农业大学出版社	201406
11	978-7-5170-2066-0	北京平原地区造林工程生态环境效应评估	刘春兰，陈龙，陈操操，李少宁，李铮等著	中国水利水电出版社	201405
12	978-7-5038-7483-3	北京市八达岭林场森林健康经营技术指南	朱绍文，蔡永茂，赵广亮编著	中国林业出版社	201406
13	978-7-5038-7407-9	北京野生植物资源	赵良成等著	中国林业出版社	201404
14	978-7-5038-7408-6	北京重点保护野生植物	沐先运，张志翔，张钢民著	中国林业出版社	201404
15	978-7-5093-2504-9	滨海湿地保护法律问题研究	梅宏著	中国法制出版社	201401
16	978-7-112-16710-4	材料与技术·木作	王菁菁等编著	中国建筑工业出版社	201406
17	978-7-5655-0915-5	彩色苗木繁育技术	石进朝，卢宝明主编	中国农业大学出版社	201404
18	978-7-5655-0971-1	彩叶植物生产栽培及应用	马杰，李留振，黄广远主编	中国农业大学出版社	201407
19	978-7-5082-8674-7	草地地被植物病虫草害原色图谱	徐秉良主编	金盾出版社	201403
20	978-7-5038-7516-8	草原生态系统研究的方法与实践	田青主编	中国林业出版社	201407
21	978-7-5038-7392-8	常见贸易濒危药用植物识别手册	张建龙主编	中国林业出版社	201403
22	978-7-5038-7271-6	城市景观	张长江著	中国林业出版社	201401
23	978-7-5111-2141-7	城市污泥堆肥林地利用及其环境生态风险评价	张立秋，孙德智，封莉主编	中国环境科学出版社	201411
24	978-7-5609-9308-9	城市园林绿地系统规划	徐文辉主编	华中科技大学出版社	201402

（续）

序号	ISBN	书　名	责任者	出版者	出版日期
25	978-7-03-039228-2	大巴山地区高等植物名录	贾渝，马欣堂，班勤，李敏主编	科学出版社	201401
26	978-7-112-17058-6	大秦岭山麓区绿道网络规划与建设	陈磊，岳邦瑞，潘嘉星著	中国建筑工业出版社	201408
27	978-7-03-041246-1	大兴安岭常见植物彩色图鉴	胡理乐等主编	科学出版社	201407
28	978-7-03-040944-7	岱岳树木文化图考	钟蓓，冯广平，包琰，樊守金著	科学出版社	201406
29	978-7-5038-7438-3	低碳经济与生态文明研究	郑晶等著	中国林业出版社	201404
30	978-7-03-040608-8	滇黔桂喀斯特地区重要植物资源	于胜祥，刘演等编著	科学出版社	201406
31	978-7-5038-7667-7	典型森林类型健康经营技术研究	张会儒，雷相东编著	中国林业出版社	201411
32	978-7-5038-7409-3	多功能人工林经营技术指南	陆元昌，张文辉著	中国林业出版社	201406
33	978-7-03-040376-6	分子生物学新技术在林木育种中的应用进展	孟凡娟主编	科学出版社	201404
34	978-7-03-041021-4	福建典型滨海湿地	李荣冠，王建军，林俊辉主编	科学出版社	201406
35	978-7-5038-7443-7	福建花文化	陈璋编著	中国林业出版社	201405
36	978-7-5615-4991-9	福建特有树种	郑清芳编著	厦门大学出版社	201405
37	978-7-5335-4493-5	福建珍稀濒危野生植物	高兆蔚主编	福建科学技术出版社	201403
38	978-7-5478-2037-7	光合作用研究述评：沈允钢院士论光合作用	程建峰编	上海科学技术出版社	201405
39	978-7-5609-9554-0	广东森林植物	刘凯昌，庄雪影，薛春泉，李镇魁主编	华中科技大学出版社	201404
40	978-7-03-040880-8	广西、海南地区植物资源利用与生物技术	王俊丽主编	科学出版社	201406
41	978-7-5111-1691-8	广西红壤	赵其国，黄国勤主编	中国环境科学出版社	201402
42	978-7-03-040908-9	广西湿地与湿地生物多样性：生态学研究	梁士楚等编著	科学出版社	201407
43	978-7-5038-7255-6	广西树木志：第二卷	梁盛业主编	中国林业出版社	201402
44	978-7-03-041412-0	贵州桑科植物资源图鉴及利用现状	孙超，谢华主编	科学出版社	201408
45	978-7-5532-0195-5	贵州珍稀兰科植物	吴明开，刘作易，罗晓青编著	贵州科技出版社	201404
46	978-7-5038-7363-8	2013 国家林业重点工程社会经济效益监测报告	国家林业局经济发展研究中心，国家林业局发展规划与资金管理司编	中国林业出版社	201403
47	978-7-5038-7447-5	国内外林业监测	国家林业局发展规划与资金管理司，国家林业局生态环境监测总站编著	中国林业出版社	201405
48	978-7-5029-5998-2	海南岛橡胶林生态系统碳平衡研究	吴志祥著	气象出版社	201409
49	978-7-5442-6507-2	海南省志：林业志	海南省地方志办公室编	南海出版公司	201404

（续）

序号	ISBN	书　名	责任者	出版者	出版日期
50	978-7-03-041187-7	合作种群模型动力学研究	陈凤德，谢向东著	科学出版社	201406
51	978-7-03-039646-4	河南昆虫志：区域及分布	河南省农业科学院植物保护研究所，河南省植物保护学会	科学出版社	201402
52	978-7-5038-7410-9	河南林业真菌	林晓民等著	中国林业出版社	201403
53	978-7-5490-0572-7	河西荒漠绿洲型城市园林植物	周全民主编	甘肃文化出版社	201404
54	978-7-5034-4750-1	黑杨要术	张存义等主编	中国文史出版社	201402
55	978-7-03-038253-5	横断山高山冰缘带种子植物	徐波，李志敏，孙航著	科学出版社	201401
56	978-7-81092-879-3	红豆杉	张宗勤，刘志明编著	西北农林科技大学出版社	201405
57	978-7-5019-9876-0	红木	李英健，李岩泉，蔡子良主编	中国轻工业出版社	201409
58	978-7-5038-7647-9	红砂抗逆生态学研究	单立山，李毅著	中国林业出版社	201409
59	978-7-03-042091-6	洪泽湖湿地：江苏泗洪洪泽湖湿地国家级自然保护区科学考察报告	王国祥，马向东，常青主编	科学出版社	201411
60	978-7-5038-7454-3	华北平原杨树人工林碳通量测算技术研究	鲁绍伟，饶良懿，靳爱仙编著	中国林业出版社	201405
61	978-7-03-039734-8	华东植物区系维管束植物多样性编目	田旗主编	科学出版社	201403
62	978-7-5023-9572-8	环渤海三角洲滨海湿地的植被特征及演化	张绪良，张朝晖著	科学技术文献出版社	201412
63	978-7-5640-8517-9	环境化学及环境监测实验	邓显容主编	北京理工大学出版社	201401
64	978-7-03-039648-8	环境信息系统	曾向阳等编著	科学出版社	201401
65	978-7-5611-9444-7	环境与生物技术	吕国忠主编	大连理工大学出版社	201409
66	978-7-5077-4493-4	黄河三角洲土壤质量时空演变规律	李新举，方玉东，刘宁编著	学苑出版社	201404
67	978-7-03-040624-8	黄土高原草原生态系统研究：云雾山国家级自然保护区	程积民等编著	科学出版社	201405
68	978-7-03-040214-1	黄土高原景观格局变化与土壤侵蚀	傅伯杰等著	科学出版社	201404
69	978-7-5111-1440-2	黄土高原土地退化与植被动态的遥感分析	孙建国著	中国环境出版社	201403
70	978-7-03-040928-7	混合效应模型在林业建模中的应用	姜立春，李凤日著	科学出版社	201406
71	978-7-03-040694-1	基因定位与育种设计	王建康，李慧慧，张鲁燕著	科学出版社	201406
72	978-7-5093-4819-2	基于生态文明的法理学	蔡守秋著	中国法制出版社	201401
73	978-7-5504-1577-5	基于生态文明战略的国家公园建设与管理	傅广海著	西南财经大学出版社	201409

（续）

序号	ISBN	书　名	责任者	出版者	出版日期
74	978-7-5161-4420-6	基于消费者参与的城市游憩型绿道经营管理研究	郭栩东著	中国社会科学出版社	201406
75	978-7-5038-7499-4	冀北山地主要森林群落生长发育及影响因子研究	李冬杰等主编	中国林业出版社	201406
76	978-7-5019-9652-0	家具胶黏剂实用技术与应用	刘晓红编著	中国轻工业出版社	201404
77	978-7-5130-2427-3	简明生物学史话	钟安环编著	知识产权出版社	201403
78	978-7-122-19199-1	建筑环境立体绿化技术	徐峰主编	化学工业出版社	201404
79	978-7-5019-9545-5	江苏造纸简史	张辉，牛庆民主编	中国轻工业出版社	201401
80	978-7-5537-0107-3	江苏植物志：2	陈守良，刘启新主编	江苏科学技术出版社	201407
81	978-7-5038-7732-2	胶合板生产技术	张晓坤主编	中国林业出版社	201411
82	978-7-5509-0794-2	金刚台野生木本植物图鉴	王齐瑞，叶喜阳主编	黄河水利出版社	201405
83	978-7-5314-6294-1	景观概念创意与表达	齐海涛编著	辽宁美术出版社	201406
84	978-7-112-16009-9	景观规划设计	徐坚，丁宏青编著	中国建筑工业出版社	201403
85	978-7-122-19724-5	景观绿化空间设计	赵彦杰，雷琼编著	化学工业出版社	201407
86	978-7-5019-9248-5	景观设计	曹福存，赵彬彬编著	中国轻工业出版社	201401
87	978-7-03-040623-1	景观生态学	张娜著	科学出版社	201405
88	978-7-5038-6923-5	蕨类植物图谱：孢子体和原叶体	焦瑜，王晖，张寿洲著	中国林业出版社	201405
89	978-7-03-040584-5	菌群优化与仿生管理	牛奔著	科学出版社	201406
90	978-7-302-38142-6	空间统计学林业应用案例	闫秀婧，汪浩然著	清华大学出版社	201410
91	978-7-03-040025-3	苦楝聚合群体遗传多样性研究与核心种质构建	程诗明，顾万春著	科学出版社	201403
92	978-7-03-040757-3	昆虫生殖系统	嵇保中，刘曙雯，曹丹丹编著	科学出版社	201406
93	978-7-5038-7104-7	昆虫数码系统分类名录	孙华藻编著	中国林业出版社	201404
94	978-7-5623-4234-2	雷州半岛树木志	韩维栋等著	华南理工大学出版社	201405
95	978-7-03-040569-2	丽江古树	邓莉兰，张存正主编	科学出版社	201405
96	978-7-5038-7629-5	林木容器苗培育技术研究进展	刘勇，卢宝明主编	中国林业出版社	201409
97	978-7-03-042070-1	林木遗传模型统计分析及R语言实现	童春发，施季森著	科学出版社	201410
98	978-7-5038-7633-2	林木遗传育种中平衡不平衡、规则不规则试验数据处理技巧	齐明，何贵平著	中国林业出版社	201410
99	978-7-5038-7620-2	林木种苗工程项目建设标准	国家林业局主编	中国林业出版社	201408

（续）

序号	ISBN	书　名	责任者	出版者	出版日期
100	978-7-5038-7405-5	2011-2012 林业国际交流报告选编	苏春雨，吴志民主编	中国林业出版社	201405
101	978-7-109-18772-6	林业试验设计	续九如，李颖岳编著	中国农业出版社	201402
102	978-7-5038-7495-6	林业县域经济发展研究	陈绍志，陈嘉文，樊宝敏，赵荣编著	中国林业出版社	201411
103	978-7-5441-5777-3	林业遥感技术	靳来素主编	沈阳出版社	201403
104	978-7-5038-7621-9	林业有害生物防治工程项目建设标准	国家林业局森林病虫害防治总站主编	中国林业出版社	201408
105	978-7-5038-7572-4	林业有害生物防治技术	国家林业局森林病虫害防治总站编著	中国林业出版社	201412
106	978-7-5038-7451-2	林业有害植物化学防控技术	许新桥，刘俊祥，陈源编著	中国林业出版社	201405
107	978-7-5038-7462-8	林业政策法规实务	徐鹭霞主编	中国林业出版社	201406
108	978-7-03-039262-6	六盘山植物图志	程积民等编著	科学出版社	201405
109	978-7-5390-4966-3	庐山古树	罗盛金，胡少昌主编	江西科学技术出版社	201401
110	978-7-5038-7635-6	论生态文明	贾志邦著	中国林业出版社	201409
111	978-7-5038-7402-4	落叶树木实用图鉴	王书凯，王忠彬，雷庆锋主编	中国林业出版社	201405
112	978-7-5116-1785-9	绿色植物空间效益研究	杜宏彬著	中国农业科学技术出版社	201409
113	978-7-5038-7446-8	毛竹 / 杉木复合材料胶合界面理化性质研究	姚利宏，王喜明，费本华著	中国林业出版社	201404
114	978-7-5668-1055-7	梅州维管植物名录	廖富林，刁俊明编著	暨南大学出版社	201407
115	978-7-5116-1601-2	名贵硬木树种及木材识别	程汉亭，刘书伟，黎明主编	中国农业科学技术出版社	201405
116	978-7-122-20352-6	牡丹深加工技术	段续，任广跃主编	化学工业出版社	201408
117	978-7-5038-7426-0	木 / 竹重组材技术专利分析报告	国家林业局知识产权研究中心编著	中国林业出版社	201404
118	978-7-5023-9136-2	木材材积表大全	刘琪璟等主编	科学技术文献出版社	201408
119	978-7-03-041107-5	木材科学	李坚主编	科学出版社	201406
120	978-7-5038-7758-2	木材热诱发变色与发色体系	陈瑶，高建民，樊永明著	中国林业出版社	201411
121	978-7-5038-7540-3	木材识别与检验	杨树根，张福和，李忠编著	中国林业出版社	201408
122	978-7-03-039963-2	木材细胞壁力学性能表征技术及应用	费本华等著	科学出版社	201406
123	978-7-03-040910-2	木棉人工林培育	马焕成，伍建榕，高柱著	科学出版社	201406
124	978-7-122-19450-3	木制品生产工艺	宋魁彦，郭明辉，孙明磊编著	化学工业出版社	201405
125	978-7-5038-7705-6	木质地板生产工艺学	王传贵，蔡家斌主编	中国林业出版社	201410
126	978-7-122-19966-9	木质素化学及改性材料	黄进，付时雨编著	化学工业出版社	201408

（续）

序号	ISBN	书　名	责任者	出版者	出版日期
127	978-7-5038-7634-9	耐盐植物：生物改良滨海盐渍地研究	阎国荣，彭立新等著	中国林业出版社	201409
128	978-7-5038-7442-0	南亚热带退化森林生态系统恢复及典型人工林生态效益研究	段文军著	中国林业出版社	201406
129	978-7-5038-7398-0	内蒙古大兴安岭森林生态系统研究	张秋良，王立明主编	中国林业出版社	201403
130	978-7-03-040698-9	内蒙古维管植物检索表	赵一之，赵利清著	科学出版社	201406
131	978-7-5116-1469-8	农业遗传资源权属制度研究	宋敏主编	中国农业科学技术出版社	201401
132	978-7-5614-7233-0	攀西野生果树	潘天春，罗强主编	四川大学出版社	201401
133	978-7-122-20141-6	乔木	李钱鱼，肖艳辉编著	化学工业出版社	201408
134	978-7-03-039950-2	秦巴山区森林植被对环境变化的响应	白红英著	科学出版社	201403
135	978-7-308-13090-5	清凉峰木本植物志	金孝锋等主编	浙江大学出版社	201406
136	978-7-5130-2735-9	清水江流域传统林业规则的生态人类学解读	徐晓光著	知识产权出版社	201410
137	978-7-03-041053-5	区域土地利用变化的低碳效应与低碳经济发展研究	张艳芳等著	科学出版社	201406
138	978-7-5038-7570-0	全国木材战略储备生产基地营造林模式及典型案例	唐守正主编	中国林业出版社	201407
139	978-7-03-040410-7	热带亚热带土壤氮素反硝化及其环境效应	续勇波著	科学出版社	201405
140	978-7-5170-1917-6	人工神经网络在森林资源动态监测中的应用	吴达胜著	中国水利水电出版社	201404
141	978-7-5038-7672-1	人工生境创立与红树林重建	范航清等著	中国林业出版社	201411
142	978-7-5038-7306-5	人居生态学	张建锋等著	中国林业出版社	201401
143	978-7-5038-7351-5	人造板表面装饰工艺学	韩健主编	中国林业出版社	201402
144	978-7-5038-7567-0	人造板及其制品质量监督检验实务	卢艳光主编	中国林业出版社	201407
145	978-7-03-040975-1	三江平原沼泽湿地氮循环	孙志高著	科学出版社	201406
146	978-7-5170-1537-6	森林防火地理信息系统	唐丽华著	中国水利水电出版社	201401
147	978-7-5038-7463-5	森林防火实务	范繁荣主编	中国林业出版社	201406
148	978-7-5029-6051-3	森林环境资源定价理论与实践	杨建州等著	气象出版社	201411
149	978-7-5038-7622-6	森林火险区综合治理工程项目建设标准	国家林业局主编	中国林业出版社	201408
150	978-7-5384-8171-6	森林经营方案编制方法	李光浩著	吉林科学技术出版社	201408
151	978-7-5038-7368-3	森林经营项目碳汇计量监测指南	国家林业局造林绿化管理司编制	中国林业出版社	201401
152	978-7-5038-7379-9	森林认证对森林可持续经营的影响研究	徐斌著	中国林业出版社	201403

（续）

序号	ISBN	书　名	责任者	出版者	出版日期
153	978-7-5038-7396-6	森林生态系统智能管理	温作民等著	中国林业出版社	201409
154	978-7-5038-7727-8	森林生态站工程项目建设标准	国家林业局主编	中国林业出版社	201412
155	978-7-5038-6789-7	森林植被碳储量动态仿真模型研究	吴金友编著	中国林业出版社	201407
156	978-7-5038-7515-1	森林重要害虫的病原真菌及应用：基于北方地区松毛虫和松叶蜂的研究	谢映平，樊金华，薛皎亮著	中国林业出版社	201406
157	978-7-308-12564-2	森林资源空间信息分级服务研究	曾鸣著	浙江大学出版社	201401
158	978-7-03-040345-2	沙袋沙障防沙治沙技术	虞毅等著	科学出版社	201404
159	978-7-5478-2377-4	山东古树名木志：第一卷	贾祥云，戚海峰，乔敏主编	上海科学技术出版社	201410
160	978-7-5478-2378-1	山东古树名木志：第二卷	贾祥云，戚海峰，乔敏主编	上海科学技术出版社	201410
161	978-7-5111-1985-8	山东森林植物资源分类解析	房用，慕宗昭，孟振农主编	中国环境科学出版社	201410
162	978-7-5038-7600-4	山西省林木育苗与营林技术	梁胜发，奥小平编著	中国林业出版社	201407
163	978-7-03-039537-5	少数民族竹文化与生态文明建设	辉朝茂，辉宇著	科学出版社	201402
164	978-7-5609-8711-8	神农架常见植物图谱	李晓东等编著	华中科技大学出版社	201401
165	978-7-5641-4128-8	生态城市整体规划与设计	蔡志昶著	东南大学出版社	201404
166	978-7-03-042275-0	生态环境参数遥感协同反演与同化模拟	张显峰等著	科学出版社	201411
167	978-7-5111-1664-2	生态环境遥感监测技术	环境保护部卫星环境应用中心，中国环境监测总站编	中国环境科学出版社	201405
168	978-7-112-16119-5	生态景观施工新技术	刘晓明，陈伟良编著	中国建筑工业出版社	201404
169	978-7-03-042414-3	生态空间可占用性：理论框架与应用实践	李平星著	科学出版社	201411
170	978-7-03-040532-6	生态系统服务地理学	李双成等编著	科学出版社	201405
171	978-7-5111-1742-7	生态需要及其应用研究	李磊，王亚男，黄磊著	中国环境科学出版社	201404
172	978-7-03-041110-5	生态学	李振基，陈小麟，郑海雷编	科学出版社	201408
173	978-7-5111-1679-6	生物多样性监测技术手册	李果等主编	中国环境出版社	201405
174	978-7-5118-6086-6	生物技术专利授权要件研究	肇旭著	法律出版社	201404
175	978-7-5038-7278-5	湿地自然保护区保护优先性评价技术	崔国发，孙锐著	中国林业出版社	201405
176	978-7-5609-9392-8	世界彩叶植物名录	侯元凯等编著	华中科技大学出版社	201406
177	978-7-5038-7173-3	树莓栽培实用技术	张清华，王彦辉，郭浩主编	中国林业出版社	201401

（续）

序号	ISBN	书　名	责任者	出版者	出版日期
178	978-7-03-039298-5	数理经济学	茹少峰编著	科学出版社	201401
179	978-7-5038-7491-8	栓皮栎种群生态与森林定向培育研究	张文辉，周建云，何景峰等著	中国林业出版社	201409
180	978-7-03-041132-7	水源涵养林：技术、研究、示范	余新晓等著	科学出版社	201406
181	978-7-5677-1574-5	水源涵养林结构对生态功能调控机制研究：以重庆缙云山地区为例	赵洋毅著	吉林大学出版社	201405
182	978-7-5615-4986-5	松材线虫及其近似种的鉴定技术：续《伞滑刃属线虫形态和分子鉴定》	顾建锋主编	厦门大学出版社	201404
183	978-7-5111-1607-9	松嫩平原盐渍化区水盐转化规律与调控机理	杨帆，罗金明，王志春著	中国环境科学出版社	201401
184	978-7-5038-7757-5	速生木结构材与功能性复合材料设计与制造	卢晓宁主编	中国林业出版社	201411
185	978-7-03-040789-4	苔藓植物对环境的指示与响应	曹同等著	科学出版社	201406
186	978-7-03-039700-3	土壤地理综合实践教程	张科利等编著	科学出版社	201402
187	978-7-03-040474-9	土壤地面高光谱遥感原理与方法	史舟等著	科学出版社	201406
188	978-7-305-13168-4	土壤环境质量调查实用监测技术	胡冠九，陈素兰主编	南京大学出版社	201405
189	978-7-03-039380-7	土壤逆境下落叶松根系分泌的有机酸及其养分释放	宋金凤，刘永，崔晓阳著	科学出版社	201403
190	978-7-03-041048-1	土壤侵蚀原理	张洪江，程金花主编	科学出版社	201406
191	978-7-03-039547-4	土壤水资源定量评价理论与实践	杨贵羽等著	科学出版社	201401
192	978-7-5038-7324-9	推广世行项目经验 保障国家木材安全	国家林业局世行中心（速丰办）编	中国林业出版社	201407
193	978-7-5038-7417-8	2013 退耕还林工程生态效益监测国家报告	国家林业局编著	中国林业出版社	201403
194	978-7-03-038579-6	脱落酸研究与应用	谭红等编著	科学出版社	201401
195	978-7-5123-5034-2	外国古典园林艺术	李宇宏著	中国电力出版社	201404
196	978-7-03-040766-5	外来树种生物入侵风险评价	郑勇奇，张川红著	科学出版社	201406
197	978-7-5381-8541-6	外生菌根真菌研究法	栾庆书等编著	辽宁科学技术出版社	201405
198	978-7-5116-1578-7	微咸水滴灌荒漠植物研究	何新林，王振华，杨广著	中国农业科学技术出版社	201405
199	978-7-5111-1807-3	我国陆域生态环境质量状况及变化趋势研究	中国环境监测总站编	中国环境科学出版社	201405
200	978-7-122-20396-0	屋顶花园设计营造要览	黄清俊，贺坤编著	化学工业出版社	201408
201	978-7-5038-7683-7	武陵山区小流域退化土地植被恢复研究	漆良华，张旭东著	中国林业出版社	201410
202	978-7-5097-6302-5	西藏园林植物生态环境效益定量研究	邢震著	社会科学文献出版社	201409

（续）

序号	ISBN	书　名	责任者	出版者	出版日期
203	978-7-5641-4756-3	西方艺术视角下的当代景观设计	曾伟著	东南大学出版社	201404
204	978-7-03-038705-9	西南山地退化生态系统评估与恢复重建技术	高吉喜等编著	科学出版社	201401
205	978-7-5038-7292-1	西双版纳的兰科植物：多样性和保护	高江云，刘强，余东莉主编	中国林业出版社	201401
206	978-7-5038-7551-9	西双版纳热带季节雨林树种多样性研究	兰国玉，曹敏，朱华著	中国林业出版社	201408
207	978-7-03-040581-4	稀土化学导论	洪广言编著	科学出版社	201405
208	978-7-03-041104-4	现代果树繁育技术	曹慧，夏海武著	科学出版社	201406
209	978-7-122-19361-2	现代环境生物工程	王家德，成卓韦编著	化学工业出版社	201405
210	978-7-301-24007-6	现代家具设计史	徐岚，赵慧敏编著	北京大学出版社	201404
211	978-7-03-039638-9	现代生态学	丁圣彦主编	科学出版社	201402
212	978-7-03-040537-1	现代生物工程	焦炳华主编	科学出版社	201405
213	978-7-01-014103-9	现象学生态美学与生态批评	王茜著	人民出版社	201412
214	978-7-5141-4297-6	新疆额尔齐斯河天然杨柳林生产力与碳密度研究	吴晓成著	经济科学出版社	201411
215	978-7-03-039949-6	新疆塔里木盆地野生药用植物图谱	李志军等著	科学出版社	201404
216	978-7-5038-7501-4	新疆杨属植物研究	张建国等著	中国林业出版社	201406
217	978-7-5038-7519-9	新物种青檀绵叶蚜	安广池，周成刚主编	中国林业出版社	201406
218	978-7-03-039977-9	亚热带果园生态系统碳吸存及其管理	王义祥等著	科学出版社	201404
219	978-7-5608-5359-8	扬州园林变迁研究：人群与风景	都铭著	同济大学出版社	201406
220	978-7-5038-7435-2	扬州竹	陈卫元，赵御龙著	中国林业出版社	201408
221	978-7-5331-7091-2	杨树的生长特性与栽培	张志国主编	山东科学技术出版社	201402
222	978-7-5122-0652-6	宜春竹类植物图志	江西省宜春市林业局编著	中国民族摄影艺术出版社	201412
223	978-7-5655-0911-7	遗传学	郭玉华主编	中国农业大学出版社	201406
224	978-7-5161-5089-4	遗传学中的哲学问题	李浙生著	中国社会科学出版社	201411
225	978-7-5643-2209-0	以生态为导向的河流景观规划研究	付飞著	西南交通大学出版社	201401
226	978-7-5038-7399-7	阴山中段生态公益林可持续经营关键技术研究	张秋良，李全基主编	中国林业出版社	201403
227	978-7-03-040497-8	银杏文化经典	樊宝敏，陈凤洁，韩慧编著	科学出版社	201405
228	978-7-5038-7685-1	应对非法采伐与相关贸易策略研究	徐斌，陈绍志，陈勇编著	中国林业出版社	201410
229	978-7-03-040202-8	应对气候变化的风险治理	薛澜等著	科学出版社	201405

（续）

序号	ISBN	书　名	责任者	出版者	出版日期
230	978-7-5019-9856-2	油茶多糖和茶皂素的研究与应用	张胜，李湘洲，吴志平著	中国轻工业出版社	201408
231	978-7-5038-7248-8	有机化学	赵建庄，尹力辉主编	中国林业出版社	201401
232	978-7-5433-3367-3	豫北地区林业应用技术研究	石志红，李明宪主编	天津科技翻译出版有限公司	201403
233	978-7-5038-7486-4	豫北地区主要花卉及其应用	薛景，张红英主编	中国林业出版社	201406
234	978-7-5680-0002-4	园林草坪学	汤巧香主编	华中科技大学出版社	201409
235	978-7-5629-4405-8	园林景观设计	蔡茜，郑淼主编	武汉理工大学出版社	201406
236	978-7-111-46191-3	园林景观设计手绘表现技法	麓山手绘编著	机械工业出版社	201406
237	978-7-122-17144-3	园林局部细节景观图解	陈祺编著	化学工业出版社	201404
238	978-7-122-20333-5	园林绿化养护管理	李娜主编	化学工业出版社	201408
239	978-7-122-20335-9	园林树木移植与整形修剪	李娜主编	化学工业出版社	201408
240	978-7-5038-7537-3	园林艺术	王芳编著	中国林业出版社	201406
241	978-7-122-20540-7	园艺植物保护学与实验	张艳菊，戴长春，李永刚主编	化学工业出版社	201408
242	978-7-109-18518-0	园艺植物生物技术	彭立新主编	中国农业出版社	201402
243	978-7-03-039135-3	云、贵、川地区植物资源利用与生物技术	王俊丽主编	科学出版社	201401
244	978-7-03-040721-4	云南外来入侵生物预防与控制	李正跃主编	科学出版社	201406
245	978-7-5038-7678-3	云杉天然群体遗传多样性综合评价	罗建勋等著	中国林业出版社	201410
246	978-7-5038-7367-6	造林项目碳汇计量监测指南	国家林业局造林绿化管理司编制	中国林业出版社	201401
247	978-7-5019-9488-5	造纸技术	张美云主编	中国轻工业出版社	201401
248	978-7-5621-6833-1	造纸术	刘行光编著	西南师范大学出版社	201406
249	978-7-122-21205-4	樟属植物资源与开发	林翔云编著	化学工业出版社	201410
250	978-7-5038-7697-4	樟子松育苗造林经营技术	赵亚民主编	中国林业出版社	201411
251	978-7-5116-1374-5	长白山区林下经济	郜玉钢等主编	中国农业科学技术出版社	201401
252	978-7-5038-7583-0	长白山森林研究	郑小贤等著	中国林业出版社	201409
253	978-7-5038-7362-1	长白山针阔混交林动态监测	张春雨，夏富才，贾玉珍著	中国林业出版社	201403
254	978-7-5038-7397-3	浙江森林碳汇功能监测	陶吉兴等编著	中国林业出版社	201409
255	978-7-308-13063-9	浙江省常见树种彩色图鉴	陈征海，孙孟军主编	浙江大学出版社	201411
256	978-7-308-13166-7	浙江省土壤数据库及其应用	吴嘉平，荆长伟，支俊俊著	浙江大学出版社	201405

（续）

序号	ISBN	书　名	责任者	出版者	出版日期
257	978-7-5029-5886-2	浙江省植被变化及其对气候变化的响应	樊高峰，何月主编	气象出版社	201403
258	978-7-03-040841-9	植被定师遥感原理与应用	刘良云著	科学出版社	201406
259	978-7-5038-7527-4	植物花香研究	郝瑞杰著	中国林业出版社	201406
260	978-7-5116-1688-3	植物耐盐性多学科的研究进展	姚立生，崔世友，孙明法主编	中国农业科学技术出版社	201406
261	978-7-5655-0857-8	植物生理学	蔡永萍主编	中国农业大学出版社	201402
262	978-7-5655-0856-1	植物生物学	郭凤根，侯小改主编	中国农业大学出版社	201402
263	978-7-5618-4777-0	植物生长环境调控	马冬梅主编	天津大学出版社	201408
264	978-7-122-20351-9	制浆造纸机械与设备	金海兰，张丹，赵骏衡编著	化学工业出版社	201409
265	978-7-5038-7439-0	中国北方常见树木快速识别	张志翔等编著	中国林业出版社	201409
266	978-7-5341-6030-1	中国茶花图鉴	管开云，李纪元，王仲朗主编	浙江科学技术出版社	201407
267	978-7-5038-7547-2	中国传统家具木工图谱 1：柜格类	朱志悦，李岩主编	中国林业出版社	201407
268	978-7-5038-7546-5	中国传统家具木工图谱 2：台案类	朱志悦，李岩主编	中国林业出版社	201407
269	978-7-5038-7548-9	中国传统家具木工图谱 3：沙发类	朱志悦，李岩主编	中国林业出版社	201407
270	978-7-5038-7549-6	中国传统家具木工图谱 4：椅几类	朱志悦，李岩主编	中国林业出版社	201407
271	978-7-5038-7550-2	中国传统家具木工图谱 5：床和其他类	朱志悦，李岩主编	中国林业出版社	201407
272	978-7-03-040970-6	中国典型区域森林生态水文过程与机制	余新晓等著	科学出版社	201406
273	978-7-03-040231-8	中国东北典型沼泽湿地自然保护区遥感监测	那晓东著	科学出版社	201403
274	978-7-03-040865-5	中国动物志：第五十一卷·无脊椎动物	张路平，孔繁瑶著	科学出版社	201406
275	978-7-03-038913-8	中国动物志：第五十七卷·昆虫纲	中国科学院中国动物志编辑委员会主编	科学出版社	201401
276	978-7-03-039583-2	中国动物志：第六十一卷·昆虫纲	杨星科等著	科学出版社	201406
277	978-7-03-040864-8	中国动物志：第六十二卷·昆虫纲	刘国卿，郑乐怡著	科学出版社	201406
278	978-7-5038-7381-2	中国杜仲图志	杜红岩主编	中国林业出版社	201406
279	978-7-5341-5899-5	中国刚竹属	马乃训，赖广辉著	浙江科学技术出版社	201403
280	978-7-5641-5302-1	中国古代生态思想史	赵杏根著	东南大学出版社	201411
281	978-7-5161-4819-8	中国古代生态哲学的逻辑演进	俞田荣著	中国社会科学出版社	201409
282	978-7-5038-7533-5	中国国家公园的探索与实践	张希武，唐芳林编著	中国林业出版社	201407
283	978-7-5038-7302-7	中国海棠	李厚华，赵冰，李鹏民编著	中国林业出版社	201401
284	978-7-5038-7329-4	中国红木家具制作与解析百科全书：柜格类	朱志悦，马建房，李岩主编	中国林业出版社	201402

（续）

序号	ISBN	书　名	责任者	出版者	出版日期
285	978-7-5038-7328-7	中国红木家具制作与解析百科全书：沙发床榻类	朱志悦，马建房，李岩主编	中国林业出版社	201402
286	978-7-5038-7327-0	中国红木家具制作与解析百科全书：台案椅几类	朱志悦，马建房，李岩主编	中国林业出版社	201402
287	978-7-5038-7326-3	中国红木家具制作与解析百科全书：组合类	朱志悦，马建房，李岩主编	中国林业出版社	201402
288	978-7-5046-6427-3	中国近代生物学的发展	罗桂环著	中国科学技术出版社	201401
289	978-7-109-18557-9	中国林木遗传资源状况报告：汉英对照	郑勇奇主编	中国农业出版社	201405
290	978-7-5038-7404-8	中国林业产业监测报告：2012	国家林业局编	中国林业出版社	201403
291	978-7-5038-7361-4	中国林业检疫性有害生物检疫技术手册	国家林业局造林绿化管理司，国家林业局病虫害防治总站主编	中国林业出版社	201401
292	978-7-5038-7427-7	中国林业知识产权年度报告：2013	国家林业局科技发展中心，国家林业局知识产权研究中心编	中国林业出版社	201404
293	978-7-5038-7434-5	中国林业植物授权新品种：2013	国家林业局科技发展中心（国家林业局植物新品种保护办公室）编	中国林业出版社	201404
294	978-7-5038-7388-1	中国南方红豆杉研究	曹基武等著	中国林业出版社	201402
295	978-7-5029-5759-9	中国南方季节性干旱特征及种植制度适应	杨晓光，李茂松著	气象出版社	201401
296	978-7-03-037342-7	中国迁地栽培植物志名录	黄宏文主编	科学出版社	201401
297	978-7-5609-9307-2	中国热带雨林地区植物图鉴：海南植物 1 ～ 3	邢福武，陈红锋，秦新生，张荣京，周劲松主编	华中科技大学出版社	201404
298	978-7-5038-7498-7	中国人工林及其育林体系	盛伟彤著	中国林业出版社	201407
299	978-7-5038-7505-2	中国森林经营研究	刘于鹤编著	中国林业出版社	201406
300	978-7-301-25125-6	中国森林碳汇实践与低碳发展	吕植主编	北京大学出版社	201412
301	978-7-5038-7424-6	中国森林资源报告：2009 ～ 2013	国家林业局编制	中国林业出版社	201406
302	978-7-03-042332-0	中国手工竹纸制作技艺	陈刚著	科学出版社	201411
303	978-7-03-038905-3	中国土壤地理	龚子同主编	科学出版社	201403
304	978-7-03-040885-3	中国土壤环境区划：原理、方法与实践	郭书海，吴波等著	科学出版社	201409
305	978-7-5066-7505-5	中国外来生物入侵与检验防范	黄冠胜主编	中国标准出版社	201405
306	978-7-5478-2129-9	中国无性系茶树品种志	杨亚军，梁月荣主编	上海科学技术出版社	201408
307	978-7-100-10560-6	中国萤火虫生态图鉴	付新华著	商务印书馆	201407

（续）

序号	ISBN	书　名	责任者	出版者	出版日期
308	978-7-03-040628-6	中国真菌志·第四十八卷·火丝菌科	庄文颖主编	科学出版社	201406
309	978-7-03-040636-1	中国真菌志·第四十九卷·球盖菇科	图力古尔主编	科学出版社	201406
310	978-7-03-040627-9	中国真菌志·第四十五卷·侧耳—香菇型真菌	李玉，图力古尔主编	科学出版社	201406
311	978-7-109-18875-4	中国重点国有林区绿色转型发展道路	苏庆良著	中国农业出版社	201402
312	978-7-210-06276-9	中国竹文化通论	王长金主编	江西人民出版社	201403
313	978-7-5537-2796-7	中国主要暖季型草坪草种质创新与品种选育	刘建秀著	江苏科学技术出版社	201403
314	978-7-5038-7666-0	竹子研究成果与生产应用：石全太文集	石全太著	中国林业出版社	201410
315	978-7-03-041873-9	自然保护区生态系统服务评估体系及案例研究	陈艳梅著	科学出版社	201409

资料来源：中国林业科学研究院图书馆。

附表5　2014年主要林业软件著作权

序号	登记号	软件全称	著作权人	登记日期
1	2014SR000863	森林资源连续清查碳汇计量统计软件	浙江省森林资源监测中心	20140103
2	2014SR001790	基于树木生长模型的森林资源动态更新系统软件	浙江农林大学	20140107
3	2014SR002171	生态公益林管理信息系统	中南林业科技大学	20140107
4	2014SR002229	十二通道活立木缺陷检测软件	浙江农林大学	20140107
5	2014SR003507	森林防火信息系统	中南林业科技大学	20140109
6	2014SR003513	森林防火综合视频监控指挥系统	北京平诺亚通信技术有限公司	20140109
7	2014SR006325	荒漠化小卫星智能遥感监测与评价系统	中国林业科学研究院资源信息研究所	20140116
8	2014SR007036	花卉行业大数据平台系统	广州市花卉科技园有限公司	20140117
9	2014SR007128	野生动物疫源疫病监测系统（Windows Phone 版本）	杭州感知软件科技有限公司	20140120
10	2014SR009878	雷竹生物量碳计量系统	浙江农林大学	20140123
11	2014SR009883	森林案件野外现场绘图系统	南京森林警察学院	20140123
12	2014SR010732	森林公安基层综合平台	甘肃万通宽带视讯设备工程有限公司	20140124
13	2014SR010884	林业外来有害生物测报专家系统	仲恺农业工程学院、罗定市林业局、广东省林业有害生物防治检疫管理办公室	20140124
14	2014SR011535	森林资源监测—专题制图系统	中国林业科学研究院资源信息研究所	20140126
15	2014SR011735	基于高分辨率遥感数据的湿地资源监测系统	中国林业科学研究院资源信息研究所	20140126
16	2014SR011952	地板搬运切割控制系统	东华大学	20140126
17	2014SR012277	森林小班林火蔓延模型信息系统	北京绿源智林农业研究院	20140127
18	2014SR014070	森林空间分布模拟系统软件	浙江农林大学	20140207
19	2014SR014339	森林场景可视化系统	福建省空间信息工程研究中心	20140208
20	2014SR015110	基于 DSP 的立木胸径检测软件	北京林业大学	20140210
21	2014SR015960	林木遗传育种中不平衡、规则不规则试验数据处理的 M 语言程序软件	中国林业科学研究院亚热带林业研究所	20140212
22	2014SR016009	森林认证注册备案和标识管理系统	北京翰龙翔天防伪科技有限公司	20140212
23	2014SR016020	基于 LabView 的森林生态系统服务功能价值估算系统	北京林业大学	20140212

（续）

序号	登记号	软件全称	著作权人	登记日期
24	2014SR017002	森林防火指挥系统	昆明龙慧科技有限公司	20140213
25	2014SR017478	林业有害生物监测预警综合信息系统	江西华宇软件股份有限公司	20140214
26	2014SR020170	森林防火指挥综合管理平台	成都锐可科技有限公司	20140220
27	2014SR022347	苗木信息查询平台	昆明晟仕友联科技有限公司	20140225
28	2014SR023114	湿地植被光谱数据处理软件	杭州师范大学	20140226
29	2014SR023192	橄榄病虫害综合治理智能决策系统	福建农林大学	20140226
30	2014SR023817	树木冬态识别多媒体系统	潘文明、陈军、龚维红、陈立人	20140227
31	2014SR025940	轮式林木联合采育机作业稳定性测评系统	北京林业大学	20140304
32	2014SR025996	低效水源涵养林改造管理信息系统	北京林业大学	20140304
33	2014SRBJ0107	森林健康评价系统	中国林业科学研究院资源信息研究所	20140304
34	2014SR026767	食用菌栽培环境监控系统	安徽徽王食品有限公司	20140305
35	2014SRBJ0167	林产品贸易 Web 信息爬取软件	北京林业大学	20140305
36	2014SRBJ0184	基于 B/S 的林业规划体系规划信息检索系统	北京林业大学	20140305
37	2014SRBJ0196	基于林业叙词表的林业本体构建系统	北京林业大学	20140305
38	2014SRBJ0241	退耕还林数据采集系统	北京林业大学	20140306
39	2014SRBJ0245	北京市郊区道路边坡绿化植物选择系统	北京林业大学	20140306
40	2014SRBJ0249	林业规划体系相关文档在线浏览系统	北京林业大学	20140306
41	2014SR032368	ImageCV 图像识别软件	中国林业科学研究院木材工业研究所	20140320
42	2014SR032925	林业碳汇计量监测（PC 版）软件	周彩贤	20140321
43	2014SR033343	地板辐射采暖系统水力计算软件	北京三磊建筑设计有限公司	20140324
44	2014SR035075	森林防火接处警系统	成都锐可科技有限公司	20140328
45	2014SR039007	森林生态系统净初级生产力在线查询系统	南京林业大学	20140404
46	2014SR039477	湿地环境管理信息系统	许子乾、曹林	20140408
47	2014SR041111	森林资源连续清查软件	大连市勘察测绘研究院有限公司	20140410
48	2014SR045552	竹材数控加工系统软件	任洪娥、董本志、王海丰、官俊、宋爽、朱朦	20140418
49	2014SR045908	森林资源信息管理平台	北京中有联科技有限公司	20140419
50	2014SR046369	测树仪内置处理软件	北京林业大学	20140421

（续）

序号	登记号	软件全称	著作权人	登记日期
51	2014SR046376	北京市杨树材积模型统计计算软件	北京林业大学	20140421
52	2014SR046455	北京市森林防火信息系统	北京林业大学	20140421
53	2014SR046741	森林资源综合监测预警管理系统	成都国科海博信息技术股份有限公司	20140422
54	2014SR046761	神经网络立木材积模型软件	北京林业大学	20140422
55	2014SR047332	森林防火信息系统	北京林业大学	20140422
56	2014SR048483	地板辅料配件附件网数据库系统软件	曹丽萍	20140424
57	2014SR049122	林业科研项目管理工作流程定制系统	中国林业科学研究院资源信息研究所	20140424
58	2014SR050521	油茶主要害虫信息与咨询平台	中国林业科学研究院亚热带林业研究所	20140428
59	2014SR053873	森林烟火智能识别软件	桂林市思奇通信设备有限公司、桂林思乐维信息技术有限公司	20140505
60	2014SR054536	森林公安摄影测量处理系统软件	南京森林警察学院	20140506
61	2014SR055610	竹材出材率分析计算系统	东北林业大学	20140507
62	2014SR055776	湿地监测信息管理系统	东北林业大学	20140507
63	2014SR059610	森林防火信息管理系统	田青	20140514
64	2014SR061862	地板智能业务运营支撑系统	北京东科企信软件有限公司	20140516
65	2014SR062512	森林空间结构指标计算软件	中国林业科学研究院资源信息研究所	20140519
66	2014SR062520	非线性混合效应模型——EM 算法参数估计软件	中国林业科学研究院资源信息研究所	20140519
67	2014SR064882	森林生态系统服务功能评估信息系统	北京林业大学	20140522
68	2014SR066090	林分生长可视化建模系统	中南林业科技大学	20140526
69	2014SR066596	森林警务资源综合统计系统	云南东码软件科技有限公司	20140526
70	2014SR067133	森林警务报表管理系统	云南东码软件科技有限公司	20140527
71	2014SR067432	湿地动植物生态环境远程监测软件	武汉工科自动化有限公司、武汉市工科星科技有限公司	20140527
72	2014SR071655	竹网系统	杨榕彬	20140604
73	2014SRBJ0264	北京林业大学数字标本馆植物标本管理系统	北京林业大学	20140604
74	2014SRBJ0337	国际先进林业技术管理信息系统	北京林业大学	20140604
75	2014SR072244	苗木生长土壤温湿度检测控制系统	安徽森海园林景观建设集团有限公司	20140605
76	2014SR073232	绿化区苗木维护综合管理系统	安徽森海园林景观建设集团有限公司	20140606
77	2014SR073349	苗木定时喷灌控制系统	安徽森海园林景观建设集团有限公司	20140606

（续）

序号	登记号	软件全称	著作权人	登记日期
78	2014SR077095	森林防火电子地图系统	杭州阿启视科技有限公司	20140612
79	2014SR077471	竹地板综合服务平台	严华伦	20140613
80	2014SR077954	木工机械网软件	曾海滨	20140613
81	2014SR078769	苗木网管理系统	林云	20140616
82	2014SR079634	林地分等定级与估价专家系统	中南林业科技大学	20140617
83	2014SR080441	森林健康经营结构调控软件	中南林业科技大学	20140618
84	2014SR080977	林地蒸散发估算系统	北京林业大学	20140619
85	2014SR081649	森林生态系统健康诊断信息系统	北京林业大学	20140619
86	2014SR081859	林业网信息服务系统软件	马森乐	20140620
87	2014SR082528	花卉成长过程三维动态仿真系统	张健、宋炳昆	20140620
88	2014SR083477	森林防火智能监控系统	盛佳	20140623
89	2014SR083524	林业科研项目全生命周期管理系统	中国林业科学研究院资源信息研究所	20140623
90	2014SR087551	森林生态系统粗木质残体研究辅助计算机系统	北京林业大学	20140630
91	2014SR087836	古树管理监测系统服务器端软件	北京工业大学	20140630
92	2014SR088036	木质穹顶结构弹性分析软件	北京林业大学	20140630
93	2014SR088124	三维造材优化决策系统软件	中国林业科学研究院资源信息研究所	20140630
94	2014SR089867	野生动物北斗卫星示踪软件	云南银河之星科技有限公司	20140703
95	2014SR089898	林木图像分割提取系统	北京林业大学	20140703
96	2014SR091157	大熊猫图像分割软件	北京林业大学	20140704
97	2014SR091754	林业协同办公管理系统	天津市栋天信息技术有限公司	20140705
98	2014SR092842	森林防火管理系统	山西鸿兴软件工程有限公司	20140707
99	2014SR093600	盐城滨海湿地丹顶鹤生境适宜性分析与海岸带管理系统	南京林业大学	20140708
100	2014SR094443	林业重大事故应急救援预案管理系统	国家林业局哈尔滨林业机械研究所	20140709
101	2014SR094744	多功能森林经营规划系统软件	中国林业科学研究院林业科技信息研究所	20140710
102	2014SR095476	竹胶板应用客户端软件	汤子鸿	20140710
103	2014SR095931	风景区生态环境稳定性分析及成灾范围模拟系统软件	北京农学院	20140711
104	2014SR096184	森林公园智能管理系统软件	北京中经博思城市规划咨询院	20140711

（续）

序号	登记号	软件全称	著作权人	登记日期
105	2014SR098336	中国森林粗木质残体贮量查询系统	北京林业大学	20140715
106	2014SR098338	中国森林土壤呼吸数据管理系统	北京林业大学	20140715
107	2014SR099088	花卉苗木信息管理系统	杨兴全	20140716
108	2014SR100978	木材加工业财务管理系统	广西师范大学	20140718
109	2014SR102652	林火监测分析管理系统	成都冰清科技有限公司	20140722
110	2014SR102886	森林健康监测系统	中南林业科技大学	20140722
111	2014SR103868	风景园林门户软件	刘荣	20140723
112	2014SR104114	锯材表面节疤定位与测量系统	东北林业大学	20140724
113	2014SR106004	林木采伐网上审批系统	临沂大学	20140725
114	2014SR107637	林火烟雾图像提取软件	北京林业大学	20140729
115	2014SR109061	砍伐后林地土壤抗剪强度变化系统	北京林业大学	20140730
116	2014SR111572	基于最佳指数—相关系数法的高光谱波段提取软件	中国林业科学研究院林业研究所	20140804
117	2014SR112733	木工机械安全风险评估系统	路东琪、张海强、马青、杨志方、褥铜	20140805
118	2014SR112769	林业知识产权管理信息系统	中国林业科学研究院林业科技信息研究所	20140805
119	2014SR112948	竹丝坯料图像的自动识别分离系统	浙江科技学院	20140805
120	2014SR113818	花卉种植信息管理软件	杨朝雄	20140806
121	2014SR114858	森林公安综合应用平台	兰州中林智能科技有限公司	20140807
122	2014SR115520	竹木工艺软件	戴加卫	20140807
123	2014SR116736	园林树木管理系统	北京赤坤科技有限公司	20140811
124	2014SR116787	机载激光雷达林分结构识别软件	中国林业科学研究院资源信息研究所	20140811
125	2014SR117224	林业防火装备管理系统	东北林业大学	20140811
126	2014SR117486	森林防火预警指挥及智能管理系统	西安魔盾电气工程自动化研究所有限公司	20140811
127	2014SR117567	林业遥感变化监测系统软件	国家林业局调查规划设计院、北京航天宏图信息技术有限责任公司	20140811
128	2014SR117917	木业综合服务平台	陈宽付	20140811
129	2014SR118283	园林节能灌溉控制软件	亿利首建生态科技有限公司	20140812
130	2014SR118725	苗圃智能化管理系统	亿利首建生态科技有限公司	20140812

（续）

序号	登记号	软件全称	著作权人	登记日期
131	2014SR120408	森林生态系统健康评价与预警软件	梁彩金、陈世明、王文玲	20140817
132	2014SR121271	地板网络软件	徐伟峰	20140818
133	2014SR121783	森林养生保健景观资源平台系统软件	北京农学院	20140818
134	2014SR123111	林业调查规划 GIS 通用采集软件	昆明云集汇众科技有限公司	20140819
135	2014SR124624	退耕还林工程阶段验收管理系统	中南林业科技大学	20140820
136	2014SR124726	林业网门户网络软件	马森乐	20140821
137	2014SR124801	竹子家具交易平台	杨榕彬	20140821
138	2014SR125041	林火蔓延与三维可视化系统	福州林景行信息技术有限公司	20140821
139	2014SR125585	森林资源综合调查系统	李耀翔	20140822
140	2014SRBJ0393	森林水文生态功能模型系统	北京林业大学	20140822
141	2014SRBJ0394	森林保育土壤功能模型系统	北京林业大学	20140822
142	2014SRBJ0433	多功能森林经营动态监测样地数据管理系统	中国林业科学研究院资源信息研究所	20140822
143	2014SRBJ0446	退耕还林工程生态效益评价管理系统	北京林业大学	20140822
144	2014SR128387	林火扑救指挥辅助信息系统	中国林业科学研究院资源信息研究所	20140827
145	2014SR128564	湿地恢复空间决策支持系统	中国科学院东北地理与农业生态研究所	20140827
146	2014SR129060	苗木种植管理系统	王广谋	20140828
147	2014SR129908	花卉市场调查模拟软件	北京农学院	20140829
148	2014SR129963	经济林种植土壤施肥适宜配比管理信息系统	闫秀婧、汪浩然	20140829
149	2014SR130163	森林防火综合管理平台	石家庄超图科技开发有限公司	20140829
150	2014SR130670	森林资源综合管理指挥平台系统	吴世光、沈滨、刘军卿	20140901
151	2014SR130860	湿地公园网络 GIS 公众参与系统软件	南京林业大学	20140901
152	2014SR130892	森林火情预警监测控制系统	吴世光	20140901
153	2014SR131722	城市森林三维景观浏览软件	北京林业大学	20140902
154	2014SR131948	北京市立木材积计算软件	北京林业大学	20140902
155	2014SR132845	绿化苗木养护管理软件	日昌（福建）集团有限公司	20140903
156	2014SR132912	木材进出口软件	程春风	20140904
157	2014SR132977	野外巡护数据采集系统	中国林业科学研究院资源信息研究所	20140904

（续）

序号	登记号	软件全称	著作权人	登记日期
158	2014SR132980	森林资源与生态环境监测 e-Science 平台门户系统	中国林业科学研究院资源信息研究所	20140904
159	2014SR133754	木材胶结面断裂结果的结构光测量系统	北京林业大学	20140905
160	2014SR134120	材积分析模型软件	北京林业大学	20140905
161	2014SR135933	木工作业施工管理软件	严定喜、蒋建	20140910
162	2014SR136057	云南省木本油料产业科技创新服务平台系统	云南省林业科学院	20140910
163	2014SR136687	木材综合服务平台	陈广	20140911
164	2014SR136712	林业防火综合管理平台	石家庄超图科技开发有限公司	20140911
165	2014SR136886	森林生态系统健康评价与预警软件	韶关市如美景观工程有限公司	20140911
166	2014SR140185	林产品价格信息服务系统	揭昌亮	20140918
167	2014SR140248	带青竹展开地板碳足迹分析软件	浙江农林大学	20140918
168	2014SR140402	野外林火数据采集传输系统	中国林业科学研究院资源信息研究所	20140918
169	2014SR140579	林业有害生物监测系统	重庆森一科技有限公司、重庆市森林病虫防治检疫站	20140918
170	2014SR141789	森林防火地理信息系统	杭州经纬信息技术有限公司	20140920
171	2014SR148026	园林景观设计植物统计与输出辅助软件	山西省交通环境保护中心站	20141008
172	2014SR150313	核桃品种资源及栽培信息库系统	云南省林业科学院	20141011
173	2014SR150548	森林伙伴之跳跃行者软件	深圳市奥利星科技有限公司	20141011
174	2014SR151839	木工劳务分包作业管理软件	陈加和、段国春	20141014
175	2014SR152007	竹编短信平台短信发送接口程序	信宜市理想电脑科技发展有限公司	20141014
176	2014SR152982	林业数据采集系统	中国林业科学研究院资源信息研究所	20141015
177	2014SR153030	林业综合决策管理信息系统	中国林业科学研究院资源信息研究所	20141015
178	2014SR153111	湿地生态需水与湿地资源管理信息系统	北京林业大学	20141015
179	2014SR153156	生态公益林管护系统	中国林业科学研究院资源信息研究所	20141015
180	2014SR153161	林权宗地管理系统	中国林业科学研究院资源信息研究所	20141015
181	2014SRBJ0565	林木花卉知识库智能抓取系统	中国农业大学	20141015
182	2014SR154301	苗木种植管理系统	江山市万盛园林绿化有限公司	20141016
183	2014SR155898	林地三维可视化与林火蔓延虚拟仿真信息系统	中南林业科技大学	20141018
184	2014SR156352	花卉网综合服务平台	施昌林	20141020

（续）

序号	登记号	软件全称	著作权人	登记日期
185	2014SRBJ0689	基于语义的林业智能检索系统	北京林业大学	20141021
186	2014SR157678	湿地碳仿真系统	罗春雨	20141022
187	2014SR159605	风景名胜区遥感半自动变化监测软件	中国科学院遥感与数字地球研究所	20141024
188	2014SR159927	湿地管理 WebGIS 系统软件	南京林业大学	20141024
189	2014SR159935	营造林综合实绩核查管理系统	中南林业科技大学	20141024
190	2014SR159976	营造林作业进度统计系统	中南林业科技大学	20141024
191	2014SR161006	湿地动物监测分析系统	沈阳化工大学	20141027
192	2014SR163190	森林灾害区域踏查与森林小班电子屏幕自动勾绘扩散录入 GIS 系统	杨秀好	20141030
193	2014SR163303	花卉销售管理系统	熊亮	20141030
194	2014SR163410	林业灾害应急防控通讯指挥系统	广西壮族自治区森林病虫害防治站、广西城市猎人信息科技有限公司	20141030
195	2014SR163498	藤家具管理软件	张洪军	20141030
196	2014SR163662	森林防火指挥地理信息系统	苏盛刚、徐尚坤	20141030
197	2014SR164496	林木冠层图像分割系统软件	刘俊焱、云挺、薛联凤	20141031
198	2014SR164960	林业有害生物灾害与防控效果实时视频监控报警平台	杨秀好、李有海	20141031
199	2014SR164978	林业有害生物三维模型数据库系统	杨秀好、李有海	20141031
200	2014SR164985	林业森林资源小班四图合一 GIS 信息系统	广西壮族自治区森林病虫害防治站、广西城市猎人信息科技有限公司	20141031
201	2014SR165088	林业有害生物 PDA 野外现场采集及传输报送系统	杨秀好	20141031
202	2014SR165197	林业有害生物远程诊断防治与网络培训视频交互系统	广西壮族自治区森林病虫害防治站、广西城市猎人信息科技有限公司	20141031
203	2014SR165248	林业有害生物监测预警防治三维 GIS 信息管理系统	杨秀好	20141031
204	2014SR165995	基于摄影测量的树木形态参数提取系统	中国林业科学研究院资源信息研究所	20141102
205	2014SR166344	目标树单株木收获预估系统	中国林业科学研究院资源信息研究所	20141102
206	2014SR166803	晋西黄土丘陵区不同植物群落土地质量评价系统	北京林业大学	20141103
207	2014SR166808	重庆市不同植被群落水土保持功能综合评价系统	北京林业大学	20141103

（续）

序号	登记号	软件全称	著作权人	登记日期
208	2014SR167191	基于空间竞争的杉木林分可视化模拟系统	中国林业科学研究院资源信息研究所	20141103
209	2014SR167196	合轴分枝树木可视化模拟系统	中国林业科学研究院资源信息研究所	20141103
210	2014SR169212	森林火灾移动服务系统	北京中科通数信息技术有限公司	20141105
211	2014SR169690	基于叶片图像的阔叶树种智能识别手机软件	北京林业大学	20141105
212	2014SR169695	基于叶片分形维数的阔叶树种神经网络识别系统	北京林业大学	20141105
213	2014SR170163	基于虚拟林相的森林经营决策支持系统	中国林业科学研究院森林生态环境与保护研究所、东北林业大学	20141106
214	2014SR171659	苗木网软件	管建平	20141113
215	2014SR173760	苗木花卉行业平台软件	杨庆海	20141117
216	2014SR174222	木材烘干自动控制系统	广州能之原节能技术有限公司	20141117
217	2014SR174433	苗木光合作用速率计算软件	北京林业大学	20141117
218	2014SR175401	木工作业施工管理软件	淮安市合兴建筑劳务有限公司	20141118
219	2014SR175428	野生大熊猫种群咬节距离法估计系统	四川省野生动物资源调查保护管理站	20141118
220	2014SR175432	野生大熊猫种群咬节时间距离法估计系统	四川省野生动物资源调查保护管理站	20141118
221	2014SR177406	多尺度森林生物量（碳储量）估算系统	中国林业科学研究院资源信息研究所	20141120
222	2014SR177418	森林火情预警与发布平台	南京开元四维信息科技有限公司	20141120
223	2014SR177604	森林资源移动监管系统（移动版）	云南云测科技有限责任公司	20141120
224	2014SR177613	木工劳务分包作业管理软件	华蓥市宏达建筑劳务有限公司	20141120
225	2014SR177827	森林健康评价与调控系统	中南林业科技大学	20141121
226	2014SR180253	森林火险影像在线分析软件	浙江中遥地理信息技术有限公司	20141124
227	2014SR180408	景观绿化工程施工工艺管理软件	郭宏杰	20141125
228	2014SR180699	SAR 植被覆盖监测应用软件	中国林业科学研究院资源信息研究所	20141125
229	2014SR180743	林木种子考种分析软件	北京农学院	20141125
230	2014SR180874	花卉大棚整体运营系统软件	北京农学院	20141125
231	2014SR181638	林木生长速率评估分析软件	北京农学院	20141126
232	2014SR181696	花卉栽培与生长状态评估软件	北京农学院	20141126
233	2014SR183711	绿化工程信息平台软件	广东硕泉园林股份有限公司	20141128
234	2014SR185522	苗圃温室控制系统控制软件	云南师范大学	20141201

（续）

序号	登记号	软件全称	著作权人	登记日期
235	2014SR186625	刨花板热压智能控制仿真软件	曹军、王行建、刘欣	20141203
236	2014SR187000	竹笋制品软件平台	陈绍南	20141203
237	2014SR187426	湿地公园网络 GIS 服务平台软件	曹林、许子乾、代劲松、朱兴洲	20141203
238	2014SR187651	湿地管理地理信息系统	中南林业科技大学	20141204
239	2014SR187981	森林公园管理地理信息系统	中南林业科技大学	20141204
240	2014SR189265	生态环境遥感监测评价系统软件	二十一世纪空间技术应用股份有限公司	20141205
241	2014SR191076	园林护坡草坪建植施工质量控制软件	江山市华新建设有限公司	20141209
242	2014SR193850	森林防火智能监控系统	华浩博达（北京）技术有限公司	20141212
243	2014SR194484	森林资源综合管理信息系统（Web 版）	中国林业科学研究院资源信息研究所	20141212
244	2014SR195853	森林空间结构量化分析软件	王懿祥、韦新良、欧健	20141216
245	2014SR196463	基于两种木材切面的树种识别系统	北京林业大学	20141216
246	2014SR196469	木材切面图片纹理特征提取系统	北京林业大学	20141216
247	2014SR196898	植物景观设计管理软件	周水英	20141216
248	2014SR197070	花卉种植信息管理软件	贵州中科风景园林有限公司	20141216
249	2014SR198232	竹柳网销售平台	陈春明	20141217
250	2014SR198499	湿地生物生态属性管理系统	杭州园林设计院股份有限公司	20141217
251	2014SR198505	园林绿地生态属性管理系统	杭州园林设计院股份有限公司	20141217
252	2014SR198595	木材横切面导管腔特征提取系统	北京林业大学	20141217
253	2014SR198960	林业自然保护区各项指数监控系统软件	中南林业科技大学	20141217
254	2014SR199506	原始森林各种险情信息终端设备系统软件	中南林业科技大学	20141218
255	2014SR199764	全自动足尺人造板力学性能无损检测测控软件	北京林业大学	20141218
256	2014SR201321	园林种植规划设计软件	彭辉、李洁	20141219
257	2014SR204956	基于激光与图像的林区环境信息采集系统	北京林业大学	20141222
258	2014SR204971	林业灾害监测预警与应急防控三维 GIS 信息管理系统	海南中星通地理信息科技有限公司	20141222
259	2014SR205702	竹柳行业网站系统	刘运虎	20141222
260	2014SR206931	园林绿化工程跟踪审计系统	胡葵	20141223
261	2014SR207877	林业灾害远程 3G 无线视频监测系统	海南中星通地理信息科技有限公司	20141224

（续）

序号	登记号	软件全称	著作权人	登记日期
262	2014SR209628	湿地环境监测分析系统	沈阳化工大学	20141225
263	2014SR209818	园林景观工程施工工艺管理软件	张明	20141225
264	2014SR210039	园林工程花坛施工管理系统	周玉进、吴珊瑚	20141225
265	2014SR212261	植物萃取成分及含量检测系统	北京艾欣一乔生物科技有限公司	20141226
266	2014SR212719	林火预警与扑救指挥综合信息服务系统	陕西易乘软件技术有限公司	20141227
267	2014SR212898	小型林用遥控消防车中央控制软件	北京林业大学	20141227
268	2014SR214902	林业防火应急指挥软件	东莞中国科学院云计算产业技术创新与育成中心	20141229
269	2014SR215227	红树林湿地资源监测管理系统	中国林业科学研究院资源信息研究所	20141230
270	2014SR215312	湿地景观环境服务职能管理系统软件	北京农学院	20141230
271	2014SR215318	湿地景观规划设计平台系统软件	北京农学院	20141230
272	2014SR216074	藤家具软件	徐家添	20141230
273	2014SR216373	地板钢琴互动软件	上海赛爱智能科技有限公司	20141230
274	2014SR216433	植物叶片病虫害检测软件	钱春花、强鹤群、钱苏华	20141230
275	2014SR217556	基于 Arduino 的林火数据采集及分析系统	北京林业大学	20141231

数据来源：中国版权保护中心计算机软件著作权登记公告。

附表6　2014年林业科研院所授权发明专利

序号	申请号	名　称	专利权人	发明人	申请日	授权公告日
1	ZL201210370946.8	一种高接金叶栾树速生培育的方法	北京林业大学、河北省石津灌区管理局、河北省水利科学研究院、河北省林业调查规划设计院、河北省环境科学研究院	石丽丽、赵廷宁、王雄宾、白庆红、李霄宇、李永杰	20120928	20140219
2	ZL201310338941.1	一种孢子粉收集方法及装置和刷理机	当阳市森林病虫害防治检疫站	赵东容、唐桂林、陈京元、查玉平、罗友刚、张建华、孟远兰、戈媛媛	20130806	20140326
3	ZL201110196005.2	一种确定林区地表可燃物负荷量的方法	东北林业大学、黑龙江省林业监测规划院	杨光、邸雪颖、孙建、国庆喜、孙龙	20110713	20140402
4	ZL201310007305.0	碟果虫实种子育苗栽培方法	甘肃省治沙研究所	刘有军、刘世增、纪永福、李治元、张进虎	20130109	20140507
5	ZL201210346936.0	樟树无性系组培繁育方法	广东省林业科学研究院	曾令海、周丽华、何波祥、连辉明、蔡燕灵、张谦、蔡静如	20120919	20140507
6	ZL201310048767.7	南洋楹的嫁接方法	广东省林业科学研究院	胡德活、晏姝、韦如萍、王润辉、郑会全	20130206	20140423
7	ZL201210518455.3	一种应用于林火监测系统的干扰源智能屏蔽方法及装置	广东省林业科学研究院、视野机器人有限公司	李小川、李兴伟、王振师、周宇飞、岑棓琛、陈嘉浩、曾宇	20121206	20141217
8	ZL201110207214.2	无色松香季戊四醇酯制备方法	广西北流市兆周林产有限公司、广西壮族自治区林业科学研究院	赖兆周、谢刚、黎贵卿、梁雄、关继华	20110725	20140402
9	ZL201310184241.1	一种通过林地改造提高野生鳞盖红菇产量的方法	广西壮族自治区林业科学研究院	曾广宇	20130517	20140611
10	ZL201310258147.6	一种红树植物主要害虫桐花毛颚小卷蛾的生物防治方法	广西壮族自治区林业科学研究院	邓艳、李德伟、常明山、蒋学建、赵程劼、吴耀军、黄华艳、秦元丽	20130626	20140618
11	ZL201310308148.7	一种自动破壳沼气发酵罐	广西壮族自治区林业科学研究院	甘福丁、徐铁纯	20130722	20141029
12	ZL201210496921.2	一种竹子组培外植体获取方法	广西壮族自治区林业科学研究院	郝海坤、黄大勇、黄开勇、陈琴、黄志玲、李立杰、徐振国	20121129	20140108
13	ZL201310402219.X	一种柚木硬枝插穗的培育和育苗方法	广西壮族自治区林业科学研究院	郝海坤、黄志玲、庞世龙、曹艳云、李文付	20130906	20141022

（续）

序号	申请号	名　称	专利权人	发明人	申请日	授权公告日
14	ZL201310094647.0	利用木薯杆制备的杉木栽培基质	广西壮族自治区林业科学研究院	黄开勇、陈琴、韦正成、唐文、郝海坤、罗启亮、黄鹏艳、张峰	20130322	20140730
15	ZL201310195197.4	一种杉木试管苗生根诱导方法	广西壮族自治区林业科学研究院	黄开勇、郝海坤、陈琴、蓝肖、唐庆兰、戴俊、张照远	20130523	20140730
16	ZL201210227667.6	一种柚木低切杆促萌快繁育苗方法	广西壮族自治区林业科学研究院	黄开勇、黄志玲、陆国导	20120703	20140219
17	ZL201310094587.2	一种杉木栽培复合基质及其配制方法	广西壮族自治区林业科学研究院	黄开勇、蓝肖、韦华、郝海坤、戴俊、劳广杰、何振革、谭文婧	20130322	20140730
18	ZL201310353436.4	一种黑荆树轻基质容器扦插育苗方法	广西壮族自治区林业科学研究院	黄荣林、蒋燚、何应会、李娟、韦铄星、林建勇	20130814	20140716
19	ZL201310353382.1	一种石笔木作砧木嫁接山茶花的培育方法	广西壮族自治区林业科学研究院	蒋燚、何应会、黄应钦、梁瑞龙、王勇、李娟、刘菲	20130814	20140903
20	ZL201210447113.7	一种沼气池密封涂料及其制备方法	广西壮族自治区林业科学研究院	李金怀、马奎、秦文弟、徐铁纯、甘福丁、李勇江	20121109	20141203
21	ZL201310040089.X	一种电动育苗架	广西壮族自治区林业科学研究院	李开祥、黄志玲、李建林、曾祥艳、刘凯、梁文汇	20130201	20141022
22	ZL201310124344.9	岗松绿枝扦插无性快速繁殖方法	广西壮族自治区林业科学研究院	李开祥、赵海鹄、韦晓娟、黄剑、梁文汇、赖沛荣、阎鼎羽、梁建昆	20130411	20140709
23	ZL201310353420.3	任豆径切法扦插育苗方法	广西壮族自治区林业科学研究院	梁瑞龙、李娟、何应会、蒋燚、刘菲、林建勇、王勇	20130814	20141224
24	ZL201310014996.7	一种促进肉桂种子萌发的方法	广西壮族自治区林业科学研究院	梁晓静、李开祥、韦晓娟、陈金艳、黄开顺、梁文汇	20130116	20140618
25	ZL201210586755.5	变叶珊瑚花行道树的培育方法	广西壮族自治区林业科学研究院	龙定建、王华新、唐道冥、杜铃、廖美兰、陈尔、黄欣、汪小玉、杜禹	20121228	20140212
26	ZL201310664085.9	含茶皂素桉树专用肥	广西壮族自治区林业科学研究院	潘波、唐健、曹继钊、覃其云	20131209	20141203
27	ZL201310402218.5	一种格木扦插繁殖方法	广西壮族自治区林业科学研究院	彭玉华、何琴飞、谭一波、庞世龙、刘秀、黄小荣	20130906	20141126

（续）

序号	申请号	名　称	专利权人	发明人	申请日	授权公告日
28	ZL201310127158.0	红锥苗木培育基质及其沤制方法	广西壮族自治区林业科学研究院	彭玉华、申文辉、曹艳云、郝海坤、黄志玲、黄小荣、何琴飞、欧芷阳、庞世龙	20130412	20141022
29	ZL201210299617.9	一种珍稀树种格木苗木的培育方法	广西壮族自治区林业科学研究院	彭玉华、申文辉、魏世清、覃文能、曹艳云、郝海坤、黄志玲	20120822	20140115
30	ZL201210564948.0	一种黑荆成年母树复幼扦插育苗方法	广西壮族自治区林业科学研究院	申文辉、姜英、蒋燚、黄荣林、陈云峰、刘秀、郝海坤、黄志玲、陈始贵	20121224	20140226
31	ZL201310546423.9	一种红锥流水浸种方法	广西壮族自治区林业科学研究院	申文辉、彭玉华、朱积余、黄志玲、郝海坤、曹艳云	20131107	20141022
32	ZL201210587216.3	变叶珊瑚花麻疯树复合盆景的培育方法	广西壮族自治区林业科学研究院	王华新、周启华、杨舒婷、林茂、陈宝玲、龚建英、孙利娜、李娜	20121228	20140212
33	ZL201310192307.1	一种杂交马尾松的人工授粉育种方法	广西壮族自治区林业科学研究院	王胤、颜培栋、杨章旗、杨春霞、冯源恒、贾婕、张明慧、郭飞	20130523	20141029
34	ZL201310318760.2	一种培育毛紫茶花苗木的方法	广西壮族自治区林业科学研究院	韦晓娟、李开祥、梁文汇、梁晓静、闫鼎羽、马锦林	20130726	20140827
35	ZL201210462909.X	一种八角短穗扦插的繁殖方法	广西壮族自治区林业科学研究院	韦晓娟、李开祥、梁晓静、梁文汇、陈金艳、黄开顺	20121116	20140212
36	ZL201310188206.7	一种无忧花绿化苗培育方法	广西壮族自治区林业科学研究院	闫鼎羽、李开祥、梁文汇、黄小荣	20130520	20140618
37	ZL201210317211.9	马尾松种子的贮藏方法	广西壮族自治区林业科学研究院	杨章旗、郭飞、谭健晖、王胤	20120831	20140730
38	ZL201210317203.4	缩短马尾松无性系嫁接种子园建园时间的方法	广西壮族自治区林业科学研究院	杨章旗、黄永利、舒文波、颜培栋、王胤、梁贤祯	20120831	20140305
39	ZL201310396794.3	马尾松组培苗瓶外生根方法	广西壮族自治区林业科学研究院	姚瑞玲、袁铁象、吴幼媚、蔡玲	20130904	20141126
40	ZL201110345787.1	一种精炼茶籽油的方法	广西壮族自治区林业科学研究院、广西大学	陆顺忠、李秋庭、曾辉、黎贵卿、关继华、邱米	20111106	20140108
41	ZL201210343432.3	足茎毛兰组培快繁方法	贵州省林业科学研究院	王莲辉、姜运力、冯育才、潘德权、李丛瑞	20120917	20140416
42	ZL201210343625.9	巨瓣兜兰组培快繁方法	贵州省林业科学研究院	王莲辉、姜运力、潘德权、冯育才、李丛瑞	20120917	20140402
43	ZL201110305852.8	一种新型的木框架剪力墙	国际竹藤网络中心	费本华、王晓欢、王戈、刘贤淼、杜敏	20111011	20140618
44	ZL201110045405.3	活立木力学性能无损检测方法	国际竹藤网络中心	费本华、余雁、张淑琴、邢新婷	20110224	20140903

（续）

序号	申请号	名　称	专利权人	发明人	申请日	授权公告日
45	ZL201010240461.8	一种竹产品防霉的 γ 射线处理方法	国际竹藤网络中心	江泽慧、费本华、孙丰波、余雁、覃道春、杨全文	20100730	20140514
46	ZL201210413865.1	一种竹材帚化碾压设备	国际竹藤中心	程海涛、王戈、罗金海、费本华	20121025	20141217
47	ZL201210215319.7	一种铜离子的回收方法	国际竹藤中心	江泽慧、费本华、李志强、刘杏娥	20120627	20141126
48	ZL201210321015.9	连续胶合竹层合板的制造方法	国际竹藤中心	江泽慧、孙正军、刘焕荣、李晓华、李岚、张秀标、李俊、陈国宁、郭伟峰	20120903	20141203
49	ZL201210432523.4	一种木柱胶植筋接长再生利用的方法及其设备	国际竹藤中心	孙正军、刘志佳、严彦、刘焕荣、郭伟峰、聂玉静、张秀标	20121102	20140827
50	ZL201210163790.6	一种茶树油杀菌水乳剂、制备方法及应用	国际竹藤中心	汤锋、程春玲、岳永德、姚曦、王进、郭雪峰、孙翃	20120524	20140820
51	ZL201210166838.9	一种植物源除草剂的可溶性粉剂及其制备方法	国际竹藤中心	汤锋、陶吴群、岳永德、姚曦、王进、郭雪峰、孙翃	20120525	20141029
52	ZL201210164569.2	一种黄酮磁性分子印迹聚合物、制备及其在竹叶黄酮分离中的应用	国际竹藤中心	汤锋、王光勇、岳永德、王进、姚曦、郭雪峰、孙翃	20120524	20140910
53	ZL201210164566.9	一种含茶树油的杀菌复配制剂、制备方法及应用	国际竹藤中心	汤锋、岳永德、姚曦、王进、郭雪峰、孙翃、程春玲	20120524	20140409
54	ZL201210078225.X	一种桉叶脂肪酸成分测定方法	国家林业局桉树研究开发中心	吴志华、黄赤夫、谢耀坚、杨巧丽、张婧	20120312	20140416
55	ZL201310101412.X	自动调节拌胶机刨花充实量的方法	国家林业局北京林业机械研究所	丁文华、南生春	20130327	20141105
56	ZL200910203495.7	竹材原态多方重组预应力结构材料的制造方法	国家林业局北京林业机械研究所	傅万四、余颖、周建波	20090527	20140702
57	ZL201110407642.X	一种蒸汽热处理式整竹干燥方法	国家林业局北京林业机械研究所	傅万四、周建波、刘伟、何合高、赵章荣、刘星雨、范利海、韩望	20111209	20140723
58	ZL201110188125.8	高压无气雾化施胶方法及其施胶装置	国家林业局北京林业机械研究所	张伟、胡伟前、姜忠斌	20110706	20141210
59	ZL201110105249.5	一种人造板性能检测设备与方法	国家林业局北京林业机械研究所	张伟、胡伟前、金征、王晓欢、尚文端	20110426	20140101

（续）

序号	申请号	名　称	专利权人	发明人	申请日	授权公告日
60	ZL201210097035.2	泡桐木材脱色处理装置	国家林业局泡桐研究开发中心	常德龙、黄文豪、谢青、黄琳	20120405	20140507
61	ZL201310046227.5	木材色斑脱色杯	国家林业局泡桐研究开发中心	常德龙、张云岭、黄文豪、胡伟华、李福海、关倩、谢青、岳华峰	20130206	20141224
62	ZL201310130119.6	一种杜仲雄花酒及其制备方法	国家林业局泡桐研究开发中心	杜红岩、李芳东、杜兰英、李钦、李福海、李铁柱、刘攀峰、朱景乐	20130416	20140430
63	ZL201310203267.6	一种杜仲种子酒的加工方法	国家林业局泡桐研究开发中心	杜红岩、李芳东、杜兰英、李钦、李铁柱、孙志强、刘攀峰、朱景乐	20130528	20140507
64	ZL201310279909.0	一种杜仲营养饼干	国家林业局泡桐研究开发中心	杜兰英、乌云塔娜、杜红岩、王璐、刘攀峰	20130705	20141015
65	ZL201310112762.6	以泡桐木材为原料制造生态型泡桐木质墙板的方法	国家林业局泡桐研究开发中心	张云岭、常德龙、胡伟华、朱玉琳、关倩、黄文豪、韩黎雪、崔俊昌	20130402	20140806
66	ZL201310114694.7	一种地被竹的育苗方法	国家林业局竹子研究开发中心	白瑞华、丁兴萃、顾李俭	20130403	20140416
67	ZL201110246112.1	一种冷压法杨木染色单板层积材生产方法	国家林业局竹子研究开发中心	陈玉和、陈章敏、王卫华、邵琼	20110825	20140108
68	ZL201110246136.7	仿黑檀竹质层积材的生产方法	国家林业局竹子研究开发中心	陈玉和、吴再兴、包永洁、陈章敏	20110825	20140226
69	ZL201110246180.8	一种竹木深层染色方法	国家林业局竹子研究开发中心	王树东、包永洁、陈玉和、王珏	20110825	20140326
70	ZL201210553001.X	一种防治螺旋粉虱的混合物	海南省林业科学研究所	钱军、钟宝珠、苟志辉、罗湘粤、田蜜、杨众养、杨胜莲、吕朝军	20121219	20140514
71	ZL201210299993.8	一种中华金叶榆复合造型方法	河北省林业科学研究院	黄印冉、张均营、刘俊、闫淑芳、徐振华、黄晓旭、贾宗锴	20120822	20140129
72	ZL201210300137.X	一种中华金叶榆造型中的刻伤促枝方法	河北省林业科学研究院	黄印冉、张均营、刘俊、闫淑芳、徐振华、黄晓旭、贾宗锴	20120822	20140129
73	ZL201310639715.7	一种具有果实增糖着色作用的农用组合物	河北省林业科学研究院	张建国、史靖、储博彦、王惠芝、张鸿景	20131204	20141203
74	ZL201110220882.9	一种东北林蛙提早繁育的方法	黑龙江省合江林业科学研究所	崔立勇、潘明辉、佟庆、杨明赫、高凤林、李琪、刘志田	20110803	20140219
75	ZL201310164550.2	间苯二酚改性酚醛树脂复合固化剂及其制备方法	黑龙江省木材科学研究所	王春霞、崔立东、张晶、刘浩阳	20130507	20141210

（续）

序号	申请号	名　称	专利权人	发明人	申请日	授权公告日
76	ZL201310438682.X	一种提高宫灯百合种子发芽率的方法	黑龙江省森林植物园	王晓冬、李长海、刘宇明、宋莹莹、李蕴峰	20130924	20140827
77	ZL201310258923.2	一种慈竹保健笋干的加工方法	湖南省林业科学院	艾文胜、李美群、杨明、孟勇、涂佳、刘翔博、蒲湘云	20130626	20140528
78	ZL201310258815.5	一种无发酵麻竹笋干工业化加工的方法	湖南省林业科学院	艾文胜、李美群、杨明、孟勇、涂佳、刘翔博、蒲湘云	20130626	20140903
79	ZL201210309092.2	一种保鲜笋的加工方法	湖南省林业科学院	艾文胜、涂佳、杨明、孟勇、李美群、刘翔博、蒲湘云	20120828	20140806
80	ZL201110098552.7	原竹剖黄联青软化展开重组工艺	湖南省林业科学院	丁安定、何合高、孙晓东	20110420	20140618
81	ZL201210117531.X	一种竹块热整形方法及装置	湖南省林业科学院	彭亮、艾文胜、孙晓东、丁定安、刘少山	20120420	20140604
82	ZL201010528348.X	森林内牛肝菌的增产方法	湖南省林业科学院	谭著明、申爱荣	20101101	20140611
83	ZL201210407968.7	一种厚朴皮再生剂及其制备方法和应用	湖南省林业科学院	王晓明、蔡能、宋庆安、蒋丽娟、裴刚、李永欣、曾慧杰	20121024	20140326
84	ZL201210455178.6	一种控制灰毡毛忍冬嫩枝扦插育苗落叶率的药剂及方法	湖南省林业科学院	王晓明、李永欣、曾慧杰、蔡能、王惠	20121114	20140611
85	ZL201110371714.X	原态竹材多级密细辊剖展开铣刨装置	湖南省林业科学院、何合高	丁定安、孙晓东、何合高	20111122	20140305
86	ZL201210250601.9	红豆杉苗木快速繁殖方法	湖南省森林植物园	罗先权、陈灵、彭信海、饶红欣、罗瑶玲	20120719	20140108
87	ZL201310012992.5	油茶组培苗繁殖用继代培养基及其繁殖方法	黄山市林业科学研究所	刘越秀、潘新建、周其新、张运斌、赵忠菊	20130114	20140507
88	ZL201310013610.0	油茶组培苗繁殖用生根培养基及其繁殖方法	黄山市林业科学研究所	刘越秀、潘新建、周其新、张运斌、赵忠菊	20130114	20140709
89	ZL200910218129.9	高射程自行式森林病虫害防治喷雾机	吉林省林业科学研究院	山广茂、雒鹰、黄国樑、高俊崇、胡旭光、尹子康、孙培琦、李树宽、倪红艳、马立军、李继平、闫晓东、刘冰、崔铁花	20091228	20140129
90	ZL201210181910.5	一种鸡爪槭硬枝扦插育苗方法	江苏省林业科学研究院	窦全琴	20120605	20140326

（续）

序号	申请号	名　称	专利权人	发明人	申请日	授权公告日
91	ZL201210290361.5	一种鸡爪槭嫩枝嫁接繁殖方法	江苏省林业科学研究院	窦全琴、董筱昀、薛欢	20120816	20140226
92	ZL201210181909.2	一种木本植物大粒种子育苗方法	江苏省林业科学研究院	窦全琴、黄利斌	20120605	20141119
93	ZL201110221288.1	一种乌桕嫩枝嫁接育苗方法	江苏省林业科学研究院	倪竞德、董筱昀、张敏、窦全琴、蒋泽平、蒋春、黄利斌	20110804	20140108
94	ZL201210181972.6	一种促进苗木侧根生长的育苗方法	江苏省林业科学研究院	王保松、何旭东、窦全琴	20120605	20140514
95	ZL201310113623.5	一种灌木柳组织培养方法	江苏省林业科学研究院	张敏、王保松、黄利斌、陈智敏、窦全琴、施士争	20130403	20140305
96	ZL201110297492.1	油茶果壳液化树脂胶黏剂的制备方法	江西康替龙竹业有限公司、江西省林业科学院	贺磊、孙丰文、王玉、钟三明、张茜、余能富	20110930	20140423
97	ZL201310096666.7	黄精干及其制备方法	丽水市林业科学研究院	刘跃钧、朱虹、蒋燕锋、潘心禾、刘昱廷、蓝云龙、傅冰、王东明	20130325	20140813
98	ZL201110410058.X	一种预防香菇病毒病发生的菌种的生产方法	丽水市林业科学研究院、丽水市大山菇业研究开发有限公司	应国华、吕明亮、叶荣华、李伶俐、薛振文、朱琼	20111212	20140402
99	ZL201310431742.5	黑果腺肋花楸露酒及制备方法	辽宁省干旱地区造林研究所	王鹏、韩文忠、马兴华、姜镇荣、赵明优、孙文生、马艳丽、张卫东	20130911	20141029
100	ZL201210204066.3	一种顶浆节水造林方法	辽宁省林业科学研究院	顾宇书、邢兆凯、韩友志、刘红民、高英旭、于世河、陈罡、刘阳、刘畅、高军、魏中平	20120620	20140115
101	ZL201210574595.2	树木防冻防病膜剂及其制备方法与应用	辽宁省杨树研究所	杨成超、王胜东、杨志岩、彭建东、李晓宇、赵继梅	20121226	20140702
102	ZL201310270308.3	灭鼠剂	牡丹江师范学院、延边朝鲜族自治州森林病虫防治检疫站	杨春文、于立民、金建丽、杨斌、李殿伟、田云、孙成明	20130619	20141029
103	ZL201210410752.6	一株解淀粉芽孢杆菌及其在防治核桃炭疽病方面的应用	山东省林业科学研究院	牛赡光、王清海、刘幸红、段春华	20121024	20140514

（续）

序号	申请号	名　称	专利权人	发明人	申请日	授权公告日
104	ZL201210411801.8	一株绿色木霉及其在黄瓜上的应用	山东省林业科学研究院	牛赡光、王清海、刘幸红、段春华、戴宝	20121024	20140212
105	ZL201210411827.2	一株绿色木霉及其应用	山东省林业科学研究院	牛赡光、王清海、刘幸红、段春华、戴宝	20121024	20140813
106	ZL201210506261.1	甜樱桃专用微生物菌剂、生物有机肥及其制备方法	山东省林业科学研究院、山东农业大学	邢尚军、马海林、刘方春、丁延芹、杜秉海、刘有东、杜振宇、陈波	20121130	20140305
107	ZL201210435293.7	一种颗粒型乌龙红茶的制作方法	汕头市林业科学研究所	韦智获、詹潮安、蔡庆芸、郑道序	20121105	20140716
108	ZL201310023232.4	一种楠木专用复混肥料配方	四川省林业科学研究院	闵安民、龙汉利、蔡小虎、鄢武先、王宇、王丽、李晓清、李红霞	20130122	20141217
109	ZL201210426394.8	提取楠木 RNA 的方法	四川省林业科学研究院	庄国庆、龙汉利、李晓清	20121031	20140604
110	ZL201210439945.4	一种木材中松材线虫核酸快速提取装置	苏州市外来有害生物防控技术中心	詹国辉、张兆麟、陈云芳、顾见明	20121107	20140528
111	ZL201310235068.3	一种防治粉虱类害虫的植物源制剂及其制备方法	泰安市泰山林业科学研究院	庞献伟、李冬梅、周光锋、黄剑	20130614	20140611
112	ZL201210316144.9	一种青檀多倍体的育种方法	泰安市泰山林业科学研究院	张林、王厚新、王长宪、孙忠奎、张安琪、王峰、李承秀、王郑昊、王波、钟风维	20120831	20140813
113	ZL201010589411.0	一种食用菌菌种冷冻保藏用保护剂及使用方法	天津市林业果树研究所	李凤美、张志军、乔建军、周永斌、李淑芳、訾惠君、刘连强、魏雪生	20101215	20141217
114	ZL201010113311.0	利用工农业废弃物的屋顶绿化轻型基质材料	武汉市林业果树科学研究所、武汉法雅园林集团有限公司	周媛、陈法志、谭庆、郭彩霞、许林、童俊、戢小梅、董艳芳	20100224	20140521
115	ZL201310100594.9	一种干旱区绿洲带渐疏模式的红枣种植方法	新疆林业科学研究院经济林研究所	史彦江、宋锋惠、吴正保	20130327	20140521
116	ZL201210414176.2	一种从核桃粕中高效提取蛋白的方法	新疆林业科学研究院经济林研究所、山东省农业科学院农产品研究所	虎海防、赵晓燕、王宪昌、刘凤兰、孙丽、陈锋亮	20121026	20140709
117	ZL201310220697.9	肿腿蜂携带茄腐皮镰刀菌防治杨十斑吉丁幼虫的方法	新疆林业科学研究院森林生态研究所	岳朝阳、张新平、阿里木·买买提、克热曼·赛米、陈晶晶、张静文、刘爱华、焦淑萍	20130605	20140910

（续）

序号	申请号	名　称	专利权人	发明人	申请日	授权公告日
118	ZL201310287126.7	一种旱叶夏橡苗木繁育技术	新疆林业科学院	汪智军、靳开颜、靳林、高尚斌、尚新业、张东亚	20130709	20140806
119	ZL201310287129.0	一种速生夏橡苗木繁育技术	新疆林业科学院	汪智军、靳开颜、靳林、高尚斌、尚新业、张东亚	20130709	20140806
120	ZL201310155613.8	宽窄行云南核桃硬枝接穗采穗圃的营建方法	云南省林业技术推广总站	陆斌、刘金凤、苏为耿、董晓光、聂艳丽、王丽	20130428	20140618
121	ZL201210145923.7	八角基因组 DNA 的提取方法	云南省林业科学院	陈海云、陈少瑜、宁德鲁、吴涛、耿树香、谷丽萍、白平、李勇杰、毛云玲、张艳丽、肖良俊、马婷、王洋、贺娜	20120513	20140423
122	ZL201210178516.6	一种薇甘菊防除剂	云南省林业科学院	泽桑梓、季梅、杨斌、闫争亮、朱家颖、赵宁、刘凌	20120601	20140115
123	ZL201310120983.8	一种薇甘菊颈盲蝽性引诱剂	云南省林业科学院	泽桑梓、季梅、杨斌、朱家颖、赵宁、王大伟、李浩然、闫争亮、刘凌	20130409	20140326
124	ZL201210304605.0	一种提高桃良种抗寒性的栽培方法	张掖市林业科学研究院	马力、冯军仁、占玉芳、丁丽萍、陈斌、张永霞	20120824	20140101
125	ZL201310176456.9	一种鉴别降香黄檀与越南香枝的气质联用方法	浙江省林产品质量检测站	杨柳、方崇荣、朱杰丽、柴振林、杨伟明、徐漫平、王增	20130510	20141126
126	ZL201310175339.0	一种蔬果中有机磷农药残留测定的提取净化方法	浙江省林产品质量检测站	杨柳、尚素微、朱杰丽、柴振林、方崇荣、吕爱华、郑俊旦、吴翠蓉	20130510	20140723
127	ZL201310131260.8	油茶林生态保育复合栽培模式	浙江省林业科学研究院	柏明娥、洪利兴、徐高福	20130416	20140903
128	ZL201310045628.9	一种冬虫夏草发酵菌丝体活性组分的发酵及提取方法	浙江省林业科学研究院	程俊文、付立忠、贺亮、魏海龙、胡传久、李海波	20130205	20140514
129	ZL201210179792.4	一种杏鲍菇培养基质	浙江省林业科学研究院	付立忠、郑光耀、程俊文、李海波、魏海龙、胡传久	20120531	20140514
130	ZL201310051484.8	一种中国被毛孢蛋白多糖及其制备和用途	浙江省林业科学研究院	贺亮、韩素芳、程俊文、李海波、李卫旗、魏海龙、付立忠、胡传久	20130216	20141203
131	ZL201310124026.2	油茶良种长林 4 号和 32 号分子特异性标记引物及鉴定方法	浙江省林业科学研究院	李海波、王丽玲、刘本同、钱华、王衍彬	20130410	20140723

（续）

序号	申请号	名　称	专利权人	发明人	申请日	授权公告日
132	ZL201310037222.6	鉴别中国与北美牛肝菌的分子特异性标记引物及方法	浙江省林业科学研究院	李海波、魏海龙、王丽玲、付立忠、胡传久	20130129	20140820
133	ZL201210540565.X	鉴别欧洲与北美牛肝菌的分子特异性标记引物及方法	浙江省林业科学研究院	李海波、魏海龙、王丽玲、付立忠、胡传久	20121213	20140917
134	ZL201310013198.2	一种油茶、香榧幼林套种方法	浙江省林业科学研究院	刘本同、倪荣新、童晓青、钱华、王衍彬	20130115	20140430
135	ZL201110193294.0	木竹质成型空心板挤压机的挤压头	浙江省林业科学研究院	刘乐群	20110710	20140416
136	ZL201310194461.2	一种绿色轻榨茶油加工方法	浙江省林业科学研究院	童晓青、钱华、王衍彬、刘本同	20130523	20140910
137	ZL201310013201.0	一种彩色保健藕粉的生产方法	浙江省林业科学研究院	童晓青、钱华、王衍彬、刘要现、秦玉川	20130115	20140702
138	ZL201310125133.7	油茶良种长林 55 号的分子特异性标记引物及鉴定方法	浙江省林业科学研究院	王丽玲、李海波、刘本同、钱华、王衍彬	20130410	20140723
139	ZL201310013197.8	一种高级木本调和油及其生产工艺	浙江省林业科学研究院	王衍彬、钱华、刘本同、秦玉川、童晓青	20130115	20140702
140	ZL201110350250.4	一种解酒护肝软胶囊的生产工艺	浙江省林业科学研究院	王衍彬、钱华、刘本同、童晓青	20111108	20140716
141	ZL201310455292.3	利用基于 *UBE3* 基因的核苷酸分子式鉴定核桃属植物的方法	中国科学院植物研究所、中国林业科学研究院林业研究所、中国林业科学研究院林业新技术研究所	索志立、张俊佩、裴东、李文英	20130929	20141224
142	ZL201310179173.X	一种唐古特白刺无性系离体生根培养方法	中国林业科学研究院	成铁龙、张景波、杨秀艳、史胜青、江泽平	20130515	20140827
143	ZL201110252184.7	土壤深层水量渗漏测试记录仪	中国林业科学研究院	杨文斌、党宏忠	20110830	20140702
144	ZL201310042545.4	一种唐古特白刺总酚提取物及其提取方法和应用	中国林业科学研究院、南京理工大学	成铁龙、马慧、贾爱群、史胜青、张景波、江泽平	20130201	20141015
145	ZL201310025903.0	彩色观赏针叶树采穗母株汽雾培育方法	中国林业科学研究院华北林业实验中心	孙长忠、余海、孙敬爽、陶霞娟、贾桂霞	20130124	20141105
146	ZL201210556685.9	基于纤维素基模板的磁性纳米复合微球及其制法和用途	中国林业科学研究院林产化学工业研究所	陈莹、南静娅、储富祥、王春鹏	20121220	20141001

（续）

序号	申请号	名　称	专利权人	发明人	申请日	授权公告日
147	ZL201210346912.5	无卤环保协同阻燃酚醛泡沫复合材料的制备方法	中国林业科学研究院林产化学工业研究所	储富祥、马玉峰、王春鹏、许玉芝、金立维、陈日清、张伟	20120918	20140122
148	ZL201110300950.2	一种松香基规整聚合物的制备方法	中国林业科学研究院林产化学工业研究所	储富祥、王基夫、唐传兵、王春鹏	20111009	20140514
149	ZL201210136647.8	一种生物质基酚醛树脂木材胶黏剂的制备方法	中国林业科学研究院林产化学工业研究所	储富祥、张伟、王春鹏、许玉芝、金立维、马玉峰、张明明、赵临五	20120507	20140122
150	ZL201210441520.7	一种改性酚醛树脂木材胶黏剂的制备方法	中国林业科学研究院林产化学工业研究所	储富祥、张伟、王春鹏、赵临五、许玉芝、金立维、马玉峰	20121108	20140416
151	ZL201110423293.0	一种化学机械法制浆中木片的挤压方法及所用设备	中国林业科学研究院林产化学工业研究所	邓拥军、房桂干、丁来保、盘爱享、韩善明、焦健、李红斌、梁芳敏、施英乔、沈葵忠、李萍	20111216	20141203
152	ZL201210236120.2	脱氢枞酸基二芳胺类化合物及其合成方法和应用	中国林业科学研究院林产化学工业研究所	高宏、宋湛谦、商士斌、饶小平	20120709	20140416
153	ZL201210115943.X	综合提高涤纶废料制取 DOTP 工艺中原辅料利用率的方法	中国林业科学研究院林产化学工业研究所	龚建平、陈超、张燕萍	20120419	20140416
154	ZL201210011578.8	一种饱和松香三元醇及其制备方法和应用	中国林业科学研究院林产化学工业研究所	黄坤、夏建陵、李梅、唐小东、李守海、杨小华、张燕	20120116	20140416
155	ZL201210485494.8	一种高纯度及高色度的红枣色素的提取工艺	中国林业科学研究院林产化学工业研究所	黄立新、游凤、张彩虹、谢普军、张耀雷	20121126	20140730
156	ZL201210151388.6	一种聚苯胺 / 活性炭复合材料及其制备方法	中国林业科学研究院林产化学工业研究所	贾羽洁、蒋剑春、孙康	20120516	20140903
157	ZL201210390717.2	低压快速合成聚酯多元醇的方法	中国林业科学研究院林产化学工业研究所	蒋剑春、李科、王奎、司展	20121016	20140319
158	ZL201210079041.5	一种热解活化法制备果壳活性炭的方法及活性炭	中国林业科学研究院林产化学工业研究所	蒋剑春、刘雪梅、孙康、徐凡、邓先伦、许玉	20120322	20140108
159	ZL201210411843.1	一种介孔碱性碳材料催化裂解油脂制备高性能燃油的方法	中国林业科学研究院林产化学工业研究所	蒋剑春、徐俊明、李静、夏海虹、周永红	20121025	20140716

（续）

序号	申请号	名　称	专利权人	发明人	申请日	授权公告日
160	ZL201210451709.4	高固含可发性尿素改性甲阶酚醛树脂及其制备方法	中国林业科学研究院林产化学工业研究所	金立维、马玉峰、储富祥、王春鹏、许玉芝、陈日清、张伟	20121113	20140416
161	ZL201210390720.4	一种腰果酚胺基多元醇及其制备方法	中国林业科学研究院林产化学工业研究所	孔振武、霍淑平、陈健、吴国民、刘贵锋	20121016	20140319
162	ZL201310222679.4	一种松香基环碳酸酯及其季铵盐抗菌衍生物的制备方法	中国林业科学研究院林产化学工业研究所	孔振武、刘贵锋、陈彩凤、吴国民、陈健、霍淑平	20130605	20141210
163	ZL201210501462.2	一种松香／脂肪酸封端非离子表面活性剂及其制备方法	中国林业科学研究院林产化学工业研究所	饶小平、郑建强、商士斌、宋湛谦、高宏	20121130	20140813
164	ZL201210443222.1	一种松香酯醇醚型季铵盐表面活性剂及其制备方法	中国林业科学研究院林产化学工业研究所	饶小平、郑建强、宋湛谦、商士斌	20121108	20140702
165	ZL201210499113.1	一种歧化松香基阴／非离子复合表面活性剂及其制备方法	中国林业科学研究院林产化学工业研究所	饶小平、郑建强、宋湛谦、商士斌、宋杰	20121130	20140806
166	ZL201310007980.3	一种 N-（5- 脱氢枞基 -[1，3，4] 噻二唑 -2- 基）- 芳酰胺衍生物、其制备方法及其应用	中国林业科学研究院林产化学工业研究所	商士斌、崔艳杰、饶小平、王丹、宋杰	20130109	20141217
167	ZL201110103320.6	一种丙烯海松双肟酯衍生物及其制备方法和应用	中国林业科学研究院林产化学工业研究所	商士斌、李健、饶小平、高艳清、宋湛谦、宋冰蕾	20110422	20141224
168	ZL201110191927.4	一种低浓度黏弹表面活性剂溶液及其制备方法	中国林业科学研究院林产化学工业研究所	宋湛谦、宋冰蕾、商士斌、饶小平	20110708	20140122
169	ZL201010102207.1	林下森林食用植物泡菜及其生物质洗涤剂的制备与方法	中国林业科学研究院林产化学工业研究所	孙先玉、孙博	20100128	20140409
170	ZL201010102208.6	一种再造烟叶磨浆提取工艺	中国林业科学研究院林产化学工业研究所	孙先玉、郑松明、孙博、郑松辉、张宗和、李春、秦清、罗天然	20100128	20140115
171	ZL201210265860.9	一种含有聚戊烯醇的植物生长调节剂组合物及其制备方法	中国林业科学研究院林产化学工业研究所	王成章、陈虹霞、孙燕	20120726	20140409
172	ZL201110230852.6	一种高品质漆蜡精细品的制备方法	中国林业科学研究院林产化学工业研究所	王成章、董艳鹤、何源峰	20110812	20140305

（续）

序号	申请号	名 称	专利权人	发明人	申请日	授权公告日
173	ZL201310223122.2	一种金属离子负载分离缩醛漆酚的方法	中国林业科学研究院林产化学工业研究所	王成章、何源峰、周昊、陈虹霞、叶建中	20130606	20141126
174	ZL201210265916.0	一种具有抑菌和抗氧化活性的植物聚戊烯醇及其加氢衍生物制备方法	中国林业科学研究院林产化学工业研究所	王成章、陶冉、周彦	20120726	20141001
175	ZL201010535347.8	一种从油橄榄叶中高效富集羟基酪醇的方法	中国林业科学研究院林产化学工业研究所	王成章、叶建中、董艳鹤、原姣姣	20101109	20140101
176	ZL201310427156.3	一种混菌固态发酵银杏叶渣生产蛋白饲料的方法	中国林业科学研究院林产化学工业研究所	王成章、周昊	20130918	20141029
177	ZL201210498999.8	一种纳米纤维素的制备方法	中国林业科学研究院林产化学工业研究所	王丹、商士斌、宋湛谦、刘鹤、宋杰	20121129	20141210
178	ZL201310087618.1	一种蓖麻油基规整性聚合物及其制备方法	中国林业科学研究院林产化学工业研究所	王基夫、刘玉鹏、俞娟、储富祥、王春鹏	20130319	20140917
179	ZL201210555566.1	一剂多效的油脂基 PVC 热稳定剂及其制备方法	中国林业科学研究院林产化学工业研究所	夏建陵、李梅、李守海、黄坤、汪梅、唐小东、杨小华、张燕	20121220	20140910
180	ZL201210356997.5	一种 PVC 用油脂 / 松脂基液体钙锌复合热稳定剂的制备方法	中国林业科学研究院林产化学工业研究所	夏建陵、李梅、杨小华、李守海、汪梅、张燕、黄坤	20120921	20140820
181	ZL201210328229.9	生物基二聚脂肪酸基乙烯基酯树脂及其制备方法和应用	中国林业科学研究院林产化学工业研究所	夏建陵、李守海、李梅、黄坤、汪梅、杨小华、张燕	20120907	20140604
182	ZL201210558263.5	一种生物基增容增韧剂改性环氧沥青材料的制备方法	中国林业科学研究院林产化学工业研究所	夏建陵、李守海、杨雪娟、黄坤、李梅、杨小华、张燕	20121220	20141105
183	ZL201310335925.7	一种桔子油基不饱和树脂单体的制备方法	中国林业科学研究院林产化学工业研究所	夏建陵、杨雪娟、李守海、黄坤、李梅、唐小东、杨小华、张燕	20130802	20140716
184	ZL201310220302.5	一种化香果序高分子量单宁的制备方法及其抗菌活性	中国林业科学研究院林产化学工业研究所	张亮亮、汪咏梅、徐曼、吴冬梅、陈笳鸿	20130605	20140910
185	ZL201110250025.3	一种 8，15- 海松酸的制备方法	中国林业科学研究院林产化学工业研究所	赵振东、陈玉湘、毕良武、孙丽婷、王婧、李冬梅、古研、卢言菊	20110829	20140820

（续）

序号	申请号	名　称	专利权人	发明人	申请日	授权公告日
186	ZL201210246784.7	一种松香基超支化聚酯的制备方法及其在环氧树脂中的应用	中国林业科学研究院林产化学工业研究所	赵振东、孙丽婷、陈玉湘、毕良武、李冬梅、卢言菊、王婧、古研	20120717	20140122
187	ZL201210131065.0	松针脂溶性提取物在制备治疗肿瘤药物中的应用	中国林业科学研究院林产化学工业研究所	郑光耀、何玲、谢衡、薄采颖、李若达	20120502	20140917
188	ZL201010112088.8	白果蛋白超微粉的制备方法	中国林业科学研究院林产化学工业研究所、邳州鑫源生物制品有限公司	王成章、陈西娟、叶建中、陈虹霞、马维新、周彬、程耀波	20100212	20140514
189	ZL201210328230.1	低黏度松节油基单萜乙烯基酯树脂单体及其制备方法和应用	中国林业科学研究院林产化学工业研究所、中国林业科学研究院林业新技术研究所	夏建陵、李守海、李梅、黄坤、汪梅、杨小华、张燕	20120907	20140813
190	ZL201210362468.6	3- 氰基吡啶衍生物及其制备和应用	中国林业科学研究院林产化学工业研究所、中国药科大学	杨晓慧、张评浒、周永红、王治民	20120925	20141119
191	ZL201310086561.3	利用微生物抗逆基因增加植物耐盐性的方法	中国林业科学研究院林业研究所	卢孟柱、周婧、赵树堂、唐芳	20130318	20141210
192	ZL201210270654.7	丽江云杉体细胞胚胎发生与植株再生方法	中国林业科学研究院林业研究所	王军辉、李青粉、张守攻	20120731	20140514
193	ZL201210459092.0	一种楸树无性系的选育方法	中国林业科学研究院林业研究所	王军辉、张守攻、麻文俊、赵鲲、马建伟	20121114	20140709
194	ZL201210301109.X	一种落叶松容器育苗的专用控释肥及其应用	中国林业科学研究院林业研究所	张守攻、孙晓梅、楚秀丽	20120822	20140611
195	ZL201010232509.0	一种具有阻燃和发光功能木材的制备方法	中国林业科学研究院木材工业研究所	陈志林	20100715	20140226
196	ZL201110107712.X	人造板胶黏剂添加剂及制备方法和人造板胶黏剂及人造板	中国林业科学研究院木材工业研究所	储富祥、范东斌、秦特夫、王春鹏	20110428	20140917
197	ZL201110007106.0	一种复合门套的安装方法	中国林业科学研究院木材工业研究所	黄安民、马洪伟	20110113	20140430
198	ZL201010522617.1	一种木材密实化的方法及密实化木材	中国林业科学研究院木材工业研究所	黄荣凤、吕建雄、王艳伟、赵有科	20101028	20140618

（续）

序号	申请号	名　称	专利权人	发明人	申请日	授权公告日
199	ZL201010170059.7	四氟硼季铵盐木材防腐防虫剂、 其制备方法和应用	中国林业科学研究院木材工业研究所	蒋明亮、李志强、马星霞	20100511	20140709
200	ZL201210326864.3	铜唑木材防腐剂及其制备方法	中国林业科学研究院木材工业研究所	蒋明亮、席丽霞、马星霞	20120906	20141231
201	ZL201010539323.X	一种木材快速液化方法	中国林业科学研究院木材工业研究所	李改云、许忠允、秦特夫	20101109	20141001
202	ZL201110070132.8	用硅溶胶制备强化木材的方法	中国林业科学研究院木材工业研究所	林兰英、傅峰、彭立民、陈志林、卢克阳、梁善庆、张彦娟、何盛	20110323	20140115
203	ZL201110031861.2	一种油茶饼粕蛋白的提取方法	中国林业科学研究院木材工业研究所	秦特夫、范东斌、储富祥、王春鹏	20110128	20141210
204	ZL201110216900.6	一种贮存稳定性改进的改性脲醛树脂的制备方法	中国林业科学研究院木材工业研究所	秦特夫、李改云、黄洛华	20110729	20140402
205	ZL201210477658.2	一种负载型催化剂及其制备方法和应用	中国林业科学研究院木材工业研究所	秦特夫、邹献武	20121121	20141210
206	ZL201210246360.0	聚苯醚酚醛树脂及其制备方法和酚脲烷树脂及其应用	中国林业科学研究院木材工业研究所	秦特夫、邹献武、黄洛华	20120716	20140917
207	ZL201210063301.X	一种基于红外和二维相关光谱识别竹原纤维的方法	中国林业科学研究院木材工业研究所	孙柏玲、刘君良、王越平、黄安民	20120312	20140409
208	ZL201210462863.1	一种净化空气式木地板	中国林业科学研究院木材工业研究所	王玉荣、赵荣军、任海青、邢新婷	20121116	20141029
209	ZL201110256598.7	一种以低密度杨木单板为基材的无甲醛实木复合地板的制作方法	中国林业科学研究院木材工业研究所	王正、常亮、郭文静、任一萍、范留芬、高黎	20110901	20140409
210	ZL201110111584.6	阻燃装饰板及其制备方法和包括该阻燃装饰板的阻燃材料	中国林业科学研究院木材工业研究所	吴玉章、吕建雄、孙振鸢、朱海龙	20110429	20141001
211	ZL201110111600.1	一种阻燃胶黏剂及其制备方法	中国林业科学研究院木材工业研究所	吴玉章、秦特夫、吕建雄、李改云、孙振鸢、朱海龙	20110429	20140402

（续）

序号	申请号	名称	专利权人	发明人	申请日	授权公告日
212	ZL200810240987.9	一种无醛胶合板及其制造方法	中国林业科学研究院木材工业研究所	于文吉、余养伦、祝荣先、周月、任丁华	20081224	20140402
213	ZL201210012808.2	一种木竹材多锯片锯切冷却系统	中国林业科学研究院木材工业研究所	张占宽、李伟光、彭晓瑞、王宝刚	20120116	20140924
214	ZL201010534523.6	胶合层积板及其制造方法	中国林业科学研究院木材工业研究所	周海宾、任海青、费本华	20101105	20140416
215	ZL201410010871.1	柚木无性系指纹图谱的构建方法及其应用	中国林业科学研究院热带林业研究所	黄桂华、梁坤南、周再知、马华明	20140109	20141231
216	ZL201310047746.3	米老排的组织培养方法	中国林业科学研究院热带林业研究所	裘珍飞、曾炳山、范春节、李湘阳、刘英、尹光天	20130206	20140402
217	ZL201210385423.0	一种西南桦的浅水育苗法	中国林业科学研究院热带林业研究所	赵志刚、林开勤、郭俊杰、曾杰	20121011	20140423
218	ZL201310247404.6	一种促进檀香紫檀提早结实的嫁接方法	中国林业科学研究院热带林业研究所、乐东尖峰岭秀景苗圃场	陈仁利、郭俊杰、王佳永、曾杰、罗水兴、赵志刚、刘建春	20130619	20140910
219	ZL201210026729.7	一种油松毛虫性引诱剂和诱芯及其制备方法	中国林业科学研究院森林生态环境与保护研究所	孔祥波、张真、王鸿斌、张苏芳	20120207	20141112
220	ZL201210425997.6	防治根结线虫的复合微生物制剂及其制备方法	中国林业科学研究院森林生态环境与保护研究所	汪来发、王曦茁、郭志斌、林彩丽、田国忠、马建伟	20121030	20140827
221	ZL201210425986.8	一种淡紫拟青霉孢子粉的制备方法	中国林业科学研究院森林生态环境与保护研究所	汪来发、王曦茁、郭志斌、林彩丽、田国忠、马建伟	20121030	20141126
222	ZL201210424889.7	线虫卵寄生真菌和孢子萌发促进剂的复配制剂和应用	中国林业科学研究院森林生态环境与保护研究所	王曦茁、汪来发、郭志斌、马建伟、朴春根、李永	20121030	20140827
223	ZL201210424884.4	松材线虫的玻璃化冷冻保存及解冻复苏方法	中国林业科学研究院森林生态环境与保护研究所	王曦茁、张永安、汪来发、朴春根、田国忠、林彩丽、李永	20121030	20141126
224	ZL201210521881.2	川西亚高山低效云杉人工幼林的改造方法	中国林业科学研究院森林生态环境与保护研究所、四川大学	史作民、缪宁、汪明、刘兴良、杨昌旭、冯秋红、李茂萍	20121207	20140618
225	ZL201110106955.1	基于标本图像的鳞翅目昆虫种类自动鉴别方法	中国林业科学研究院森林生态环境与保护研究所、浙江工商大学	张真、竺乐庆、张培毅	20110427	20140430

（续）

序号	申请号	名　称	专利权人	发明人	申请日	授权公告日
226	ZL201310141297.9	调控植物油脂与脂肪酸的转录因子及其编码基因与应用	中国林业科学研究院亚热带林业研究所	陈益存、汪阳东	20130423	20141029
227	ZL201310040316.9	耐冬山茶愈伤组织再生植株的方法	中国林业科学研究院亚热带林业研究所	范正琪、李纪元、李辛雷、殷恒福、吴斌	20130201	20140820
228	ZL201310324096.2	一种浓香营养油茶籽油的加工方法	中国林业科学研究院亚热带林业研究所	郭少海、罗凡、王亚萍、费学谦、姚小华	20130729	20141203
229	ZL201210240824.7	异丙威与喹硫磷复配农药	中国林业科学研究院亚热带林业研究所	汤富彬、胡国文、倪张林、刘毅华、丁明、屈明华、莫润宏	20120712	20140219
230	ZL201310055430.9	提高天然沸石离子交换能力和效率的方法	中国林业科学研究院亚热带林业研究所、姜景民	姜景民、王敬文	20130221	20141105
231	ZL201210535277.5	一种漂白紫胶的制备方法	中国林业科学研究院资源昆虫研究所	李坤、张弘、陈晓鸣、郑华、冯颖、张雯雯、张敏	20121212	20140312
232	ZL201210023737.6	基于松墨天牛为害指标的松类林健康评价方法	中国林业科学研究院资源昆虫研究所	王健敏、陈晓鸣、杨子祥、刘娟	20120203	20141029
233	ZL201210498290.8	以思茅松树皮为原料的有机育苗轻基质的制备方法	中国林业科学研究院资源昆虫研究所	吴疆翀、曹福亮、张燕平、郑益兴	20121129	20140423
234	ZL201210134989.6	一种小蠹虫的室内饲养及生活史观察方法	中国林业科学研究院资源昆虫研究所	杨子祥、段兆尧、王健敏	20120503	20140409
235	ZL201210421028.3	一种紫胶树脂水溶胶及其制备方法	中国林业科学研究院资源昆虫研究所	张弘、李凯、徐涓、陈晓鸣、郑华、冯颖、张敏	20121029	20140507
236	ZL201210535222.4	一种紫胶树脂的脱蜡、脱脂方法	中国林业科学研究院资源昆虫研究所	张弘、刘国兴、陈军、陈晓鸣、郑华、陈智勇、李坤、李金仙、张敏	20121212	20140507
237	ZL201210160057.9	喙尾琵甲规模化养殖方法	中国林业科学研究院资源昆虫研究所	赵敏、冯颖、陈晓鸣、何钊、孙龙	20120522	20140115
238	ZL201110424549.X	一种机载小光斑 LiDAR 波形数据提取林分垂直结构参数的方法	中国林业科学研究院资源信息研究所	庞勇、李增元、徐光彩、朱荣、赵旦、刘清旺	20111219	20140409

（续）

序号	申请号	名　称	专利权人	发明人	申请日	授权公告日
239	ZL201110332395.1	结合形态学冠层控制和分水岭的 LiDAR 数据单木提取方法	中国林业科学研究院资源信息研究所	赵旦、庞勇、李增元、刘清旺、徐光彩	20111028	20141210
240	ZL201210384090.X	一种抗肿瘤 2- 氨基烟腈及其应用、制备方法	中国药科大学、中国林业科学研究院林产化学工业研究所	张评浒、杨晓慧、张陆勇、周永红、王治民	20121011	20140730
241	ZL201310139753.6	一种丹皮酚、白芨多糖微胶囊的制备工艺及其制备产品的应用	中华全国供销合作总社南京野生植物综合利用研究所	孙达锋、张卫明、马世宏、朱昌玲	20130422	20141231
242	ZL201210283965.7	一种森林灭火剂及其制备方法	重庆市林业科学研究院	杨清钰、战继有、漆波、田艳、刘斌	20120810	20140730

资料来源：国家知识产权局中国专利数据库。

全国林业知识产权试点验收会

海峡两岸第三次植物新品种权工作组会议暨测试技术研讨会

林业植物新品种执法工作座谈会

UPOV91文本对我国木材安全影响专家座谈会

《种子法》修订专家咨询会

在第八届中国竹文化节上发布《竹类专利技术汇编（100项）》获好评

林业专利产业化推进项目验收会

"木地板专利联盟"成立大会

在湖南省召开植物新品种保护座谈会

中国林业科学研究院知识产权宣传周活动

一品红测试技术交流会

国家林业局知识产权研究中心专家在上海举办的“第十届科技法论坛”上做《中国林业植物新品种保护现状与展望》报告

专家对中国科学院华南植物园申请的“玉壶含笑”新品种进行实地审查

专家对北京林业大学申请的“京华旭日”芍药新品种进行实地审查

专家对山东泰安市泰山林业科学研究院申请的“东岳佳人”槭树新品种进行实地审查

专家对安康市汉水韵茶业有限公司申请的“陕茶1号”山茶新品种进行实地审查

全国核桃遗传资源调查编目工作暨技术培训会议

专家对贵州省黔东南苗族侗族自治州实施林业生物遗传资源获取与惠益分享试点进行现场指导、培训

全国核桃遗传资源调查编目工作会议

油茶遗传资源调查编目工作汇报会

举办林业植物新品种保护培训班

国际竹藤中心举办林业知识产权保护与管理专题培训班

上海林业知识产权专项培训

四川省林业科学研究院举办林业知识产权讲座

国家林业局植物新品种保护办公室接待UPOV副秘书长Peter Button

参加在韩国举办的《名古屋议定书》政府间委员会第3次会议

参加在意大利举办的FAO森林遗传资源委员会政府间技术工作组第3次会议

参加在肯尼亚举办的UPOV林木和观赏植物技术工作组第47届会议

会议代表考察国家林业局一品红测试站基地

大亚科技集团考察

北京市园林绿化局组织开展打击侵犯植物新品种权专项行动

北京市举办"高原圣火"牡丹新品种成果竞拍